김 삼 오 박사의

알짜배기 유학 가이드

Dr Sam-o Kim's Guide for Korean Overseas Students

韓國經濟新聞社

머 리 말

1989년 봄, 서울의 어느 호텔에서는 호주 유학전(Australian Education Exhibition)이 열리고 있었다. 넓은 로비에 마련된 전시장 방마다 호주의 대학과 영어학교들의 로고가 붙고, 호주인과 한국인 직원들이 비디오로 낭만적인 호주의 도시풍경을 보여주거나 화려한 학교 안내책자를 나눠주며 상담에 응하느라 바빴다.

유학전이 열리는 3일 동안 모여든 고객들은 유학을 꿈꾸는 모습들이었다. 그 가운데 상당수는 대학진학을 앞둔 고등학교 졸업반 학생들로서, 부모를 따라 나온 모습이 여느 대학입학 시험장을 방불케 했다. 『나, 빨리 갔으면 좋겠어.』한 학생이 부모를 조르는 말이었다.

이 행사는 한국정부의「유학 자유화 조치」이후 유학생을 많이 받아들이려는 선진국들이 한국에서 벌이기 시작한 유학 판촉활동의 한 장면에 지나지 않는다. 미국, 일본, 캐나다, 프랑스, 영국, 독일을 비롯해서 그 밖에 많은 나라의 정부관리, 문교담당자, 대학의 국제교육 담당 간부들이 유학 전시회, 세미나, 상담을 위해 한국을 줄지어 다녀갔고 또 계속 오고 있다. 외국정부와 학교들의 한국에 대한 이러한 유학 마케팅은 주효했다. 국내와 해외에 한국인이 경영하는 유학

안내 및 상담업체(유학원)가 많이 생겨났으며, 유학을 가는 한국학생들의 수가 매년 기하급수적으로 늘고 있다.

한국학생들의 유학은 1950, 60년대에 비할 수 없을 만큼 숫적으로 늘어났을 뿐만 아니라 석박사 과정에서 대학 학부, 그리고 사실상 중·고등학교, 초등학교까지 확대되어 주위에서 유학생을 둔 가정을 예사로 볼 수 있게 되었다. 이제 한국에서 해외 유학은 정부와 국민이 지대한 관심을 갖는 공적인 분야(public affairs)가 아닐 수 없다.

그런데 이런 유학에 대해 우리가 알고 있는 것은 무엇인가? 일반 대중은 말고라도 이 분야를 책임져야 할 대학 정책담당자, 학자, 유학상담자 그리고 유학을 나가는 학생들 자신이 알고 있는 것은 무엇인가?

우리나라에서 출간된 유학관계 서적과 간행물을 살펴보면, 그 실상을 알 수 있다. 이 분야에 관련하여 10여 종 이상의 책이 나와 있는데, 한결같이 어떻게 유학을 갈 수 있는가를 안내하는 것들뿐이다. 이런 책들은 모두 유학을 어떻게 하면 갈 수 있는가, 어느 대학을 택할 것인가, 입학허가서는 어떻게 받는가, 나라별로 학비는 어떤가, 비자를 어떻게 받는가 같은 절차문제를 알려주는 것들이다. 대부분 유학의 판촉을 위해 나온 책들인 것이다.

유학은 가기만 하면 되는 것이 아니지 않는가. 잘 가는 것도 중요하지만 가서 학업을 잘 마치는 것이 더 중요하다. 왜 유학을 가야 하는가, 무엇을 배우려 하는가, 공부는 어떻게 해야 하는가, 외국과 국내 대학교육의 차이는 무엇인가 같은 더 중요한 문제에 대해 리서치에 바탕을 둔 지식과 철학이 있어야 견실한 정책이 나오고 그에 따른 유학지도도 가능할 것이다. 그런데도 그런 내용을 다룬 보고서나 책이 한 권도 없는 것을 보면 그 실상을 짐작할 수 있다. 특히 유학을 간 사람이 유종(有終)의 미(美)를 거두고 돌아온다는 것은 학생의 고국과 유학을 받아들인 나라의 장래 관계를 위해 매우 중요한 의미를 갖는다. 유학에 실패한 사람은 유학을 갔던 나라에 대해 나쁜 감정을 갖고 돌아오는 것이 보통이다. 이 책은 이런 큰 미개척 분야를 조금이라도 더 알아보고자 쓴 것이다.

이 책은 전 7장으로 구성되었다.

제1장 「유학 가서 공부는 어떻게 할 것인가 — 공부충격」은 유학을 과연 갈 것인가의 문제로부터 시작하여 해외에서의 공부는 우리나라에서 하는 공부와 어떻게 다른가, 어떻게 하면 그 차이를 쉽게 극복할 수 있는가에 대한 지식과 감각을 우리 학생들이 가질 수 있도록 하려는 것이다. 외국대학의 교육수준, 교육방법 또는 공부방법과 평가방법, 교수의 태도, 사제 간의 관계, 학생들에게 과해지는 공부의 양(study workload) 등에 관련된 문제들이 여기에 포함된다. 이를 영미대학에서는 통틀어 공부방법(study skills)이라고 부른다. 결국 유학에 성공하는 길은 달라진 환경과 공부방법에 빨리 적응하는 것이라고 하겠다. 외국어 문제도 여기에 포함되어야 할 것이다.

유학생이 겪는 어려움은 크게 재정문제(financial problems), 학업문제(study problems), 언어문제(language problems), 사제관계(teacher-student relationships), 현지관습(customs, cultural problems), 향수(homesickness), 고독감(loneliness), 인종차별(discrimination, unfriendly attitudes), 친구사귀기(difficulty in mixing with other students), 기후(climate), 음식(food) 등으로 나눠 볼 수 있다. 이 가운데 가장 중요한 것은 역시 학업에 따르는 고생일 것이다. 진정한 의미의 유학생, 말하자면 학위에 전념하는 학생이라면 유학의 일차 목적인 공부가 순조로울 경우 다른 어려움은 참고 견딜 수

있다는 것이 필자의 생각이다.

한 가지 먼저 밝혀야 둬야 할 것은, 여기서 언급된 해외 유학이 한국인이 아직도 가장 선호하는 영어를 사용하는 국가, 즉 영미권의 유학을 주요 대상으로 했다는 것이다. 오늘 한국인의 해외유학은 영미 국가에 국한되지 않지만 사정이 서로 다른 여러 지역을 한데 묶어 취급하기는 어렵기 때문이다. 그러나 한국인의 유학에 관해서라면, 영미대학에 적용되는 것은 대체로 서방지역 대학에 적용될 수 있다고 본다.

제2장 「해외에 나오면 자신을 잃게 되는 영어 — 언어충격」은 해외에서 유학생이 겪는 또 하나의 큰 문제인 영어에 관한 애기이다. 한국 유학생이 겪는 언어충격은 어제 오늘의 문제가 아니다. 그러나 필자 나름대로의 경험과 지식을 토대로 유학생들에게 도움이 될 수 있는 몇 가지를 다뤘다.

제3장 「박사 따기는 그렇게 어려운가」에서는 유학생들에게 해외에서 박사학위를 이수한다는 것이 어떤 것인가에 대한 사전지식과 감각을 제공하고, 또 그 과정을 성공적으로 마칠 수 있는 구체적 공부방법에 대해 논했다. 한국 학생들이 외국 박사를 하러 주로 가는 미국, 캐나다 등 북미지역과 호주, 영국, 뉴질랜드 등 영연방국가 지역의 박사 과정의 차이점을 심도 있게 설명했다. 제1장의 공부방법에 포함시킬 수 있는 것이지만, 그 중요성과 길이를 고려하여 따로 장을 마련했다. 모든 유학생이 박사과정을 밟는 것은 아닌데도 여기에 무게를 둔 이유는, 이 수준에서의 연구 및 공부방법의 차이를 이해한다면 그 이하 수준에서의 공부는 쉬울 것이라고 판단했기 때문이다.

제4장 「해외 유학 성공의 조건 — 호주의 사례를 중심으로」, 제5장 「인종차별이 심각한가」와 6장 「동과 서, 그렇게 다른가 — 문화충격」

은 유학 대상지의 사회 분위기 또는 환경에 대한 관찰이다. 유학생들의 현지사회 적응문제, 고독감, 향수, 친구를 사귀는 문제는 모두 이와 관계가 있다. 이들은 공부 그 자체는 아니지만 공부를 성공적으로 마치게 하는 중요한 환경적 요소에 포함될 사항이다. 여러 조사가 유학생들의 학업 성공이 현지 사회에 대한 적응과 상관관계가 있음을 보여주고 있다. 이질적인 현지 사회(캠퍼스 포함)생활을 극복하지 못하거나 이를 극복하는 과정에서 건강이 나빠지는 경우, 혹은 갈등을 이기지 못해 공부를 중도에서 포기하는 한국학생들의 사례가 흔하다.

필자는 미국에서 석사과정, 호주에서 박사과정을 마쳤으며 호주에서 오래 살았다. 영국과 캐나다 사회는 잦은 여행을 통해 눈여겨볼 수 있었다. 그런 경험으로 볼 때 미국, 캐나다, 영국, 호주는 모두 앵글로 색슨 문화권으로서 민족성, 가치관, 교육이념, 교육제도가 근본적으로 같으며, 따라서 호주에서 경험하고 느낀 것은 이 모든 영어권 국가에 그대로 적용될 수 있다고 확신한다.

마지막 장인 「유학 카운셀링과 컨설팅」은 유학생들이 한국과 해외 현지에서 이용할 수 있는 교육 카운셀링 및 컨설팅에 대한 문제를 다루었다. 앞장에서 다룬 문제들이 모두 유학 카운셀링 및 컨설팅의 대상이 되는 내용들이다. 그런 중대한 역할을 맡고 있는 한국 및 해외 현지에 널려 있는, 한인이 경영하는 카운셀링의 현황에 대한 필자의 개관이다.

더불어 학사관계 용어(terminology)를 실었다. 이 용어들은 영미대학 캠퍼스에서 공부할 때 또 공부를 마치고 나서도 거기 대학과 관련하여 늘 쓰게 되는 것이므로 학생들이 미리 배워 둘 필요가 있다. 같은 뜻에서 이 책에 쓰인 주요 대학, 학술관계 단어와 표현에 대해서는 괄호 안에 해당 영어를 표기했다. 해외에 나가서는 우리말이 아니라 원어를 쓸 것이므로 미리 익히도록 그렇게 한 것이다.

이 책은 앞서 지적한 대로 유학 가는 길을 알려주는 안내서가 아니다. 그러나 유학을 궁리하거나 이미 가기로 결정한 독자가 읽는다면, 가서 어떻게 대처할 것인가에 대한 아이디어를 얻게 될 것이다. 그런 의미에서는 좋은 유학안내서라고 할 수 있다. 자녀와 유학을 의논해야 할 학부형들도 한번 읽어보기를 권한다.

교육시장의 개방으로 외국대학의 분교가 한국에 설립되어 학생들이 국내에서 구미식 공부를 받게 될 전망이다. 이들에게도 좋은 안내서가 될 것이다. 유학 행정을 맡은 공무원, 교육시장 개방에 대비해야 할 대학의 실무자, 학생들의 진로를 자문해 줄 위치에 있는 교수들이 읽는다면 큰 도움을 얻을 수 있다.

유학에 대한 연구가 우리나라에서도 교육연구의 일부로서 더 활발히 진행되어야 할 것이다. 이 책은 그런 연구를 위해 풍부한 연구과제와 생각을 제공할 것이다.

이 책은 얼마 전 필자가 호주 〈국립한국학연구소(National Korean Studies Centre)〉에서 수석연구원(Senior Research Fellow)으로 일하면서 틈틈이 자료를 모은 것을 토대로 쓴 것이다. 연구소는 교육도시로 알려진 멜버른의 4개 주요 대학(University of Melbourne, Monash University, La Trobe University, Swinburne University of Technology)의 공동 부설기관이다. 자연스럽게 이들 대학에서 가르치는 교수들과 교류가 많았으며, 그들의 도움이 컸음을 말해 둔다. 또 필자는 이 책의 저술을 위해 〈호한재단(Australia Korea Foundation)〉과 〈호주교육위원회(IDP Education Australia)〉의 재정지원을 일부 받았다. 감사의 뜻을 표한다.

끝으로 이 책이 세상의 빛을 볼 수 있게 출판을 맡아주신 한국경제
신문사 출판부에 심심한 감사를 드린다.

1997년 7월

김 삼 오

차　례

머리말 ● 3

제 1 장　유학 가서 공부하기 — 공부충격 / 15

  1. 유학, 가느냐 마느냐 이것이 문제로다 …………………………15

  2. 지식과 언어, 어느 쪽? …………………………18

  3. 창조적 공부와 재생산식 공부 …………………………19

  4. 스승의 그림자를 밟아라 ………………………… 24

  5. 달달 외우는 것만으로는 안 돼 ………………………… 26

  6. 에세이, 리포트, 텀 페이퍼 ………………………… 28

  7. 언어의 경제 ………………………… 36

  8. 강의와 노트 필기 ………………………… 38

  9. 강의를 녹음하자 ………………………… 42

  10. 발 표 ………………………… 43

  11. 책을 맛있게 먹는 법 ………………………… 43

  12. 교수와 면담을…… ………………………… 47

제 2 장 바다를 건너면 쇠약해지는 영어 — 언어충격 / 49

   1. 한국에서 배운 영어와 현지 영어는 하늘과 땅 차이다 ········ 49
   2. 문법공부는 살아 있다 ···················· 54
   3. 영어 구문과 글쓰기 ···················· 60
   4. 각양 각색의 영어 ······················ 69

제 3 장 박사학위 따기가 그렇게 어려운가 / 83

   1. 박사과정의 끝은 논문! ·················· 83
   2. 왕도는 없으나 고생을 덜할 수는 있다 ··········· 85
   3. 박사과정의 두 모델 — 북미식과 호주, 영국식 제도 ········ 88
   4. 지도교수론 ························ 98
   5. 학위논문의 유형 ····················· 120

제 4 장 해외 유학 성공의 조건 — 호주의 사례를 중심으로 / 135

   1. 유학은 태도변화부터 ···················· 135
   2. 외국 대학에서의 사제관계 ················· 143

제 5 장 인종차별이 심각한가 / 149

   1. 인종차별의 전설 ····················· 149
   2. 인종감정은 언론을 보면 안다 ··············· 153
   3. 고급 주택가에 산다면? ·················· 157
   4. 끼리끼리 모인다 ····················· 161

5. 이해관계에 따른 인종차별 …………………………… 162

6. 에스노클래스 …………………………………………… 164

7. 인종차별은 받아들이기에 달렸다 …………………… 166

8. 유학생과 인종차별 …………………………………… 168

제6장 동과 서, 그렇게 다른가—문화충격 / 177

1. 문화적응은 왜 필요한가 ……………………………… 177

2. 서양인과 우리는 서로 완전히 이해할 수 있는가 ………… 181

3. 김치와 가라오케 없는 곳은 없다 …………………… 185

4. 예절과 커뮤니케이션 ………………………………… 189

5. 권위주의와 평등주의—나이, 직위 ………………… 192

6. 남존여비 사상 ………………………………………… 196

7. 기 분 …………………………………………………… 198

8. 실용주의와 격식 ……………………………………… 200

9. 계약사회 ……………………………………………… 204

10. 집단주의 속성을 버려라 …………………………… 207

11. 사생활 존중은 상식이다 …………………………… 209

12. 편지를 하면 답장은 꼭 온다 ……………………… 210

13. 감정에 솔직해져라 ………………………………… 213

14. 침묵은 금이 아니다 ………………………………… 214

15. 댕큐, 굿모닝 ………………………………………… 216

16. 토끼문화, 거북이문화 ……………………………… 218

17. 친절해도 까다로운 영미사람들 …………………… 220

18. 자기 주장을 확실하게! ……………………………… 221

제 7 장 유학 카운셀링과 컨설팅 / 229

1. 유학 컨설팅과 유학원··· 229
2. 유학원에 관련된 문제들 ·· 232
3. 유학원과 커미션·· 238
4. 유학생 선도 — 공부동기와 학교생활 ······························ 241

학사관계 영어 용어해설 • 249

참고문헌 • 261

제1장

유학 가서 공부하기 — 공부충격

1. 유학, 가느냐 마느냐 이것이 문제로다

오늘의 유학 환경은 1950년대, 60년대와는 다르다. 당시 유학은 갈 수만 있으면 가야 했다. 학위를 받고 돌아오면 금의환향(錦衣還鄕)하는 것이었기 때문이다. 지금은 그렇지 않다. 어렵게 학위를 받고 와도 그 고생과 투자를 보상해 줄 일자리가 기다리지 않는다. 또 지금은 국내에서 박사학위를 얻고 그것을 잘 활용하는 사람들이 많다. 더욱이 교육시장의 개방으로 외국에 나가지 않거나 또는 나가더라도 짧은 기간에 외국의 학위를 받을 수 있는 여건이 조성되고 있다. 그러나 학문을 제대로 하고 싶어하거나 긴 안목을 가진 젊은이라면 유학은 아직도 제대로 해 볼 만한 가치가 있다.

유학을 생각하는 학생들이 결정해야 할 일은 물론 「그렇다면 과연 갈 것인가」이다. 이 중대한 결정은 햄릿이나 돈키호테처럼 할 것이 아니라 과학적 판단에 따라야 한다. 과학적 판단이란 다른 것이 아니다. 유학의 결과로 기대할 수 있는 장래 이익을 해외에서 감수해야 할 고생과 투자와 정확히 비교·분석하여 유학을 갈 것인가 말아야 할 것인가를 결정한다는 뜻이다. 먼저 손익계산서를 만들어 보는 것이다. 그 다음 그에 대한 대비가 되어 있는가를 자신에게 물어 봐야 한다. 고생과 투자에는 금전적 투자, 유학에 걸리는 시간, 공부와 언어의 어려움, 문화적으로 적응하는 어려움과 이에 따르는 심리적 고통과 건강상의 손해 등이 포함되어야 한다. 장래의 이익은 이런 고생과 투자와 비교해서 현지에서 또는 돌아와서 얻을 수 있는 보상(reward)을 조목조목 대조해 봐야 알 수 있다. 이 때 보상은 금전적인 것과 정신적인 것을 망라한다. 정신적인 것은 물론 직위, 명예, 직업의 만족 등이 그것이다.

이것을 간단한 식으로 나타내 보면 아래와 같다.

$$\frac{\text{장래 기대되는 보상(직업, 보수, 명예 등)}}{\text{감수해야 할 고생과 투자, 소모해야 할 시간}} = \text{장래에 대한 기대}$$

여기서 한 가지 지적해야 할 것은 고생과 투자에 비해 장래의 보상기간은 길다는 점이다. 가령 30세에 4년간의 유학을 마쳤고 65세에 은퇴를 한다면, 유학의 결과로 기대할 수 있는 보상기간은 36년이다. 이때 유학의 보상은 총 혜택=365×(매년 똑같은 혜택)이 아니다. 보상은 진급과 소득증가 형식으로 매년 같지 않고 늘어난다. 총 혜택은 이 증가분을 감안해서 합산해야 한다. 한편 고생이나 보상이라는 것도 각자가 처해 있는 구체적인 상황에 따라 다르기 때문에 일반론은 금물이다. 가령 재력이 넉넉한 사람은 금전적 투자에 따른 손실의 비중을 적게 잡아도 될 것이다.

유학의 결정은 이 보상이 고생과 투자를 감수할 만큼 크다고 생각될 때 이루어질 것이다. 그런데 그런 결정이 쉽지 않다. 위에서 본식의 정확한 결과가 나오려면, 즉 과학적이려면 거기에 대입되는 숫자가 정확해야 한다. 여기서는 정보가 정확해야 한다는 말이 된다. 정확한 정보는 어디서 얻을 것인가. 책과 자료를 읽어보거나 다른 사람의 경험담을 듣고, 직접 현지를 가 본다고 해도 정확할 수 없다. 투자해야 할 돈과 시간, 유학을 마치고 돌아온 다음의 여건에 대한 판단은 비교적 쉬울지 모른다. 그러나 공부가 얼마나 어려운가, 공부를 하면서 어떻게 느낄까에 대해서 미리 알기란 참으로 어렵다.

머리말에서 언급한 대로 유학의 어려움은 한두 가지가 아니지만 공부가 순조롭다면 다른 어려움은 극복될 수 있다. 유학의 일차 목적은 공부를 잘 끝마치는 것이다. 따라서 공부가 잘 되고 재미가 있으면 다른 어려움은 상대적으로 작게 느껴진다. 반대로 공부가 어렵고 힘들면 재미가 없어서 다른 어려움이 증폭된다. 한국 유학생에 대한 한 조사보고에 따르면, 「언제 외로움을 가장 많이 느꼈느냐」라는 질문에 「성적이 오르지 않을 때」라고 가장 많이 응답했다고 한다. 실감이 나는 얘기이다.

이 책의 첫 장을 공부방법론으로 시작하는 까닭이 이것이다. 유학을 고려하면서 간과하기 쉬운 것이 우리와는 다른, 현지에서 감당해야 할 공부의 수준과 분량이 아닌가 한다. 사실 유학을 해 보면 당사자가 아니면 잘 모르는 공부의 어려움이 분명 있다. 많은 유학생들이 닥치면 해내겠지, 다른 사람도 해냈으니…… 하는 막연한 생각으로 준비 없이 뛰어들었다가 실패하거나 불필요한 어려움을 겪는 경우를 자주 보게 된다.

학문에는 왕도(王道)가 없듯이 유학에도 왕도가 없다. 그러나 유학은 서로 다른 문화와 교육제도 속에서 모국어가 아닌 외국어로 공부를 하는 것이니만큼 그 차이를 알고 빨리 적응하는 것이 성공의 첩경이다. 이 장에서는 한국의 학교와 영미권 학교의 공부방법 차이와 이를 어떻게 극복할 수 있을까를, 그리고 다음 장에서는 유학에 관련된 언어문제(영어)에 대해 검토한다.

2. 지식과 언어, 어느 쪽?

영국사람이 미국에 유학(또는 그 반대)을 하거나 과거 영연방국가나 프랑스의 식민지였던 곳에서 자라 영국계 또는 프랑스계 학교를 다니다가 영국, 미국 또는 프랑스에 유학을 하는 경우를 흔히 본다. 한국인이 이처럼 어려서부터 외국어를 자연스럽게 배워 그 말을 쓰는 나라로 유학을 가는 경우는 드물다. 그만큼 유학에서는 외국어의 문제가 크다. 한국인이 겪는 유학의 어려움 가운데는 꼭 언어의 문제가 끼여 있다. 그러므로 한국의 유학 붐은 외국어 공부에 대한 붐을 수반하게끔 되어 있다.

지식과 언어는 서로 밀접하게 얽혀 있다. 지식은 분석을 전제로 한다. 분석은 사물과 현상에 대한 개념의 규정을 전제로 한다. 언어는 그런 개념의 규정을 가능케 한다. 개념은 글로 표현되어야 하며(특히 복잡한 개념일수록) 그 과정에서 한층 구체화된다. 또 그런 개념과 지식체계(지식은 개념 간의 관계라고 할 수 있다)는 다른 사람에게 전달돼야 하고, 장래에 이용하기 위해 보관되어야 한다. 그러한 수단이 언어이다. 지식은 언어라는 그릇에 담겨져야 비로소 쓸 수 있다. 이는 머릿속에 든 것이 있어도 언어를 모르면 전달할 수도 보관할 수도 없으니 결국 활용할 수 없다는 말이 된다. 반대로 머릿속에 든 것이 없으면 언어를 아무리 잘 구사해도 쓰고 말할 것이 없어진다. 좀 학술적인 표현을 빌려 말하면, 공부는 언어적인(linguistic) 것과 인식적인(cognitive) 두 측면을 갖고 있다.

공부방법을 논하면서 언어의 문제를 거론하는 이유는 유학생들이 겪는 공부의 어려움을 전부 외국어의 문제로 돌려서는 안 될 것이라는 점을 지적하기 위해서다. 해외에서의 공부가 어려운 이유 중에 어디까지가 언어 때문이고 어디까지가 실력 때문인가를 따져 봐야 할 것이다. 어떤 학생은 실력이 좋아 과정을 따라가기에 충분하지만 그것을 정리하고 표현하는 수단인 언어가 문제일 것이고, 어떤 학생은 언어도 문제지만 지식의 부족이 더 큰 문제일 수 있다. 모든 문제를 외국어로 돌리는 것은 잘못이다. 이처럼 공부의 두 측면을 인정한다면, 유학생은 성공적인 유학을 위해 언어실력(language skills), 인식능력 또는 지력(知力, cognitive skills) 그리고 공부방법(study skills)의 세 차원에서의 궤도수정이 필요할 것이다.

3. 창조적 공부와 재생산식 공부

학자들은 아시아 유학생들이 공부의 어려움을 겪는 원인으로서 외국어와 지식 못지 않게 두 문화 간의 서로 크게 다른 공부방법이 중요하다고 본다. 그런 학자들 중 한 사람이 호주 국립대학의 브리지드 발라드(Brigid Ballard, Ballard 외 1991)이다. 그에 의하면, 아시아 유학생들은 영미식과는 크게 다른 공부태도 및 방식(study skills)에 익숙하기 때문에 상황이 다른 영미국가로 유학을 오면 적응하느라 큰 충격을 받는다는 것이다. 그는 이 충격을 학업충격(study shock)이라고 불렀다.

그의 주장을 토대로 이 문제를 여기에서 부연해 보자. 아시아와 영미국가 간에는 교육제도에 큰 차이가 있다. 여기서 말하는 교육제도는 단순한 학제가 아니다. 학제라면 양 지역에 큰 차가 없다. 미국의 대학과 한국의 대학은 모두 4년제이며 비슷한 이름의 과정(course)과 교과목(school curriculum)을 채용하고 있다. 교과의 내용(syllabus)도 크게 차이가 나지 않는다. 의과, 법과, 경제과, 농과, 사회학과, 심리학과 등이 있고 각과에서 쓰이는 교과서도 비슷하다. 다만 학생 대 교수의 비율, 교실과 학생의 수, 교수방법, 자료와 실험시설의 이용, 도서관 이용 등에서 대부분의 아시아 지역에 있는 대학의 수준이 떨어질 뿐이다.

그러나 정말 큰 차이는 학습 또는 공부방법에 있다. 이는 학문과 연구대상에 접근하는 방식의 차이이므로 무엇을 연구라고 보는가에 따른 차이라고 할 수 있다. 무엇을 공부로 보느냐의 차이라고 해도 마찬가지다. 이 차이는 근원적으로는 문화의 차이이다. 가장 좋은 예가 조선시대의 학문이다. 이 시대의 문화에서 학문은 한문과 유교의 가르침을 배우는 것이었다. 한문을 많이 알고 한문 문장을 잘 구사할 수 있는 사람이 학자요 선비였다. 그것은 당대에 이미 과학을 중시한 서양문화와 그에 따른 학문방법과는 대조적이었다. 앞으로 교육제도라고 할 때는 이런 교육의 질적 차이도 당연히 포함시켜 논해야 한다고 본다.

무엇을 연구 또는 공부로 보느냐에 따라 당연히 공부방법이 달라지는데, 그 차이는 구체적으로 강의방법, 노트 필기, 자료찾기와 이용방법, 토론 참여, 교수면담, 리서치 방법과 그에 따른 독서량 및 독서방법, 발표방법 등의 구체적 단계에서 나타난다.

대학과 대학원 수준에서의 깊이 있는 공부와 연구결과라면 논문 형식으로 발표되고 정리되므로, 이런 공부방법의 차이는 논문의 내용에 더 현격하게 반영될 수밖에 없다. 이처럼 달라진 학술문화와 환경에 잘 적응하려면, 유학생은 언어적 적응 외에 달라진 지적(intellectual) 또는 정신적 환경에 적응(또는 전환)을 빨리 해야 한다. 과거에 다니던 대학에서 익숙해진 공부방법과 습관 가운데 외국대학에서 더 이상 적용되지 않는 것은 과감하게 떨쳐 버려야 한다.

물론 이런 전환은 모든 수준의 학습에 똑같이 적용되는 것은 아니다. 단기보다 장기 및 정규 학위과정, 대학보다는 대학원과정, 자연과학 분야보다 인문계에 속한 학생과 아시아권 학생들에게 더하다. 자연과학의 연구방법은 인문과학의 경우처럼 문화에 따라 크게 달라지지 않는다. 과학은 탈가치적이기 때문이다. 과학적 실험방법이 서로 다른 문화환경에서도 달라질 수 없는 것은 좋은 예이다. 대학원 수준에서 공부방법의 전환이 더 필요한 이유는, 대학원은 대학보다 독창성을 중요시하는 리서치 중심이기 때문이다. 이 모든 적응과정은 틀림없이 충격이다. 문화충격(culture shock)에 상응하는 학업충격이다. 학자들에 따르면, 문화충격이란 익숙하지 않은 사회제도와 문화에 직면하여 느끼는 걱정, 스트레스, 피곤감, 무력감 등의 결합이다(Oberg, 1960). 새로운 학업환경을 접해서도 새로운 문화에 접할 때와 마찬가지의 어려움을 경험하는 것이다.

유학을 고려하고 있는 학생이라면 한국과 상대국의 교육제도, 공부방식 등에 차이가 있으리라는 짐작은 누구나 하겠지만, 그것은 막연한 것이 보통이다. 그런 문제에 대한 연구나 지식을 바탕으로 학생과 상담하고 준비시키는 제도가 전혀 없기 때문이다. 더욱이 유학의 어려움을 그저 언어의 차이로만 쉽게 돌려버리는 태도 때문에 더 그렇다.

발라드에 따르면 『아시아 학생들은 영미권 대학에 유학을 와서 언어, 문화 등의 어려움을 주로 강조한다. 그러나 사실은 새로운 교수, 학습방식(teaching style, learning style)에 적응하는 것이 이에 못지 않게 어렵다는 것을 잘 인식하지 못하고 있다.』그래서 유학생들이 현지에서 공부를 시작하며 받는 충격이 더 크다는 것이다.

동양과 서양의 공부방식 차이에 대한 아래 발라드의 모델은 재미있다. 독자의 이해를 돕기 위해 필자의 의견을 첨부하면서 소개해 본다.

학문이란 무엇인가라는 질문에는 두 가지 대답이 가능하다. 하나는 지식을 습득, 보존(conserve)하는 활동이고, 다른 하나는 지식을 보존하는 데서 한 발 더 나아가 확장(extend), 발전시키는 활동이다. 지식을 습득, 보존하는 것은 그것을 수동적으로 수용하고 유지해 나가는 것을 의미한다. 아시아 문화권에서 하는 공부의 특징은 그런 것이다. 영미문화에서 학생들은 사물과 현상에 대한 기존 지식의 이해와 습득에 만족하지 않고 이것을 늘리고 발전시켜 나갈 수 있어야 한다. 그런 공부방식은 언제나 기존의 것에 대한 의문으로부터 시작한다.

여기서 중요한 과제는 무엇(what)이 아니고 왜(why), 어떻게(how)이다. 그래야 기존의 지식에서 벗어나 변화와 발전을 가져올 수 있다. 이와 같이 무엇을 연구 또는 공부로 보느냐에 따라 세 가지 다른 공부방식 또는 접근법을 생각해 낼 수 있다.

첫째는 지식의 재생산(reproduction)이다. 기존의 지식을 바꾸지 않고 그대로 전달한다는 뜻에서 재생산이다. 여기서 공부방법은 암기와 모방이 주류이다. 그것은 기존의 지식과 정보의 수용이다. 학생은 선생이 가르치는 절차를 따라 문제를 풀어 나간다. 중요한 것은 결과로서의 사실의 기술과 종합능력이다. 여기서의 질문은 「무엇(what)」이다. 교사의 관심은 학생이 이 「무엇」을 정확히 알고 있는가를 평가하는 것이다. 한국에서 행해지는 각급 학교 진학시험과 학기말 고사는 이런 지식을 테스트하는 방법이며, 이를 위한 공부가 모두 재생산적 방법에 속하는 것이다. 각종 고시, 회계사 시험, 기업의 입사시험, 각종 면허의 획득을 위한 필기와 실기시험의 내용이 대부분 그런 것이다.

둘째는 분석적(analytical) 방법이다. 여기서 학생은 지식을 습득하는 데 그치지 않고 분석하고 해석하며 비판한다. 따라서 사실의 정리에 그치지 않고 거기에서 의미를 찾는다. 여기서 중요한 것은 비판적 사고이다. 왜, 어떻게, 어째서 등을 묻는다. 이 단계에서도 물론 창의력과 독창성(originality)이 중요하지만 다음 세 번째 단계만큼은 아니다.

셋째로 탐구적(speculative) 방법은 지식을 토대로 어떤 과제를 능동적으로 연구하는 방법인데, 여기서는 분석의 수준을 넘어 새로운 가능성을 예측하고 그럼으로써 새로운 지식과 모델을 만들어 내고자 하는 것이 특징이다. 앞서 말한 바대로 지식의 재생산으로 그치지 않고 확장 또는 확대 재생산하는 것이다. 바꿔 말하면, 새로운 가능성을 탐구하고 새로운 지식의 개발을 시도하는 것이다. 세계적 석학이라고 불리는 학자들의 독특한 사상, 철학, 이론적 모델은 그런 연구의 결과로 나온 것들이다. 여러 가지 가정(hypothesis)을 세우고 이를 검증하는 연구의 결과로 나오는 새로운 이론적 체계도 여기에 속한다. 창조력과 독창성이 최고로 요구되는 공부 또는 연구방법이다.

종합해서 말한다면, 영미식 교육은 전달보다도 분석을 중시하고, 이에 더하여 해석하고 비판하며 새로운 가능성을 탐구하는 것이라고 할 수 있다.

필자는 한국의 대학에서 가르치지 않으므로 무어라고 직접 평할 수는 없지만, 최근 한국의 몇몇 현직 교수들이 신문에 기고한 글만 봐도 한국 대학의 공부 분위기가 어떤 것인지 짐작하고도 남는다. 이들은 한결같이 대학에서 일고 있는「고시 열풍」에 큰 우려를 나타내고 있다. 한 교수는 한국의 대학생들이 지식인으로서 넓은 교양을 쌓기보다는 취업이라는 협의의 목표를 위해 필요한 독서에 열중하는 경향을 지적했는데, 이는 우리의 대학 공부가 아직도 암기 위주임을 확인해 준다.

공부에 대해 각기 다른 이 세 가지 태도에 따라 교사의 역할, 교육의 평가방법, 독서방식, 논문쓰기 또는 내용이 달라지게 된다.

4. 스승의 그림자를 밟아라

교육의 기능이 기존 지식의 전달에 있는 재생산식 교육은 당연히 주입식으로서 교사의 역할이 커질 수밖에 없다. 교사는 학생보다 지식을 풍부하게 가진 사람이다. 그는 그 지식을 학생에 전달하며 사표(師表)가 된다. 학생은 교사의 지시에 따라 지식을 전수받는 것이다. 학생은 지식의 전수, 지도, 평가 등 모든 단계에서 교사에게 의지하게 된다.

교사는 학생이 배운 지식과 기술을 재생산할 수 있는가를 위주로 평가한다. 과거 우리 교육제도에서는 학생들의 능력이 이 같은 방식으로 평가된 점수와 석차로 결정되었다. 이와는 달리 교육의 기능이 기존의 지식을 발전시켜 새로운 지식을 창조해 나가기 위한 것이라면 교사보다 학생의 역할이 더 커져야 한다. 이 때 학생의 능동적 참여 없이는 성과가 나올 수 없다. 공부는 교사가 아니라 학생들이 중심이 되어 진행되어야 한다.

분석적 공부방식에서 교사는 학생을 가르치는 것에 그치지 않고 그들로 하여금 건전한 의문을 갖도록 자극해야 한다. 이 때 교사는 조정자의 역할을 한다. 교육의 평가도 지식의 소화 및 전달 여부에 끝나지 않고 분석과 해석능력까지 포함해야 한다. 문제해결의 역량에 대한 측정이라고 해도 된다. 영미대학에서는 있는 지식을 정리하고 전달하는 식으로 논문을 써서는 좋은 평가를 받을 수 없다. 문제를 늘 비판적으로 볼 수 있어야 한다.

탐구적으로 공부하는 상황에서 교사는 경험이 많은 학문 동료이면서 협력자이다. 그는 학문적으로 비판과 자문을 한다. 그는 학생들 간의 생각과 아이디어의 토의, 의견교환을 촉진하는 과정을 거쳐 이론개발을 위한 좋은 연구과제가 나오도록 유도한다.

교사와 학생의 역할에 관한 한 한국은 아직도 첫째 단계, 그리고 잘해야 둘째 단계에 머물러 있다. 그것은 무엇보다도 「스승의 그림자는 밟지도 않는다」는 말대로 교육이 아직도 나이와 스승의 권위를 중심으로 이루어지기 때문이다.

동양사회의 가치는 전통을 유지하고 보존하는 데 있다. 그런 사회에서는 전통에 의문을 던져 보고 그것을 입증하려는 학문적 태도는 환영받을 수 없었다. 그런 분위기에서는 학생이 교사의 생각이나 가르치는 내용에 정면으로 도전하고 이에 대해 의문과 이의를 제기하는 것은 결례로 받아들여지므로 활발한 창의력 발휘와 새로운 이론의 탐구가 불가능했던 것이다.

5. 달달 외우는 것만으로는 안 돼

재생산 교육방식에서 학생의 점수는 기억의 결과이며, 시험은 학생이 그 기억에 얼만큼 시간과 노력을 쏟았느냐를 측정하는 것이다. 분석적 탐구적 공부방법에서는 문제해결을 위한 지식의 적용, 해당 분야의 이론 발전에 대한 기여가 중요하므로 독창성이 평가의 기준이 된다.

아시아에서 영미권으로 갈수록, 공부의 수준이 높아질수록 공부가 지식의 보존에서 확장단계로 진전된다고 할 수 있다. 상급수준으로 갈수록 연구는 지식의 습득단계를 지나 창조단계로 들어가 있어야 하기 때문이다.

교육의 평가방법 가운데 중요한 것이 논문이다. 연구결과는 논문에서 가장 잘 정리될 수 있다. 따라서 평가방법의 차이도 논문평가에 가장 잘 반영된다. 구체적 예를 들어 말해 보자. 고려가 망한 이유를 논하라는 논문 과제가 주워졌다고 하자. 재생산방식에서는 국사책에 적혀 있는 이유 몇 가지를 잘 정리하면 된다. 분석적 방식에서는 여러 자료를 통해 정보를 얻어 종합적으로 분석한 다음, 적어도 자신의 견해를 비판적으로 첨가하는 정도면 괜찮다. 탐구적 연구에서는 사정이 크게 달라진다. 고려가 망한 이유에 대한 기존의 지식을 바탕으로 새로운 문제를 제기하고, 그 점을 새로운 방법을 적용하여 증명할 수 있어야 한다.

일반적으로 한국보다 영미권 학교에서 프로젝트 중심의 숙제가 주어지지만, 국민학교 수준이라면 별 차이 없이 어느 정도는 재생산방식의 공부가 위주일 것이다. 중·고등학교와 대학 수준에서라면 영미권 학교에서 더 분석적이며 광범위한 도서관 리서치가 학생들에게 요구된다. 그러나 박사 수준의 논문이라면 당연히 탐구적이어야 한다.

서부 시드니대학(University of Western Sydney)의 홍성묵 교수는 학생들의 에세이 평가에 대하여 이렇게 말한다. 『아시아 학생들은 논문에서 아는 사실을 백과사전식으로 잘 정리한다. 그런 논문은 같은 고생을 하고도 좋은 점수를 받지 못한다. 아시아 학생들은 사실을 많이 알고 있고 정리하는 데는 우수하다. 그러나 논평에서는 호주학생을 따를 수가 없다. 자기 생각이 없는 논문에 좋은 점수를 줄 수는 없다.』

한국의 대학에도 영미권의 교육을 받은 교수들이 많아져서 영미식 공부가 이루어지고 있으나 아직도 평가방법은 재래식이라는 여러 가지 증거가 있다. 가령 대학에 입학만 하면 거의 자동적으로 졸업을 할 수 있는 것은 학생들이 시험때 배운 것을 잘 정리하면 되기 때문이라고 생각된다.

영미국가로 이민 온 한국인 자녀들은 학교에 들어가면 「이곳의 공부는 약하다」고 속단한다. 한국에서 중학교 또는 고등학교에 재학 중이던 학생이 비슷한 학년에 편입했을 때, 한국에서 오래 전에 배운 수학을 그제서야 배우는 것을 보고 하는 말이다. 이 수준에서는 양적으로 많이 아는 한국학생이 공부를 특출하게 잘 하는 것으로 나타나기도 한다. 그리하여 이들 한국학생들은 공부를 별로 열심히 하지 않는 현지 학생들을 깔보는 경향이 있다.

그러나 공부의 수준이란 교과서 진도나 지식의 양을 가지고 평가할 것이 아니다. 양은 몰라도 질적으로 떨어지는 교육을 받은 결과, 대학이나 대학원 수준에서 공부하면서 점점 현지 학생들에게 떨어지거나 따라가지 못해 낙오되는 사례를 보게 된다. 그 까닭은 바로 우리와 영미식 공부의 평가 차이에서 상당 부분 연유한다.

다음 6~12까지 항목에서는 한국과 영미대학에서 이루어지는 공부의 차이를 구체적 단계로 나눠 더 자세히 검토해 보기로 한다.

6. 에세이, 리포트, 텀 페이퍼

재생산, 분석, 탐구 중 어느 것이든 공부한 결과를 잘 정리하고 발표할 수 있는 가장 좋은 방법이 논문이다. 특히 연구가 지식의 나열이 아니라 분석이나 탐구라면 그것은 꼭 논문으로 정리돼야 한다. 하나의 체계를 이루어 발표돼야 하기 때문이다.

한국에서도 대학의 학업성과를 평가하는 방법이 과거의 문답식 필기시험에서 논문 제출로 옮겨가고 있는 이유가 여기에 있을 것이다. 그러나 한국은 아직도 영미대학에서만큼 논문의 질을 까다롭게 따져 평가하지 않는다. 논문이래야 길이도 짧고 배운 것을 알고 있는가를 테스트하는 정도에 그치는 것이 보통이다. 이런 논문을 한국 대학생들은 보통 「리포트」라고 부른다.

영미대학에서 리포트란, 대개 자연과학 분야에서 발표하는 실험결과를 말한다. 「scientific report」라는 표현, 그리고 실험 또는 실습결과를 보고하는 과제도 「laboratory report」나 「lab-report」 등으로 부르는 것을 볼 때, 리포트란 말은 자연과학 분야에서 더 많이 쓰이는 것 같다. 이런 과학분야의 연구는 누가 하든 정해진 틀과 절차를 밟아야 하므로 그에 따른 리포트 역시 정해진 형식에 따라 쓰여진다.

따라서 그런 리포트를 쓰는 요령을 남에게 가르치는 일은 비교적 쉽다.

사회과학, 인문과학 분야 강의를 듣고 과제로 내야 하는 논문은 흔히 영국, 호주의 대학에서는 에세이, 북미에서는 페이퍼 또는 텀 페이퍼(term paper)라고 부른다. 여기서 에세이는 문학에서 말하는 수필(literary essay)과는 다른 짧은 학술논문(academic essay)을 말한다.

인문과목의 문제를 다루는 연구라면, 자연과학의 경우처럼 실험을 한다든가 실험은 아니더라도 자료를 과학적으로 수집, 분석, 증명하는 정해진 절차를 밟기 어렵다. 따라서 논문의 형식과 내용이 훨씬 자유롭다고 할 수 있다. 논문을 전개하는 요령도 내용과 쓰는 사람에 따라 다양할 것이다. 그런 의미에서 에세이라는 말을 더 많이 쓰게 되지 않았는가 생각된다.

리포트든 에세이든 논문은 종이로 옮겨 제출하게 되므로, 넓게는 「페이퍼(paper)」라고도 한다. 영미대학에서 「Have you submitted (좀더 구어체로는 보통 hand in) your paper ?」라고 하면 「논문 제출했니 ?」의 뜻이다. 영미대학에서도 우리와 마찬가지로 학생들이 논문의 마감날짜를 걱정한 나머지 만나면 인사처럼 묻는 것을 보게 된다. 텀 페이퍼(term paper)의 텀(term)은 학기라는 말이다. 즉 학기말 논문이다.

각 과정(course work) 중 과제의 일부로 내는 논문이 아니고 석박사학위를 받기 위해 써야 하는 논문은 학위논문(thesis) 또는 디저테이션(dissertation)이라고 부른다. 학위논문은 특정한 제목으로 상당한 기간 동안 연구한 결과를 정리한 것이므로 규모가 비교적 큰 것이 특징이다. 따라서 짧은 기간의 실적을 평가하기 위해 쓰도록 하는 에세이와는 형식과 내용이 모두 다르다.

어떤 석사과정은 학위논문에 미치지 못하거나 그와는 성격이 좀 다른 마스터 프로젝트(master project)로 제출케 한다. 전 학위과정 동안 논문이 아닌 한 가지 과제를 가지고 만들어 내는 작품이다. 언론학 학위를 이수하면서 긴 기사나 텔레비전 다큐멘터리를 만들어 내는 것, 음악 또는 미술 분야 학위를 이수하면서 작품을 만들어 제출케하는 것도 그 예이다.

석박사 학위논문에 대해서는 다음 장에 따로 다루게 된다. 여기서는 필자가 에세이를 잘 쓰는 데 중요하다고 생각되는 몇 가지 요령을 말해 보고자 한다.

(가) 모든 글이 그렇지만 에세이도 분량이 제한되어 있다. 대학의 에세이는 보통 영어로 2,000~3,000자 정도가 보통이다. 지면에 여유가 있다고 하더라도 길게만 쓰면 초점이 없어진다. 에세이의 기술은 바로 이 초점을 어떻게 살리는가에 있다. 그것은 제한된 분량 안에서 가장 효과적으로 문제를 다뤄야 하는 일이다.

그 한 가지 방법은 한 에세이에서 문제 또는 연구대상에 대한 한 가지 측면 또는 한 부분만을 다루는 것이다. 많은 측면을 다루면 글의 초점과 깊이가 모두 없어진다. 제한된 길이 안에 이것저것을 취급하니 핵심(또는 초점)이 없어질 수밖에 없다. 논문의 제목을 좁은 범위로 정할수록 초점과 깊이를 살리는 게 가능하다. 교수는 학생이 논의를 일정한 방향으로 좁혀 나갈(narrow down) 수 있게 논문의 제목을 구체적으로 내줄 수 있지만 그렇지 않을 수도 있다. 다음과 같은 제목은 비교적 구체적이다.

－일본 기업의 소유 및 경영의 패턴을 논하고 서구의 그것과 비교하라(Discuss the pattern of corporate ownership and control in Japan and make comparison with the West).

－맑스-엥겔스의 자본주의에 대한 반대이론 일반, 그리고 더 구체적으로는 개인주의와 사유재산제도에 대한 반대이론을 요약해서 논하라(Summarise Marx-Engel's arguments against capitalism in general and against individualism and private property in particular).

－호주의 극동아시아 외교정책을 논하라(Discuss Australia's foreign policies toward the Far East).

이렇게 구체화된 경우도 그렇지만, 이 정도의 범위도 한정하지 않고 낸 과제는 쓰는 사람이 알아서 처리해야 한다. 이 때 에세이의 머리말(introduction) 부분에서 에세이의 방향과 범위, 말하자면 무슨 문제를 어떻게 다룰 것인가에 대한 구상을 짧게 밝히는 것이 보통이다. 그래야 그 다음 내용을 전개하기가 쉬워진다.

(나) 에세이와 신문기사는 다르지만, 어떤 문제를 제한된 길이 안에서 전체적으로 논리가 일관되고 짜임새 있게 다뤄야 한다는 점에서 공통점이 많다. 미국 신문계에서는 기자가 글을 쓰기 전에 편집자가 「Where are you going to peg your story?」라고 묻는 수가 많다. 「Peg」는 말뚝이다. 말뚝에 매어 놓지 않으면 소는 아무데나 가서 풀을 뜯어먹게 될 것이다. 에세이도 마찬가지다. 「Where are you going to peg your essay(또는 report)?」에세이를 어떤 쪽으로 쓸 것인지 미리 말뚝을 박아 놓아야 쓰면서 다른 길로 가지 않을 것이다.

글의 각 문장은 전체 목적에 맞게 일관성(coherence)이 있어야 한다. 앞뒤가 맞아야 한다는 말이다. 글은 생각을 나타내는 것이므로,

이 때 일관성은 결국 생각의 일관성과 같다. 그런 일관성이 없으면 독자는 읽어 나가지 못한다.

신문의 문장은 이른바 역피라미드(inverted pyramid) 형식을 잘 따른다. 서론 없이 중요한 대목부터 시작하여 그것을 하나하나 풀어 나가는 식이다. 짧은 에세이라면 이 기법을 이용해도 될 것이다. 큰 것에서부터 작은 것, 가장 중요한 것부터 덜 중요한 것으로 논리의 일관성을 유지하여 전개해 나가는 것이다. 이런 형식은 분석보다 사실을 서술하는 에세이에 더 적합하다.

(다) 에세이도 일반적인 글처럼 서론, 본론, 결론의 세 부분으로 나눠 쓸 수 있는데, 서론은 짧을수록 좋다. 서론이 길면 그만큼 본론이 짧고 내용이 희석되어 에세이의 가치가 떨어지기 쉽다. 필자의 생각으로는 서론, 본론, 결론의 비율을 2 : 5 : 3으로 하는 것이 어떨까 한다. 짧은 에세이인 경우, 본론과 결론을 따로 나누지 말고 하나로 하는 것도 좋다고 본다.

에세이 내용은 지식과 정보, 새로운 사상과 아이디어(new thoughts and ideas), 비판 또는 비평적 생각(critical thinking), 제안, 새로운 가능성의 제시 등이 된다. 어느 쪽에 무게를 두느냐는 앞서 언급한 세 가지 유형의 공부태도와 관계가 있다. 그러나 앞서 공부방식에서 밝힌 대로 좋은 논문은 적어도 비판적이고 분석적이어야 한다. 영미 대학에서 재생산적 방식에 따른 에세이, 다시 말해서 책에 있는 지식만을 잘 나열한 에세이는 좋은 점수를 받을 수 없다.

그러나 탐구적 연구를 에세이 형식으로 발표하는 예는 적을 것이다. 어떤 가정을 검증하고 새로운 이론을 제시하는 연구는 대개 에세이 정도 길이의 논문에서는 다룰 수 없기 때문이다. 굳이 에세이로 한다면 새로운 연구방향이나 추세, 연구결과를 간략하게 소개하고 평을 하는 정도가 될 것이다.

그러므로 대부분의 에세이는 앞서 소개한 세 가지 공부방식 가운데 두 번째에 해당하는 분석적 연구의 일부분 또는 요약 같은 형식을 취할 것이다. 그것은 기존의 지식에 찬반 논의(arguments)를 하거나 비평적으로 개관하는 것(critical review, criticism), 새로운 해석(new interpretations)이나 자기 의견(thoughts and opinions)을 내놓는 것, 새로운 연구방향(research directions), 새로운 아이디어와 방향제시(suggestions) 등 여러 형태로 나타날 것이다. 에세이를 읽는 교수의 관심은 주로 여기에 있다. 에세이 과제로서 「논하라(discuss, examine, explain, analyse, evaluate)」 또는 「비교하라(compare)」 등의 주문은 바로 그런 일을 해 달라는 것이다.

에세이는 처음 일부를 기존의 지식과 정보를 소개하는 것으로 시작한다. 해석, 비판, 분석, 탐구 어느 것이 되든 발제를 위해 기존의 지식과 이론을 최소한도로 소개하는 것이 필요하기 때문이다. 그러나 이 부분이 에세이의 주류가 되어 주종(主從)이 전도되면 논문은 핵심을 잃게 된다. 이와 관련하여 발라드의 사례와 그의 평을 들어보자.

일본에서 경제학 공부를 제대로 한 일본인 유학생의 경우이다. 그는 호주에 와서 공부가 시원치 못했다. 그는 영어가 서툴렀고 그 때문에 교실에서도 편치 않았다. 그러나 그것이 실패의 주된 원인이 아니었다. 그는 프리드맨과 사뮤엘슨의 전후 유럽의 경제개발계획에 대한 의견을 비교하는 에세이를 써야 했다. 이 때 교수가 원하는 비교는 이 두 학자의 이론과 견해의 유사점과 상이점의 분석 및 평가였다. 그러나 일본의 방식에 젖은 이 일본학생의 생각은 달랐다. 그는 두 경제학자가 다른 견해를 갖게 된 성장배경과 가족사항에 역점을 두어 논평 없이 자세히 써 나갔다.

이런 논문에 대한 교수의 평은 뻔했다. 이 에세이의 취약점은 과제의 핵심인 비교나 분석이 빠졌다는 것이다. 이 학자들의 성장배경에 대한 지식이 논문이 요구하는 사안과 어떤 관계를 갖는지 설명하지 못하고 있는 것이다. 결국 그는 사물을 비판적으로 분석하는 능력이 없다는 평가와 함께 좋지 않은 점수를 받았다. 논문의 양식 또한 일본식이었다. 논문의 본내용을 요약하는 결론이 없었다. 발라드는 일본에서는 학생이 저명한 학자들의 논쟁을 평가대상으로 삼아 왈가왈부하지 않기 때문에 그랬던 것으로 보았다. 이 학생은 영어가 서툰 것이나 지식의 부족보다 문화와 공부방식의 차이에 더 문제가 있었던 것이다. 일본에서 익힌 논문쓰기가 호주에서는 맞지 않았던 것이다.

논문은 작성자가 자기 생각을 어떻게 처리하는가를 잘 보여준다. 따라서 그가 속한 문화에 따라 또는 다루는 분야에 따라 강조점, 글쓰기 양식(생각을 전개하는 양식)이 다르다. 로스앤젤레스에 있는 외국학생들의 글을 모아 분석한 카플란의 한 연구(1966)는 각 문화에 따라 다섯 가지 다른 수사법과 문체가 있음을 지적하고 있다.

영미식 패턴인 직선형(linear)은, 핵심문제를 제시한 다음 곧바로 구체적 사례와 설명으로 옮겨가는 형식이다. 여기서는 핵심과 무관한 사항은 모두 군말로 취급되며 철저히 삭제한다. 꽉 짜인 서술방식이다. 거두절미(去頭截尾)식인 것이다. 낭만주의파와 러시아식은 문제의 핵심에서 어느 정도 일탈을 허용한다. 희랍과 아랍권 문화에서 볼 수 있는 패턴은 문장 또는 표현들을 서로 짝을 지어 되풀이하는 수사법(修辭法)이 특징이다. 이 문체의 예는 성경이나 코란에서 발견할 수 있다.

동양권의 문체는 영미식과 반대다. 핵심문제에 대한 단도직입적인 언급을 피하고 완곡하게 접근한다. 은근하게 간접적으로 묘사하고 노골적인 판단이나 결론을 내리지 않는다. 군말이 될 만한 서론이 길고 수식이 많다. 이와 관련, 발라드는 호주에 와서 타이 북부지방의 인구추세에 대해 논문을 쓴 타이 유학생에 대한 애기를 예로 들었다. 이 학생은 첫 장에서 이 지역의 지리, 역사, 문화를 개관했다. 두 번째 장에서 비슷한 관련 정보를 소개했다. 이렇게 약 50페이지를 쓴 다음 본론인 인구추세를 다루기 시작했다. 이 논문을 본 지도교수는 첫째와 두 번째 장을 모두 버리고 세 번째 장에서 시작하라고 일렀다.

(라) 에세이가 많은 분량임에도 일관성을 유지하면서 핵심을 잃지 않으려면, 첫째로 내용을 잘 「정리(organize)」하고, 둘째로 용어 선택을 잘 해야 한다.

일정한 크기의 옷장에 여러 가지 많은 옷을 넣어야 한다면 어떻게 해야 할까? 필요없는 옷은 일부 버리기도 해야 할 것이다. 또 옷을 잘 정리해서 넣어야 한다. 글쓰기도 마찬가지다. 내용을 잘 정리하려면 글의 목적에 가장 기여하는 내용은 키우고, 덜 기여하는 내용은 과감히 줄여 나가야 한다. 그리고 같은 문제를 다룬 내용, 서로 관련된 내용과 설명은 여기저기 흩어 놓지 말고 한 군데 모아서 다뤄, 뒤에서 다룰 사항을 일부 앞에 다루거나 반대로 앞에서 다룰 사항이 일부 뒤로 가는 일이 없도록 해야 한다.

그런데 그렇게 조직적으로 쓴다는 일이 쉽지 않다. 옷장에 옷을 정리하여 넣는 일과는 비교가 안 된다. 인간의 머리가 우수하다고는 하지만 3,000자의 내용을 한꺼번에 머릿속에 떠올릴 수는 없으므로 여차하면 흐트러지기 쉽다. 그래서 글쓰기 훈련이 따로 필요한 것이다.

필자가 이 문제를 극복하기 위해 쓰는 한 가지 작은 요령을 여기에 소개해 보겠다. 약간 변칙이라고 할지도 모르지만, 필자는 글을 언제나 처음부터 끝까지 순서에 따라 한 번에 쓰려고 하지 않는다. 몇 개로 토막을 미리 내서——예컨대 머리 부분, 마지막 부분 또는 어떤 쟁점 부분 등—— 앞을 끝내기 전에 뒤를 먼저 쓰기도 하고, 중간 부분을 먼저 써 놓기도 한다. 그러는 과정에서 전체의 윤곽을 빨리 잡을 수도 있고 앞부분을 쓰는 동안 뒤에 쓸 만한 좋은 생각을 놓치는 것도 막을 수 있다. 뒷부분을 먼저 써 놓고 보면 앞에서 그것을 다시 쓰는 실수(중복)를 막을 수 있다. 이런 방법을 활용해 보면 글을 쓰다가 막히거나 제목에서 벗어나 삼천포로 빠지는 잘못을 줄일 수 있다. 또 중간 부분 또는 뒷부분을 먼저 써서 어느 정도 완성해 놓으면, 심리적으로도 안심이 되어 일이 뜻밖에 순조로워진다.

용어의 선택은 아래 장에서 논할「언어의 경제」를 실천함으로써 효과적으로 할 수 있을 것이다. 앞서 말한 카플란의 영미식인 직설적 문체는 이상 두 가지 원칙을 잘 받아들인 예가 될 것이다.

7. 언어의 경제

에세이, 보고서, 논문 등 어느 것이든 그 우열은 글의 기교가 아니라 내용이 결정한다. 그러나 글은 내용을 담는 그릇과 같다. 그릇이 빈약하면 내용도 빈약하게 보인다. 또 글이 약하면 전달이 잘 되지 않는다. 그러므로 어떤 에세이를 평가할 때 자연히 글의 질(quality of writing)이 고려된다. 학위논문의 심사기준에는 이것이 명시되어 있다.

글쓰기의 기술(writing skills)을 도식적으로나 과학적으로 설명할 길은 없다. 직접 체험해 보고 다른 사람의 잘 쓴 작품을 읽고, 또 가능하다면 이들의 경험을 듣는 과정을 거쳐서 스스로 요령을 터득하는 수밖에 없다. 글쓰기에 대한 많은 책이 많이 나와 있지만 달리 뾰족한 수가 있는 것은 아니다. 그러나 가장 으뜸가는 조건은 글을 될수록 간단하고 명료하게 만드는 것이다.

문학작품이 아닌 학술논문이나 일반 보고서의 경우라면, 문장의 목적은 사실과 사상의 정확하고 효과적인 전달이다. 이 때 전달이 효과적으로 이루어지려면 글의 표현이 간단(concise, succinct)하고 명료(clear, clarity)해야 한다. 그래야 빠르고 쉽게 머리에 들어오기 때문이다.

간단 명료한 글을 쓰는 길은 가장 정확한 단어와 표현(words and expressions)을 고르되, 그것마저도 아껴서(sparingly, economically, parsimoniously) 쓰는 것이다. 글을 아껴서 쓰자니 꼭 필요한 것이 아닌 말, 특히 수식어는 자연히 빼야 한다. 되풀이 되는 표현(re-petition, overlapping)은 최소한으로 줄여야 한다. 글 속에서 말하고자 하는 개념 또는 내용 간의 관계도 물론 명료해야 한다. 거기다가 용어를 최소한으로 줄여서 쓴다면 문장에 힘이 붙는다. 이것이 바로 앞서 말한 「언어의 경제」 원칙이다.

10자(words)로 될 문장에 50자를 쓴다면 아껴서 쓰는 것이 아니다. 「너절한 글」 「군말이 많은 글(redundancies)」이 그런 것이다. 그래서 글은 한 번 쓴 다음 다듬어야 하는데, 이것이 바로 편집(editing)이다. 마치 나무의 가지를 치거나 군살을 빼는 일 같기 때문에 영어로는 「trimming」이라고 한다. 「polish(닦아서 빛낸다)」라는 말도 쓴다. 모두 「언어의 경제」를 높이는 작업이다. 물론 이 때 단어를 줄이는 작업이 전체 의미나 담고 있는 정보를 손상시켜서는 안 된다. 또 영어로 쓰는 에세이인 경우, 영어 표현의 관례(Englsih usages)를 벗어나서는 곤란하다.

학술논문을 포함하여 대부분의 학술적인 글(academic written English)에서는 이 경제성 원칙이 가장 철저하게 적용된다. 문학과 철학 같은 일부 분야의 것을 빼고는 미사여구 없이 사실과 현상 그리고 그것들 간의 관계를 최소한의 말로 줄여 기술(describe)하는 것이 보통인데, 이런 글을 영어로 「technical writing」이라고 한다. 기계적이라는 뜻이다. 과학기술 분야의 글은 거의 예외 없이 이런 기계적 문체로 쓰여진다. 과학이 기계적인 것을 생각하면 쉽게 이해가 간다. 그런 의미에서 「technical writing」은 과학적 글이라고 불러도 될 것이다.

학술지에 실리는 인문분야의 논문(journal articles)도 대체로 이런 문체를 따른다. 이런 논문에서는 단어뿐 아니라 인용해야 할 중요한 개념, 사상까지도 따로 설명하지 않고 그 출처가 되는 문헌만 밝혀 둠으로써 지면을 아끼는 관례가 잘 지켜지고 있다. 이것 또한 「문장의 경제」를 위한 것이다.

8. 강의와 노트 필기

한국의 대학 강의가 교수 중심(teacher-centered)이라는 것은 널리 알려진 일이지만, 과거에는 특히 더 그랬다. 필자가 대학을 다니던

1950년대에는 교수들이 책이 없다는 구실로 노트 필기를 주로 시켰다. 책도 별로 없었지만 그나마 다른 사람이 쓴 것은 학생들에게 잘 권하지 않았다. 저서 한 권 내지 못한 교수들이 그러했다. 또 그 때 나온 책 가운데 법학, 경제학 분야의 서적은 대개 일본책의 번역판이었고, 그 밖에 인문분야의 서적은 미국 것을 직역한 것이어서 읽어도 잘 이해되지 않는 것이 많았다. 그러니 학생들은 읽을 책이 적었을 뿐만 아니라 읽고도 흡수할 수 있는 지식도 적었다.

강의시간은 교수가 전달하는 것을 학생들이 수동적으로 듣기만 하거나 아니면 받아쓰는 데 소모되고, 질문이나 토론을 통해 강의에 참여하는 기회는 주어지지 않았다. 80~100명 정도로 강의실을 가득 메운 학생들이 묵묵히 강의를 듣는데, 질문을 하려면 여간한 용기가 필요한 것이 아니었다. 그런 의미에서 학생들에게 강의는 고역이었다. 강의가 끝나면 학생들이 해방된 듯 환호성을 올리고, 방학이 가까워지면 빨리 종강을 하자고 조르던 일이 생각난다. 시험은 논문보다 학기말에 보는 짧은 답안쓰기 형태였다. 그래서 많은 책을 읽으며 시간을 보내는 것보다는 강의를 기계적으로 잘 필기해 놓았다가 답안지에 충실히 옮기는 것이 점수를 잘 받는 지름길이었다.

지금은 한국의 대학 분위기도 영미식으로 많이 바뀌고 있다. 외국에서 교육받은 교수들이 많아져서 영미식 공부방법이 도입되었다. 그럼에도 한국의 대학강의의 특징은 교수 혼자서 강의시간을 거의 떠맡고, 그것도 지식을 전달하는 데 보낸다는 것이다.

영미대학의 강의는 이와 크게 다르다. 대강당에서 하는 강의가 아니라면, 교수는 학생들로 하여금 발표 또는 토론형식으로 강의에 참여케 한다. 교수와 학생 간에 대화가 많다. 학생은 강의 도중이라도 의문이 있으면 즉시 질문을 해도 된다. 교육의 효과는 피학습자가 학습과정에 적극 참여할 때 가장 크다. 강의의 효과도 마찬가지로 듣는 사람의 능동적 참여 없이 일방적으로 전달되기만 하면 그 효과는 적다.

지금처럼 책과 자료가 풍부한 시대에 강의가 지식을 전달, 전수하는 것으로 끝난다면 애석한 일이다. 영미대학의 교수는 강의할 주요 내용을 요약한 유인물(hand-outs, outline notes)을 미리 배포하여 학생들이 필기하는 고역을 덜어 주는 것이 보통이다. 그러므로 학생들은 강의 중에는 새로운 착상, 사례, 요점만을 잘 골라 노트에 필기하는 것이 효과적이다. 잘 알아듣지 못하는 외국어로 강의를 들어야 하는 유학생들에게 이 점은 중요하다. 앞서 소개한 세 가지 공부방법 가운데 분석적이고 탐구적인 쪽을 중요시한다면, 교수는 학생들의 창의력을 자극하도록 강의를 계획해야 할 것이다.

영미대학에서는 강의계획에 여러 관련 분야의 외부인사를 초청하여 특강하는 것을 포함시키기도 한다. 이런 의미에서 호주의 대학에서는 과목을 담당하는 교수를 「convenor」 또는 「course chairman」이라고 부른다. 강의를 전부 맡지 않고 오히려 강의를 계획하고 운영하는 사람이라는 뜻이다. 특히 미국의 대학과 달리 각 코스에는 「튜토리얼(tutorial)」이라고 불리는 복습과정이 들어 있어서 그런 호칭이 적절하다. 튜토리얼은 본강의 후에 학생들을 작은 그룹으로 나눠 「course chairman(부록 참조)」에 소속된 몇몇 조교 밑에서 복습을 시키는 것이다.

튜토리얼의 기능은 두 가지로 볼 수 있다. 하나는 보충수업(remedial course)이다. 이 기능은 본강의를 듣고도 학생들이 잘 따라가지 못했거나 충분히 참여하지 못한 부분을 말 그대로 보충하기 위한 것이다. 다른 하나는 응용이다. 수학, 통계학의 경우 본강의에서는 이론, 튜토리얼에서는 실제 문제를 풀어 보는 것은 좋은 예이다. 튜토리얼의 성격으로 봐서 유학생들에게 큰 도움이 될 수 있다. 그러나 튜토리얼을 적극적으로 활용하기 위해서는 사전에 준비가 필요하다. 한국의 대학에 튜토리얼 제도는 없으나 강의시간에 유명인사를 초청하는 관례가 최근에 생겼는데, 외국의 경향을 받아들인 것이라고 생각된다.

영미사회에서는 사람들이 모여 무엇을 할 때를 보면, 각 개인은 우리보다 훨씬 자유스럽게 행동한다. 강연회 같은 모임에 참석해 보면, 참석자들은 우리처럼 굳어 있지 않다. 강의실 분위기도 우리처럼 경직되어 있지 않다. 연사도 분위기를 부드럽게 만들기 위해 재미있는 애기나 여담을 섞는 것이 보통이다. 이런 영미대학의 분위기와 학습제도에도 불구하고, 한국 유학생들이 강의에 충분히 참여하지 못하는 것은 언어장벽과 함께 강의를 수동적으로 듣는 과거의 습성 때문이라고 생각된다.

대부분의 영미대학에서는 파트 타임으로 학위를 이수하는 제도를 인정하고 있어서 직장생활을 하면서 학교를 다니는 나이 많은 학생들이 많다. 제때 대학을 다니지 못하고 늦게서야 학사, 석사, 박사 공부를 하는 것이다. 보통「mature student」라고 부른다. 이런 기성인 학생들과 영미대학의 교수들은 해당 분야의 사회경험이 풍부하기 때문에 강의 도중에 벌이는 토론의 소재가 풍부하다. 한국학생들은 이런 점에서도 토론에서 소외되기 쉽다.

영미사회에서도 자기표현을 잘 못하는 학생들이 더러 있다. 이런 학생들을 위해 자기표현 훈련 같은 것을 정규 교과과정 외에 두어 학생들로 하여금 수강하게 하는 대학도 있다. 대인관계에서 자기의 주장을 잘 피력하는 사람이 강의에도 참여를 잘 한다.

우리 유학생들에게도 외국에 나가기 전에 이런 류의 자기발표 또는 강의에 참여하는 훈련이 절실히 요청된다. 전혀 다른 문화환경에서 강의뿐만 아니라 일상생활에서도 외국어로 제대로 말하지 못해 손해를 보지 않으려면 말이다.

한국과 영미대학의 또 다른 차이는 강의시간 지키기를 포함한 학칙의 엄격한 준수이다. 교수들은 학기의 시작에 앞서 강의계획표(course guides)를 학생들에게 나눠주고, 거기에서 한치도 벗어나지 않고 진행해 나간다. 휴강, 조기종강은 매우 드물다. 「적당」이라는 것이 없다. 논문제출도 마감일을 넘기면 감점을 하는 등 까다롭다. 과거 데모 등을 이유로 결강(缺講)이 흔하고, 짧은 리포트나 한 장의 답안지로 한 학기의 학업성과를 평가받던 우리의 경우와는 다르다.

9. 강의를 녹음하자

외국의 대학에는 직장을 갖고 시간제(part-time)로 공부하는 학생들이 많다. 그래서 이들이 강의를 녹음하여 듣는 것을 일반적으로 허용하고 있다. 어떤 교수의 경우, 강의는 일시적으로 이용되어야 할 것이라면서 테이프에 영원히 보존되는 것을 꺼린다. 또 강의의 내용은 강의를 위한 것이므로 외부에 유출되어서는 안 된다고도 한다. 이런 견해에도 일리가 있다. 그러나 유학생이 교수의 양해를 얻어 테이프를 사용하고자 한다면 대부분의 경우 허용된다. 대부분의 교수는 외국 유학생들이 겪는 언어의 장벽을 이해하는 편이다.

10. 발 표

　교수는 학생이 강의에 참여하는 것을 돕는 방법으로, 학생으로 하여금 준비한 과제물을 토대로 발표하게 한다. 이것은 결코 강의를 태만하게 하는 것이 아니다. 조정자로서 교수의 역할이 중요하다면 더욱 그렇다. 반면 유학생들에게는 큰 부담이다. 이들의 외국어가 신통치 않기 때문에 다른 학생들이 알아듣지 못할 가능성이 크다. 이런 때 발표할 내용의 요약이나 전문을 복사하여 학생들에게 사전에 나눠주는 성의를 보인다면, 교수와 다른 학생들은 모두 고마워 할 것이다.

　외국에서는 텔레비전 아나운서가 방송 중에 실수하더라도 미안하다고 한 다음 아무렇지도 않게 계속 진행한다. 유학생이 외국어로 발표하면서 발음이 나쁘거나 서툰 것은 당연한 일이다. 틀려도 웃어넘기는 여유가 필요하다.

11. 책을 맛있게 먹는 법

　이처럼 영미학생과 아시아 학생들 사이의 공부방법상 차이는 학생들이 읽어야 할 책의 분량(reading workload), 읽는 방법(reading skills)의 차이로 나타날 수밖에 없다. 영미식 공부가 지식의 전달과 전수가 아니라 응용과 개발, 나아가서 탐구를 위주로 한다면 학생은 먼저 많은 책을 읽어야 한다. 아이디어와 지식을 거기서 가장 잘 얻을 수 있기 때문이다. 특히 교수가 상당한 길이의 논문을 쓰라고 과제를 냈을 때, 그것은 적어도 분석적으로 과제를 다루며 따라서 한두

권이 아니라 많은 책을 읽어 리서치할 것을 기대하는 것이다. 학위논문의 경우는 더 그렇다.

산더미처럼 쌓인 외국어로 된 책을 어떻게 소화할 것인가. 이것은 유학생들이 겪는 엄청난 부담이다. 여러 조사에 따르면(Bradley 외, 1984), 영어를 사용하는 국가에서 공부하는 아시아 유학생들에게는 독서가 심각한 문제로 지적되었다.

독서는 언어만의 문제가 아니다. 여기에도 문화적 배경이 크게 작용한다. 아시아 학생들이 전문서적을 읽을 때는 대개 글자에 얽매인다는 것이 영미교수들의 관찰이다. 이는 당연히 앞에서 말한 재생산식 공부방법과 관계가 있다. 이런 식으로는 자기 언어로도 많은 독서량을 소화해 낼 수가 없다. 중요한 개념을 중심으로 필요한 내용만을 먼저 훑는 독서법이 필요하다. 독서의 목적에 맞게 관련된 이론과 아이디어를 빨리 추출하는 방법이다.

한국에서 한때 속독법(speed reading)이라고 해서 빨리 읽는 방법이 권장된 적이 있다. 그러나 속독법은 눈으로 글을 빨리 처리하는 요령이지 내용을 빨리 많이 흡수하고 처리하는 두뇌연습은 아니다. 빠른 독서법이 아니라 효과적인 독서법이 중요하다. 더욱이 외국어로 된 책을 무조건 빨리 읽었을 때 효과적일지는 의문이다. 한국학생들은 대개 그런 노력보다 읽는 시간을 늘려 대처하는 것이 사실이다. 문제는 어떤 독서를 하려는가 하는 점이다. 이에 따라 독서방법도 조금씩은 달라질 수밖에 없다. 한 외국 학자가 정리한 일곱 가지 독서의 목적과 독서방법은 좋은 참고가 될 것이다.

① 내용(지식과 정보)을 충분히 이해(reading to master information and content)하고 흡수하기 위한 것으로, 이 때는 천천히 조심

스럽게 그리고 반복해서 읽어야 한다. 정독(精讀)이다.

② 책의 전체적인 윤곽을 파악하기 위한 독서, 즉 탐색적 목적을 위한 독서(exploratory reading)이다. 또는 필요한 정보가 있는가를 탐색하기 위해 읽는(scanning) 것이다. 이 때 독서방법은 빨리 대강을 훑어 나가는 방식이 된다.

③ 이미 읽어서 아는 내용과 사항을 복습하기 위한 독서이므로 정독할 필요가 없고 확인하는 식으로 빨리 읽어 나가면 된다. 시험 준비를 할 때나 이미 읽었던 내용을 재차 확인할 때 쓰는 독서방식이다.

④ 특정 정보를 찾아서 중점적으로 하는 독서이다. 중요한 내용만을 훑어서 읽는 것(skimming)이 여기에 해당될 것이다. 가령 어떤 에세이를 쓰기 위해 15권의 책을 읽어야 한다면 어떻게 해야 할까. 무작정 읽는 것이 아니라 쓰고자 하는 에세이 계획에 따라 거기에 이용될 수 있거나 또는 관련성(relevancy)이 있는 부분을 찾아서 중점적으로 읽어 나가야 할 것이다. 체로 거르듯 중요한 알맹이만을 읽어 나가는 것이다. 능동적인 독서법이라고 할 수 있다.

⑤ 서평을 위한 독서다. 당연히 정독이 되어야 한다.

⑥ 취미를 위한 독서다. 소설을 읽는 것이 그런 예이다. 차를 기다리면서 또는 잠자리에서 잡지를 읽는다면 그것도 마찬가지다.

⑦ 교정, 수정 등을 위해 읽는 것.

학교에서 내준 논문 과제에 필요한 독서는 ①, ②, ④가 될 것인데, 이 때 어떤 독서방법을 어떻게 활용할지는 당연히 어떤 에세이를 어떻게 쓸 것인가에 따라 달라질 것이다. 대부분 영미대학들은 공부방법과 기술(study skills)의 일부로써 독서방법을 안내하는 소책자나 브로슈어를 강의교재와는 별도로 준비해 놓고 있다. 한국에서도 이 방면의 안내서가 많이 나오고 있으므로, 유학을 생각하는 학생들은 떠나기 전에 읽고 원서(原書)에 대한 독서훈련을 해 둔다면 공부가 훨씬 수월할 것이다.

과제나 학위논문을 위한 독서를 하기 위해서는 도서관을 잘 이용해야 한다. 학위논문, 에세이 할 것 없이 과제는 도서관의 책을 주로 읽어야 하는 것과 밖에 나가 조사를 해야 하는 것이 있다. 전자를 도서관 중심 연구(library research), 후자를 현장조사 연구(field research)라고 한다.

어느 경우에나 유학생은 먼저 공부하게 된 대학의 도서관 이용법(library skills)에 빨리 익숙해져야 한다. 이것도 공부방법에 적응하는 한 가지 방법이다. 대체로 영미대학의 도서관들은 한국의 대학 도서관보다 자료와 시스템 면에서 앞서 있다. 도서관 이용이 전자화되면서 앞으로 더 그럴 것이다.

영미대학의 도서관에 가 보면 학생들이 자료를 찾느라 정신이 없다. 특히 같은 논문을 과제로 받은 학생들이 똑같은 자료를 복사하느라 분주한 모습을 늘 볼 수 있다. 영미사회에서는 취업을 위한 공개시험이 별로 없으므로, 취업시험을 준비하느라 도서관을 드나드는 학생은 드물다. 같은 과제를 하는 학생들이 특정 책과 자료를 한꺼번에 찾는 경우를 대비해서 특별대여 지역을 만들어서, 해당되는 책과 자료는 짧은 시간 동안(예컨대 당일 하루)만 대출하는 제도도 있다.

12. 교수와 면담을······

학생이 강의나 공부와 관련해서 교수를 면담하는 제도는 한국에서
도 점점 일반화되고 있다. 그러나 아직은 영미대학에서 더 자유스럽
고 활발한 편이다. 그러나 유학생들은 그런 혜택을 누리기가 힘들
다. 현지 학생들은 강의가 끝나면 얼른 교수 앞에 가서 애기를 시작
한다. 이 때 언어에 불편을 느끼는 유학생은 그렇게 하기가 힘들다.
예의 바른 영미대학생들이지만 이런 때는 예외임을 알 수 있다.

교수와 시간약속을 하는 것도 그렇다. 교수들은 시간약속을 한 학
생들로 늘 바쁘고, 교수를 먼저 면담하는 학생들은 뒷사람이야 어떻
게 되든 자리를 비키지 않는 경우가 허다하다. 역시 현지 학생들은
공부에 관한 한 이기적이다. 이럴 때는 가만히 기다리고 있지만 말고
자기가 와 있다는 것을 표시하면서 적극성을 보이는 태도가 필요하
다. 수줍어하고 교수를 어려워하는 한국학생들은 자연히 손해를 보게
되어 있다. 유학생, 교수, 유학을 보내는 나라, 유학을 받는 대학이
토의 주제로 삼을 만한 사항이다.

제2장

바다를 건너면 쇠약해지는 영어 ― 언어충격

1. 한국에서 배운 영어와 현지 영어는 하늘과 땅 차이다

영미지역에서 유학생이 겪는 언어의 어려움이 얼마나 큰가에 대해서는 누구나 들어서 안다. 그만큼 영어문제는 널리 거론돼 왔다. 그러나 체험해 보지 않은 사람은 그 어려움이 실제로 어느 정도인지 잘 모른다고 보는 것이 맞다.

6개월간 교환학생으로 멜버른대학에 경제학을 공부하러 온 한 한국학생은 한국에서 영어실력이 수준급이었다. 그런 그가 했던 말이 지금도 기억난다. 장래 미국으로 유학을 하려는 계획이 있었는데, 호주에 와서 잠깐 강의를 받으면서 과연 가야 할지 망설이게 되었다는 것이다.

한국에서는 해외에서 경험하는 영어문제의 원인을 국내 영어교육의 취약함으로만 돌리는 경향이 있다. 지금도 마찬가지고 영어교육에 대한 대부분의 논의가 그렇다. 요즘 한국에 일고 있는 조기 영어교육에 대한 기대도 좋은 예이다. 그러나 유학과 관련된 영어문제가 우리의 노력으로만 해결될 수 있다고 보는 지금의 시각은 잘못된 것인지 모른다.

필자의 경험을 토대로 말한다면, 외국에서 나고 자란 교포 2세가 아닌, 바꿔 말해서 한국에서 영어를 배운 사람은 어떤 식으로 영어공부를 했든 유학을 와서 언어충격을 경험하게 된다. 정도 차이가 있을 뿐 근본적으로는 같다.

유학생에게 필요한 외국어를 공부와 관련하여 자기가 알고 있는 지식과 사상을 최소한 표현할 수 있고, 비슷한 지식과 사상을 읽고 들을 수 있는 정도로 가정한다면 문제해결이 비교적 용이해진다. 그런 영어가 바로 학술영어(academic English)다. 특정 직업과 관련하여 활용되는 전문 또는 기능영어(professional, functional English)도 여기에 포함될 수 있다. 그런 영어는 당연히 정식영어(formal English)이다. 외국학생이 영어를 사용하는 국가로 유학을 하기 위해 치러야 하는 각종 영어실력 테스트(미국의 TOEFL, 호주의 IELTS, 영국의 Cambridge Test)는 학술영어의 실력을 측정하는 것이다. 이 영어는 한국인이 노력하기에 따라서는 정복할 수 있는 종류의 영어이다. 거의 만점에 가까운 점수를 받는 학생이 나오지 않는가.

학술영어는 유학생이 학업을 마치는 데 절대 필요하다. 그러나 이런 영어는 현지에서 실제로 필요한 영어의 극히 일부분에 지나지 않는다. 정식영어로는 논문과 보고서를 쓰거나 세미나에서 발표를 할 때는 몰라도 강의를 듣고 세미나에서 현지 학생들과 토론하며 교수와 상의하거나 학교 밖에 나가 생활할 때는 어려움을 겪는다. 이것은 영어를 사용하는 국가에 나가 있는 한국학생들에게 큰 아이러니다.

정식영어를 쓰면 현지인들이 못 알아듣는다는 말이 아니다(일부 못 알아듣는 충도 있다). 그들이 외국인에게 그런 영어를 쓰지 않는다는 것이다. 강의를 하는 교수, 세미나에서 토론을 벌이는 학생, 거리에서 만나는 현지인들이 쓰는 영어는 자기들끼리 평소 주고받던 영어다. 정식영어 말고는 다른 영어를 잘 구사할 수 없는 유학생을 의식하여 조심스럽게 하는 영어가 아니다. 그런 대중영어에는 문법에 맞지 않는 속어(slang), 구어체 표현(colloqual expressions), 은어, 각 지역과 문화마다 독특한 표현이 섞여 있다.

발음도 변화무쌍하다. 또박또박 발음해 주면 얼마든지 알아들을 수 있지만 그렇게 해 주지 않는다. 우리나라에서도 어떤 지역 출신들은 「선생님」을 「샌님」으로 빨리 발음한다. 영어도 마찬가지다. 대부분 굴러가는 발음인 영어에서는 더 그렇다.

또 있다. 현지에서 학교나 학교 밖에서 만나게 되는 외국인은 한국의 어학원에서 만나던 외국인 영어교사나 한국에서 사귀던 사람이 아니다. 한국에서 만난 외국인들은 한국에서 한국사람들을 가르쳐 돈을 버는 직업인이었기 때문에, 또는 자기들이 아쉬운 입장이었기 때문에 한국인들이 알아듣기 쉽고 친절하게 정식영어를 썼을 것이다.

해외에 나오면 상황은 아주 크게 바뀐다. 현지에서 만나는 사람들은 영어를 그렇게 친절하게 말하지도 않을 뿐만 아니라 이쪽에서 제대로 영어를 구사했을 때도 「sorry?」하면서 되묻는 때가 많다. 자세히 귀를 기울이면 충분히 알아들을 수 있는 영어인데도 그런 성의를 보이지 않는 것이다.

유학생으로 해외에 나오면 아쉬운 쪽은 언제나 이쪽이다. 우리말로 대화를 할 때도 상대방보다 유리한 입장이면 말이 조리 있고 유창하게 잘 되지만 반대일 때는 그렇지 못한 것이 인지상정이다. 이쪽이 불리한 입장인데다가 서투른 외국어로 문제를 해결하려면 참으로 힘들다. 외국에서 사고를 당해 보면 금방 그것을 실감하게 된다.

영미사람들은 대개 예의바르고 친절하지만 큰 도시에 가면 극히 사무적인 사람도 많다. 전화로 문의를 받는 현지인 비서는 외국인인 이쪽의 말을 못 알아들으면 나름대로 설명해 주고 나서는 「thank you, thank you」를 연발한다. 전화를 끊어 달라는 신호이다. 이런 경험을 여러 번 하고 나면 스스로 영어를 잘 한다고 믿었던(한국에서) 사람도 거의 예외 없이 자신을 잃는다. 여기에서 악순환을 경험하게 된다.

영미국가는 영어를 사용하는 백인을 주류로 하고 영어를 사용하지 않는 국가의 이민자를 많이 받는 사회다. 여기서는 이민자가 당연히 영어를 빨리 배워 잘 해야 하는 것을 원칙으로 하고 있다. 그러기 때문에 외국 태생으로 웬만큼 영어를 해도 자기들처럼 말하지 못하면 영어를 못한다고 쉽게 믿어 버린다. 이민자들이 자신의 교육수준이나 자격에 걸맞는 직업을 얻지 못하는 이유가 여기에 있다.

유학생도 마찬가지다. 유학을 왔으면 자신들처럼 영어를 잘 해야 한다고 생각한다. 때문에 우리 기준으로 볼 때 유학생의 영어실력이 그만하면 괜찮다고 하더라도 현지 교수들은 평가서에 영어가 약하다고 꼭 지적한다. 이 점은 우리와 크게 다르다. 우리는 외국인이 우리 말을 조금만 할 줄 알면 잘 한다고 감탄하는 정도이다. 더욱이 외국 학생들은 한국에 와서 자기 나라 말과 글로 공부하고 학위를 받아 가는 실정이다.

영어를 듣기(hearing), 쓰기(writing), 말하기(speaking), 읽기(reading)의 네 영역으로 나눴을 때, 그 전부를 현지인처럼 할 수 있게 한국에서 교육시키는 것은 불가능에 가깝다. 쓰기와 읽기는 역시 과거식 구문론 교육을 필요로 하는데, 여기에 치중하면 다른 쪽을 소홀히 하게 된다. 어려서부터 원어민(native speakers)한테 듣기와 말하기를 배운다고 해도 완전해지기는 어렵고, 한편 쓰기와 읽기는 여전히 취약할 수밖에 없다.

어느 나라에서든 말을 잘 한다고 해서 글을 잘 쓰는 것은 아니다. 영미사회에서도 초, 중·고생들이 영어로 말은 잘 해도 글쓰기가 약한 것이 문제가 되고 있다. 한국인 2세들의 경우는 일반적으로 더 그렇다. 글쓰기는 따로 가르쳐야 한다. 그렇게 볼 때 지금 한국에서 「듣기와 말하기」로 영어공부의 방향을 전환하는 것은 다른 쪽을 소홀히 할 우려가 있다.

한국 사람들이 유학을 가기 위하여 또는 다른 이유로 영어를 마스터해야 한다며 영어공부에 일생을 보낼 수도 없는 일이 아닌가. 그렇게 된다면 한국 사회는 어떻게 될까. 선진국 학생들은 외국어에 그렇게 많은 시간을 보내지 않아도 되는데 우리만 그렇게 한다면, 다른 분야에서 그만큼 뒤떨어질 것이다. 그런 의미에서 필자는 전 국민이 영어를 배우느라 시간을 보내야 하는 지금의 풍토에 약간 회의적이다.

유학생의 영어문제가 우리의 노력만으로 해결되지 않는다고 하는 이유가 여기에 있다. 이제 국제사회의 구조도 많이 바뀌었는데, 국제언어구조에 대해서도 유학을 받는 나라와 보내는 나라 간에 양해와 함께 정책변화가 필요하다.

자연과학과 기술 분야의 경우에는 언어와 지식이 비교적 잘 구분된다. 달리 말하면 언어 때문에 아는 것을 잘 표현할 수 없는 문제가 덜하다. 국제적으로 이해될 수 있는 언어라고 할 수 있는 기호, 숫자, 도표, 그림, 눈으로 보고 되풀이하는 실기에 상당 부분 의존하기 때문이다. 일부 비자연과학 분야와 실기에 많이 의존하는 수학, 통계

학, 수리경제학, 전자공학, 경영학, 회계학, 음악, 컴퓨터 과학 분야
에서도 어느 나라에서나 알아보는 기호, 수치, 공식, 국제적 통용어
등이 상당 부분 쓰이고 있다.

2. 문법공부는 살아 있다

한국인이 영어를 사용하는 국가에서 태어났거나 어려서부터 거기서
자란 경우가 아니면 영어를 두루 잘 할 수 없다는 것은 증명된 사실
이다. 외국에 나간 한국 유학생, 일본 유학생은 모두 영어가 서툴기
로 유명하다. 성인이 되어 영어를 배운 한국사람으로서 원어민처럼
말을 구사하는 예는 거의 없다.

기록에 따르면 일제 말기인 1944~45년경 한국에서 자라 일본말을
일본사람처럼 잘 하는 한국인이 500만명 이상이었다. 미국이나 호주
등지에는 이미 30년 이상 거주한 교민이 많은데도 이들의 영어는 모
두 빈약하다. 왜 그런가 하는 것은 대부분 한국인들이 경험으로 잘
안다. 한국말은 구조적으로 일본말과 매우 가깝고 영어와는 크게 다
르기 때문이다. 발음에 있어서도 한국인이 영어보다 일본말을 배우는
것이 훨씬 쉽다.

박명석 교수(1994)는 그의 저서 『Communication Styles in Two
Different Cultures : Korean and American』의 첫장인 「Cross-
linguistic Problems(서로 다른 언어의 문제)」에서 한국인이 영어를
마스터하기 어려운 이유로 영어와 한국어 간의 구조적 차이를 잘 요
약하고 있다.

박 교수는 두 언어의 차이를 크게 7개 분야로 나눠 설명하고 있는

54

데, 그 가운데 발음과 음조상의 차이가 있다. 나머지 다섯 가지는 어순, 문맥에 따른 의미의 변화, 같은 단어가 서로 다른 품사 노릇을 하는 문제 또는 다른 의미로 사용되는 영어의 특이성(lexical differences), 관용어의 사용, 각 단어 속에 숨어 있는 서로 다른 의미(connotation) 등이다.

한국어에 없는 영어의 자음으로써 우리가 발음하기 어려워 늘 틀리는 음소(phonemes)가 여러 가지 있다. 한글의 경우 약간의 예를 빼고는 같은 글자는 같은 음을 낸다. 영어는 단어에 따라 발음이 달라진다. 단어에 따라 어떤 글자는 소리를 전혀 내지 않는 것도 있다. 모음의 발음법도 일정치 않다.

음조의 문제는 단어의 액센트, 말하는 데 있어서의 리듬(rhythm) 등이다. 우리말 단어에는 액센트가 없다.

주어, 동사, 목적어, 보어, 형용사절 등을 나열하는 영어의 어순이 우리말과 다르다. drive(운전하다, 운전), rise(상승하다, 상승) 등 많은 단어가 문장에 따라 동사와 명사 어느 쪽에도 쓰인다. 「graft」는 뇌물도 되고 이와 전혀 다른 「접목」이란 뜻으로도 사용된다. 「wear」는 「옷을 입다(wear clothes)」로 쓰지만, 「모자를 쓸(wears a hat)」때나 「안경을 낄(wears glasses)」 때 혹은 「반지나 장갑을 낄(wears a ring and gloves)」때, 「신발 또는 양말을 신을(wear shoes and socks)」 때, 「시계나 귀고리를 찰(wears a watch or earrings)」 때도 쓰인다.」

영어에는 문법으로 설명되지 않는 관용구(idioms)가 많다. 복합동사의 구성, 전치사의 사용법도 변화무쌍하다.

호주에서는 브래들리(Bradley and Bradley, 1984)가 영어와 타이어, 인도네시아 어, 말레이시아 어의 차이점을 개관하고, 이들 국가의 유학생들이 언어적 차이 때문에 겪는 어려움을 실증적으로 조사한 적이 있다.

브래들리의 조사는 발음, 단어 그리고 구문의 세 분야로 나눠 이들 학생들이 영어를 구사할 때 어려워 하는 사항들을 조사해 본 것인데, 단어로서는 불규칙 동사의 변화, 조동사, 시제, 완료형, 수, 관사 등 대개 한국인이 영어를 배우면서 주로 실수하는 것들과 같았다.

영어를 사용하는 국가에서는 이민자와 유학생들을 많이 대하게 되는데, 이 가운데 유럽계가 동남아를 포함한 아시아계에 비해 과거 교육의 여부와는 관계없이 일반적으로 영어를 빨리 익혀 잘 구사한다. 그 이유는 그들의 언어구조가 영어와 유사하기 때문이다.

국제화 바람에 힘입어 한국에서 한창 일고 있는 영어공부 붐은 과거 한국의 영어교육이 문법중심이어서 해외에 나가 실제적으로 활용하지 못한다는 반성론 때문에 「말할 수 있는」 영어를 지향하고 있다. 물론 그런 방향전환은 충분히 이해가 가는 일이지만, 영어에 대한 기초이론 없이 말만 배우면 되느냐 하면 그렇지도 않다. 이미 언급한 대로 영어와 한국어와의 구조적 차이가 큰 이상, 성인의 경우에 이에 대한 지식 없이 영어를 마스터하기는 어렵다는 것이 필자의 생각이다.

한 언어체계에 대한 지식이 구문이론 또는 문법이다. 영어를 모국어로 하는 사람은 영어의 특징을 모른다. 그리고 문법을 따로 몰라도 그 말을 잘 구사할 수 있다. 그러나 다른 언어를 쓰면서 자란 사람(특히 아시아 문화권)은 영어를 어느 정도 분석적으로 배워야 한다. 그런 분석을 가능케 하는 것이 영문법이고 구문론이다. 영문법을 체계적으로 발전시킨 대표적인 사람들은 영어가 모국어가 아닌 외국인(예컨대 네덜란드 태생 언어학자 예스펠슨「O. Jespersen」)이라는 사실은 이런 점에서 시사하는 바가 크다.

앞서 지적한 대로 언어학습은 네 가지 분야로 나눌 수 있는데, 대개 들을 수 있으면 말할 수 있다. 어린아이가 처음 말을 배우는 과정이 바로 그러하다. 해외에 나온 일부 한국인 이민자와 유학생들이 듣기는 해도 말하기가 어렵다는 것은 틀린 말이다. 실은 그 반대가 아닌가 한다. 잘 알아듣지 못하기 때문에 외국인과 오래 접촉을 해도 대화를 못하고, 그래서 언어가 잘 늘지 않는 것이 현실이다. 상대방의 말을 모두 알아듣는 단계에 있다면 말은 곧 배우게 된다.

현지 영어를 잘 알아듣지 못하는 이유 중 하나는 우리가 한국인 교사로부터 배우면서 귀에 익숙해진 발음이 현지인의 그것과 차이가 많다는 것이다. 특히 영어의 각 단어는 한국어와 달리 액센트를 가지고 있는데, 현지인들이 말을 빨리 할 때는 액센트 있는 부분만 확실하게 들리고 다른 부분은 잘 들리지 않는다. 그러면 외국인 교사에게서 영어를 배우면 자연스럽게 잘 들릴까? 그렇지도 않다. 그 교사는 앞서 언급한 대로 정식영어를 주로 가르치게 된다.

또 대화 내용이 단순한 사항이 아니고 복잡하고 고차원적일 때는 언어 속에 있는 논리와 사용되는 단어, 개념을 이해할 수 있는 지식이 문제가 된다. 그러므로 영어의 문장구조와 단어, 숙어에 대한 지식은 여전히 필요하다. 말이 아니라 글로 유식하고 정확하게 표현하려고 한다면 더욱 그러하다.

학교에 들어가서는 듣고 말하기에 못지 않게 읽고 쓰는 영어가 필요하다. 학술영어라고 불리는 이런 영어는 고급영어에 속한다. 한국 학생들이 해외에서 상급학교 진학 준비를 위해 받는 언어연수를 검토해 보면 재미있는 사실을 발견하게 된다. 이 과목의 상당 부분이 영어를 사용하는 국가에서 가르치는 영문법이라고 해도 과언이 아닌 것이다. 또 학술영어의 상당 부분이 영어로 에세이를 쓰는 것인데, 영어 구문에 대한 지식 없이 이런 영어를 배울 수 없다. 이렇게 볼 때 과거의 영어교육에 대한 반성이 영어에 대한 분석을 소홀히 하는 결과를 가져와서는 안 된다는 점이 명백해진다.

한국에서 영어를 공부하려는 인구가 폭발적으로 증가하고 있지만, 새로 생긴 수많은 영어학원과 영어학습서가 「말하는 영어」 혹은 「생활 속에서 재미있게 배우는 영어」니 하면서 재미있지만 사용빈도가 적은 이상한 영어표현을 골라 가르치는 것은 경계할 일이다. 한국사람이 해외에 가서 그런 특이한 표현을 무리 없이 구사할 정도가 되려면, 다른 일반 영어가 얼마쯤은 완전해야 가능하기 때문이다. 그렇지 못하면 맨몸에 칼 차는 격이 된다.

언어학습에 지름길은 없다. 영어는 말하기, 듣기, 읽기, 쓰기 등 모든 단계에 걸쳐 노력하고 연습한 만큼 실력이 는다고 봐야 한다. 그것은 오랜 시간을 거쳐 천천히 변하는 과정이다. 노력한 시간의 함수일 뿐이다. 다만 체계적이며 집중적인 노력을 쏟아붓는 것이 그렇지 않은 경우보다 더 효과적일 뿐이다.

영어 연수생을 많이 받는 영미의 어학학교들이 내는 광고를 보면, 영어를 집중적이며 체계적으로 가르친다는 점을 강조한다. 또 영어를 사용하는 나라에서 생활하며 영어를 배운다는 점을 강조한다. 그러나 몇 주 또는 몇 달 내에 영어를 정복할 수 있게 해 준다는 말은 하지 않는다.

영어를 사용하는 국가에 학생비자로 들어오는 한국인들의 70% 이상이 영어연수를 목적으로 하고 있다. 이들은 연수만 마치고 돌아가는 경우와 연수를 마치고 정규 학교로 진학하는 경우로 나뉜다. 많은 영어 연수생들이 6개월 또는 1년 과정의 연수 코스를 마치고 나서도 별로 달라지지 않았다고 실망하는 것은 속성으로 하는 영어공부에 대한 잘못된 기대 때문이다. 모처럼 큰 기대를 가지고 들어온 연수생들은 학교의 시설미비와 교사의 자격미달(일부 그런 학교가 있다)을 탓하기도 하지만, 어떤 우수한 시설과 교수법으로도 단시일 내에 큰 변화를 가져올 수는 없는 일이다. 그리고 어떤 분야든 얼마만큼 배우는가는 배움에 대한 학생의 열의와 노력이 결정한다. 영어를 사용하는 국가에 공부하러 온 학생이 교실에서만 영어를 배우는 것은 아니다. 자기가 노력하기에 따라서는 그 사회 전체가 교실이 된다.

어학학교들은 학생들로 하여금 현지인 가정에 하숙하는 것(home stay, 홈스테이)을 장려하고 있다. 학교는 하숙을 희망하는 현지의 가정과 학생들을 짝지어 준다. 그러나 현지인 가정에서 얼마간 보냈다고 영어가 금방 달라지는 것은 아니다. 조금씩 달라질 수 있을 뿐이다. 문장구조와 단어실력이 없으면 여기에도 한계가 있다.

대부분의 학생들이 한국을 떠나기 전에는 현지에서 하는 영어공부의 효과를 높이려고 될 수 있는 대로 한국사람들과 멀리하기를 원한다. 그리하여 한국학생들이 별로 없는 학교로 보내 달라고 한다. 그러나 세상일이 그렇게 마음대로 되는 것이 아니다. 영어가 중요하다고 모든 시간을 영어공부에만 쏟기도 어렵고, 또 나가 보면 한국사람이 없다고 해서 언제나 외국사람과 보낼 수 있는 것도 아니다.

영미국가의 주요 도시에 가면 한인사회가 있다. 정보를 쉽게 얻으려고 한인을 만나고, 한국음식을 먹기 위해 한인이 운영하는 가게를 찾게 된다. 외롭기 때문에 주말에는 나가지 말라고 해도 한인교회를 나가고 학교에서도 한국학생들과 자연히 섞이게 된다. 이를 전적으로 피할 도리는 없으며 그럴 필요도 없을 것이다. 그렇게 하는 것보다 가능한 한 현지인과 사귀고 현지 텔레비전을 보는 등 영어학습 효과를 극대화하는 쪽으로 시간을 관리하는 것이 중요하다. 현지 텔레비전의 좋은 다큐멘터리, 국제방송, BBC 라디오 중계방송 등은 영어공부를 하는 데 현지인 못지 않은 생생한 영어교육 수단이 된다.

해외의 어학학교는 대개 학술적인 목적을 가진 영어(English for Academic Purposes), 비즈니스 영어(Business English, English for Business Purposes), 전문영어(Professional English), 관광영어(Tourism English), 비행영어(Aviation English) 등 특수한 목적을 위한 영어와 일반영어(General English, English for General Purposes) 과정을 두고 있다. 특수영어는 일반 회화를 중심으로 하는 영어(spoken English)가 아니라 기능영어(functional English)라고 할 수 있다. 이런 영어는 해당 분야의 좋은 책과 교재를 얻을 수 있으면 한국에서도 외국에서와 마찬가지로 공부할 수 있다. 따라서 사전에 준비해 두었다가 해외에 나와서는 이를 활용해 보는 데 치중한다면 더 효과적일 것이다.

3. 영어 구문과 글쓰기

효과적인 문장을 쓰는 요령으로써 앞서 말한 언어의 경제성은 언어의 구조를 잘 이해해야 얻을 수 있다. 여기서 논하는 글쓰기는 한글이 아니라 영어를 사용하는 국가의 학교에서 써야 하는 영어 논문과 리포트를 위한 것이다. 그런 목적이라면 영어 구문론(English syntax)과 구문에 쓰여지는 영어 단어(vocabulary)와 표현을 많이 알고 있어야 한다. 구문론은 문장의 메커니즘이다. 그런 메커니즘을 모르고는 글을 아껴 쓰는 요령이 생기지 않는다.

문장을 만드는 과정은 집을 짓는 일에 비교할 수 있다. 집을 짓기 위해서는 건축자재가 있어야 한다. 그러나 그에 앞서 어떻게 건축할 것인가에 대한 설계가 있어야 한다. 그렇지 못하면 재료를 잘 쓸 수가 없다. 마찬가지로 구문에 대한 지식 없이는 단어와 표현을 잘 활용할 수 없다.

이 책은 영어 구문론이 아니므로 구문에 대한 모든 것을 다룰 수 없다. 그러나 영어 문장의 경제성을 높여 주는 몇 가지 구문 요령을 예시하여 학생들이 평소 잘 된 구문론이나 문장작법에 대한 책을 읽고 준비하는 데 도움이 되었으면 한다. 유학을 나와 그런 공부를 할 필요도 없고 또 그런 여유가 없을 것이기 때문이다.

먼저 이해를 돕기 위해 아래와 같은 한글 문장을 예로 들어 설명해 보자. 「한국은 정치적으로 성장하면서 그에 따른 고통이 컸다. 이는 대부분의 개발도상국에서 공통된 것이다. 한국은 남북으로 갈라져 있는데, 그런 고통은 폐쇄된 북한사회보다 개방된 남한 사회에서 더했다」

이에 대한 영어 번역은 여러 가지로 할 수 있겠으나, 연습의 목적상 다음 두 가지를 생각해 보기로 한다.

① Korea has experienced serious pains as the country continues to grow politically. The phenomenon is common to most other developing countries. Korea is a country divided between the south and the north. The pains are more evident in the south, the society of which is more open than in the north.

② Like other developing countries, Korea(both north and south) has serious political growing pains — more evident in the relatively open south than in the closed north.

처음 것은 51개 단어, 두 번째 것은 26개 단어로서 길이가 거의 반으로 줄었다. 언어의 경제 때문에 문장이 더 효과적이고 힘있게 된 예이다. 구문이 달라진 부분을 지적해 보면, 첫째 「like」라는 전치사를 두고 「다른 개발도상국가도 마찬가지다」라는 절을 사용하여 문장 하나를 절약했다. 둘째, 괄호를 써서 그 안에 남과 북이라고 쓰고 또 남이 북보다 더 개방적이라고 함으로써 「나라가 분단되어 있다」고 따로 쓰지 않으면서도 그것을 설명했다. 「폐쇄적인 북한보다 비교적 개방적인 남한에서 고통이 더 컸다」라는 문장을 따로 쓰지 않고 대시 (－)로 연결함으로써 단어를 몇 개 더 절약했다. 위는 전치사, 형용사, 괄호, 대시 등을 사용하여 「언어의 경제」를 크게 도운 예인데, 그런 기법과 요령을 몇 개 들어본다.

(가) 하이픈(hyphenation)

정확한 통계를 제시할 수는 없지만, 영어 문장을 쓸 때 가장 빈번하게 쓰는 것이 사물과 현상을 설명하는 구절이 아닌가 한다. 이 때 설명부분이 단어 하나로 될 수 있는 단순한 것이면 좋지만 그렇지 않은 경우에는 길어지게 된다.

영어에서는 이런 설명부분을 대개 관계대명사로 된 형용사절 (adjective clause)이 담당한다. 이 때 형용사절을 하이픈을 써서 복합어로 된 형용사로 대치하면 문장은 대폭 줄어든다. 뜻은 그대로인데 길이가 줄어 문장은 힘있게 되는 것이다. 이용법은 극히 흔하다. 복합형용사는 다음 몇 가지 유형이 있다.

① 명사 다음에 형용사 역할을 하는 분사(과거분사와 현재분사)를 써서 만들어지는 복합형용사. 가령 수출에 기반을 둔 경제(An economy that is based on

exports)/수출로 뒷받침되는 경제(An economy that is supported by exports)/
수출에 크게 의존하는 경제(An economy that is heavily dependent on exports)
같은 절 대신 수출지향적 경제(Export-oriented economy)라는 말을 써서 단
어 몇 개를 절약할 수 있다. 동사가 바뀌어 분사가 되는 것인데, 이렇게 쓰일
수 있는 동사는 orient, base, center 등 많다. 예컨대 :

- 상업 위주의 외교정책(President Clinton's commerce-oriented foreign
  policy)
- 무역금융 관련 회사영업(trade finance-related corporate business)
- 쌀을 원료로 한 식단(Korea's traditional rice-based diet)
- 수수료로 버는 은행영업(fee-based banking business)
- 석유화학 원료로 된 제품(petroleum-based products)
- 현금이 궁핍한(cash-strapped)
- 국가 소유의(state-owned factories)
- 국내 자본으로 성장한 잡지(home-grown magazines)
- 쌀을 수출하는 회사, 쌀 수출회사(rice-exporting firms)
- 높은 급료를 받는 직업, 고소득직(high-paying jobs)
- 돈을 잃게 하는 사업제안(money-losing business proposition)

② 형용사 노릇을 하는 분사를 써서 위와 같은 복합형용사가 가능하다면 이것을
일반 형용사로 대치해도 같은 결과가 된다.

- 비용에 민감한(cost-conscious management)
- 상품별(산업별, 국가별)로 명시된(product[industry, country]-specific)
- 주택 등 이자율에 민감한 산업(housing and other interest rate-sensitive
  industries)
- 확산되기 쉬운(홍수) 피해를 입기 쉬운(proliferation[flood]-prone)
- 노동(자본)집약적인(labor[capital]-intensive)
- 환경을 오염시키지 않는, 사용자의 편리를 도모하는(environmentally
  (user)-friendly)

③ 이들 복합어들은 형용사 역할을 하므로 보어로 쓰여질 수 있으며, 그런 경우
문장 술부의 길이가 줄어든다. 예컨대 :

- 이 회사는 매우 비용에 민감하다(The company is very much cost-conscious)
  - 이 상품은 사용자에게 편하게 되어 있다(This product is user-friendly)
  - 이 자리는 보수가 높다(This job is high-paying)

④ 때로는 명사가 형용사 노릇을 하므로 다음과 같은 용법이 가능하다.

  - 집단농장식 경영체제(collective farm-style management system)

⑤ 영어와 우리말의 가장 큰 차이는 단어의 배열이 다르다는 것이다. 그러나 위에서 본 것처럼 형용사로써 복합단어를 대신하는 것은 우리말의 표현법과 유사함을 알 수 있다. 많은 한국어 표현이 한문(漢文)식을 따르고 있고, 영어와 한문식 표현 간에 공통점이 많기 때문에 그런 것이다. 다음은 한문식 우리말 표현처럼 명사가 형용사 노릇을 하는 예인데, 언어의 경제를 위한 한 가지 기법이 된다.

  - 노동관계를 정한 법(law governing labor relations 또는 law that governs labor relations) 대신에 노사관계법(labor relations law)이라고 하면 단어 몇 개가 절약된다. 마찬가지로 회사명(Company name), 농업학교(Agriculture school), 농산물 수출보조금(Farm export subsidies), 경기회복 전망(Economic recovery prospects), 표절 시비(Piracy row) 등.

위의 ~oriented(~지향적), ~centered(~중심의), ~style(식의)도 같은 이치이다. 아래에 예를 드는 pro~(친), anti~(반) 같은 접두사(prefix)도 한문식임을 알 수 있다.

여기에다가 또 하나의 형용사와 소유격까지 더해서 만든 형용사구를 만들면 표현은 한층 더 짜임새 있게 된다. 예컨대 밝지 않은 한국경제 회복 전망(Korea's bleak economic-recovery prospects), 한국식의 가혹한 노사관계법(Korean-style draconian labor relations law) 등이 그것이다.

  - 반노조 대중의 정서(anti-labor public sentiment)
  - 친경영 성향의 의장(pro-business chairmanship)
  - 올림픽 후의 한국경제(post-Olympic Korean economy)

이 때 단어 수가 너무 많다면 혼란을 초래하므로 적당히 사용해야 함은 물론이다.

⑥ 위와 같은 식으로 복합형용사를 만드는 데서 진일보하여 원래 형용사가 될 수 없는 표현을 인용표를 이용하여 형용사로 쓰는 일도 늘고 있다. 예컨대 :

- 하면 된다는 정신('Can-do' spirit)
- 전원 여자인 승무원단(All-women crew)
- 손수 할 수 있게 안내하는 도구 일습(책자)('Do-it-yourself' kit[manual])
- 무노동 무임금의 원칙('No work, no pay' basis)
- 평상과 같다는 식의 태도('Business-as-usual' attitude)
- 자력 사업('self-help' project)
- 성장제일주의 정책('growth first' policy)
- 아시아 국가만 회원이 되는 교역그룹('Asian only' trade group)

(나) 삽입용법으로서 대시(—)

대시는 하이픈보다 약간 길이가 긴 줄이다. 대시를 이용하여 문장 안에 삽입구를 넣으면 문장은 크게 늘어나지 않으면서도 내용은 충만해진다. 문장 속에 괄호를 넣어 보충설명을 하는 일은 우리말에서도 흔한데, 대시는 같은 역할을 한다. 괄호는 문장의 흐름을 딱딱하게 만든다. 이 점에서 대시가 괄호보다 낫다. 그 예를 들어보면,

① People who believe in the basic element of Christianity — who have no doubt that God exists and who believe in life after death, heaven, hell and the evil — are much more opposed to abortion
② Flights out of Hong Kong in the week leading up to June 30 — the handover takes place at midnight that day — are as heavily booked as those coming in.

(다) 동격(appositive)

영어 구문이 우리말 구문과 한 가지 다른 점은 단어 간의 관계가

토씨가 아니라 문장 내 단어의 위치에 따라 밝혀진다는 것이다. 따라서 영어에서는 우리말보다 토씨를 훨씬 덜 쓴다.

주격, 목적격 등 격(case)은 바로 그런 위치를 말한다. I like you(나는 당신을 좋아한다)라는 문장에서 「나」는 주격이다. 주격의 위치(앞에 나오는 위치) 때문에 「는」이라는 토씨 없이도 문장이 가능하다. 타동사 뒤에 오는 명사가 그 동작의 대상(목적)임을 그 위치(목적격)가 당연히 밝혀 준다. 따라서 「를」이라는 토씨는 필요 없게 된다.

동격은 보통 주격에 있는 명사와 같은 속성을 말하는 명사를 같은 격(위치)으로 배치함으로써 수식어 역할을 하게 하는 구문방법이다. 이 때는 두 개의 주격 또는 목적격으로 쌍을 이루는 명사구 가운데 하나가 형용사구 역할을 함으로써 단어를 절약한다. 동격인 관계는 위치와 콤마가 밝혀 준다.

① A native of California, Morris attended Chouiard Art Institute in L. A. ⋯(캘리포니아 태생인 모리스⋯⋯)

② When Hongkong, a British Colony for more than 50 years, returns to China, it will⋯⋯(150년 이상 영국 식민지였던 홍콩⋯⋯)

③ He was appointed mayor of Kwangju, a post he kept until his retirement(은퇴할 때까지 봉직한 광주시장).

(라) 전문용어(terminology, jargon)

각 분야에는 해당 전문가들이 직업적으로 쓰는 전문용어가 있다. 의학공부의 상당 부분은 이 용어를 암기하는 데 있다. 전문용어는 대개 큰 현상과 개념을 짧게 기술적으로 표현하고 있는 것이 특징이다. 그런 기술적 용어를 무시하고 자기대로 말을 만들어 쓰면 자연히 길어지게 된다.

정치와 경제분야에서 늘 쓰이는 민주주의(democracy)와 자본주의(capitalism) 같은 말도 그런 전문용어에 해당한다. 이 두 전문용어는 이용이 일반화되어 누구나 쓰게 되는 편이다. 그런 전문용어를 모르고 사회현상을 설명하려고 하면 문장은 길어지고 너절해진다.

거의 모든 학술용어가 전문용어이다. 다국적기업(multinationals), 족벌주의(nepotism), 권위주의(authoritarianism), 인척관계(kinship relations), 친류집단(social networks), 반사회적 행위(anti-social behavior), 지적 자유(intellectual freedom) 같은 말은 설명을 절약해 주는 학술용어 또는 전문용어이다. 자연과학 분야의 학술용어는 거의 전부 그런 전문용어이다.

(마) 짧은 단어(key or powerful words)

같은 값이면 짧고 의미가 함축된 단어를, 그리고 수동보다 능동형을 쓰면 문장은 힘있게 된다. 짧은 동사의 사용이 문장을 짧고 강하게 만든다. 「생산이 기록적인 2,500만톤에 달했다(Production hit a record 25 million tons)」라는 문장에서 「hit」는 글자 셋으로 되어 있다. 대부분 영어 문장이 한국어 문장보다 짧으면서도 더 힘있게 들리는 이유는 영어에 그런 단어가 풍부하기 때문이다.

avert, curb, cut, fuel, spark, forgo, veto 같은 동사와 entry, inquiry, role, (a rise to) power, status, rivarly, surge 같은 명사와 shy, brief, short 같은 형용사가 그런 예이다.

(바) 전치사의 사용

앞의 「Like other developing countries」에서 「like」라는 전치사를

써서 단어를 절약한 예를 들었다. 같은 원칙으로 「with, without」 「because of」 「thanks to」 같은 말을 쓰면 절이 구로 바뀌어 문장은 간략해진다.

(사) 단문과 복문

주어와 동사로 구성된 부분이 문장 속에 하나만 있는 문장을 단문이라고 할 수 있다. 간단명료한 문장의 기법으로서 「한 문장에 한 가지 사항(One thought, one sentence)」이라는 원칙이 있다. 한 문장에 한 가지 사항(item), 즉 한 가지 사실 또는 사상만을 다룬다는 말이다. 이런 문장은 독자의 머리에 쉽게 들어온다. 신문기사의 문장은 모두 그렇다.

그러나 모든 글이 그렇게 간단할 수는 없다. 글의 성격(예컨대 시시비비를 따지는 글 등 복잡한 문제를 다룰 때)에 따라서는 「만약(if) …」 「때문에(because) …」 「하더라도(although) …」 「그리고(and)」 등의 접속사를 이용하여 둘 이상의 사항 간의 관계를 밝혀야 하고, 글은 약간 길어지게 되어 있다. 이 때도 한 문장 안에 다루어야 할 사항이 2~3개를 넘지 않게 하고 짜임새 있게 구문을 작성할 필요가 있다.

문장의 길이가 너무 길면 읽기 어려워져 효과적인 글이 될 수 없다. 세계적으로 문장의 길이가 짧아지는 추세이다. 다루고 있는 내용에 따라 달라질 수밖에 없지만, 영문의 경우 10~20자 사이가 표준이다. 사실만을 보고하는 글이라면 한 문장에 한 가지 사항을 담는 식이 좋을 것이다. 어느 경우에나 똑같은 길이의 문장을 반복하는 것보다 긴 것과 짧은 것을 섞으면 글의 단조로움을 피할 수 있다.

(아) 표현의 정확성(precision)

한 가지 개념을 표현하거나 사실을 묘사할 때 쓸 수 있는 단어는 하나보다 더 많다. 이 중 나타내고자 하는 현상과 사실을 가장 정확하게 나타내는 단어를 선택(diction)하는 것이 중요하다. 정밀기계처럼 표현이 정확할 수는 없으나 될수록 그래야 한다. 그렇지 않으면 과장(exaggeration)이 되거나 표현과 실체 간에 괴리가 생긴다.

이상의 영어문장 기법은 언어의 경제성을 위한 것이므로 색깔이나 맛(color, flavor)이 결여되고 단조로울 수 있다. 일화(anecdotes), 인용(quotations), 실례(examples) 들을 문장의 경제성을 크게 해치지 않는 한도에서 적절히 섞어 이를 보완할 수 있다. 물론 글 속에 있는 내용이 좋으면 단조로움은 줄어든다.

4. 각양 각색의 영어

오늘 세계 6대주에 걸쳐 널리 사용되는 영어의 본산은 영국이다. 그런 의미에서 영국의 영어가 표준영어이고 다른 지역 영어는 밖으로 실려 나간 영어(transported English), 달리 말하자면 「오리지널리티(originality)」가 덜한 영어이다. 그러나 한국과 그 밖의 여러 지역에서 미국의 영어가 으뜸인 것은 물론 미국의 지배적 역할 때문이다.

근래 한국인들이 언어연수나 관광, 그 밖의 국제교류 때문에 방문하는 영어를 사용하는 국가가 호주, 영국, 캐나다, 뉴질랜드 등으로 확대되면서 호주영어, 영국영어, 캐나다 영어, 뉴질랜드 영어에 대한 이런저런 애기가 나오고 있다.

어느 나라든 수도에서 쓰이는 언어가 표준어가 되는 것은 우연이 아니다. 수도는 상류층이 주로 사는 곳이고 자연히 교육의 중심지가 되기 때문이다. 이른바 영국의 표준영어(Standard English)는 런던에 사는 영국 상류층의 언어에 주변 남부와 동부지방의 말이 섞이면서 오래도록 왕실에서 정화된 것들이다.

오늘날 한국인의 귀에 비교적 익숙한 미국영어의 발음은 뉴잉글랜드(New England) —— 메사추세츠(Massachusetts) 주와 코네티컷(Connecticut) 주를 망라한 미국 동부지방 —— 와 남부를 뺀, 대서양 쪽과 중부와 서부에 위치한 주에 사는 미국인의 주류, 즉 미국인 2/3 이상이 쓰는 영어이다. 말하자면 미국의 대중영어(General English)이다. 이 영어는 주로 스코틀랜드, 아일랜드 그리고 영국의 북부와 남부지방의 말이 섞이고, 그 밖에 여러 미국적 요인이 결합한 결과로 만들어진 영어이다.

영국 상류층은 그런 영어를 비천한 영어(vulgar English)로 여겨 왔다. 특히 남부지역의 특이한 발음(Southern accent)과 흑인사회에서 잘 쓰이는 빈민층 영어(Ghetto English)는 더 그런 대접을 받을 만했다.

미국 영어가 영국의 표준영어를 일탈한 것은 영국을 등지고 미국으로 건너간 미국인들이 영국 상류층 출신이 아니라는 것과 당시 그들이 가졌던 반영국 정서(anglophobia, anti-British sentiment)로 설명할 수 있을 것이다. 초기 미국인의 영국에 대한 감정은 노아 웹스터(Noah Webster 1789)의 다음 글에 잘 나타나 있다.

As an independent nation ···our honour requires us to have a system of our own in language as well as government. Great Britain, whose children we are, and whose language we speak, should no longer be our standard···

　어쨌든 오늘날 세계 각 지역의 영어는 '왕실영어(Queen's, King's English)'와 '대통령제 영어(President's English)'로 익살스럽게 불리는 영국식 영어와 미국식 영어가 주류를 이루고 있다.

(가) 영국식 영어와 미국식 영어

먼저 두 영어의 발음상 주요 차이점을 들어보면 :

• bath, laugh, grass, class, dance, pass, ask, that, sample, plant의 예에서 볼 수 있는 것처럼 미국 영어는 「a」를 「æ」로 짧게 발음한다. 짧은 모음 「a」는 「short vowl a」 또는 「flat a」라고 한다. father, psalm, alm, calm 등 몇 개의 예외를 제외하고는 이 때 영국식은 긴 「아」 발음(broad a)을 한다. 따라서 「bath」는 「배스」가 아니라 「바-스」가 된다.

• car, first, card, return, part, park, hard, born의 예에서 볼 수 있는 것처럼 미국 영어는 「r」에 힘을 주어 길게 발음한다. 영국식은 「r」발음이 거의 없어져 「alms」와 「arms」 그리고 「father」와 「farther」는 서로 거의 같은 소리로 들린다. 런던 영어의 「l」 발음의 모음화(l-vocalization)도 같은 원칙에 따른 것이다. 「milk」가 「miək」로 발음되는 것처럼 「r」과 「l」 소리가 없어진다.

• direction, civilization, organization에서 영국식은 앞의 「i」를 길게, 미국식은 짧게 한다.

• not, pot, block, rod, God에서 모음 「o」의 경우, 영국식은 「nor」와 운을 같이 하여 발음한다. 미국식은 「father」의 「a」에 가깝게 그러나 더 짧게 발음한다. 미국에서 「God」는 「Gahd」로 들린다.

• duke, duty, new, news, student, studio, assume, presume

등의 경우, 「u」는 미국식에서는 「oo」에 가깝게, 영국식에서는 「yu」에 가깝다. 미국에서 「new」는 「뉴」가 아니라 「누」에 가깝게, 「news」는 「nyus」가 아니라 「nooze」로 들린다. 「enduring」은 영국에서 「endyuring」이고 미국에서 「endooring」으로 들린다. 「assume」은 영국에서 「어슘」이고 미국에서는 「어숨」으로 들린다.

* extraordinary, interesting, medicine에서 영국식은 모음들을 어물쩡하게 붙여 발음하기 때문에 「kstrordnri」「intrsting」「medsn」이 된다. 이 때 미국식은 모음을 전부 살려서 발음한다. 예컨대 「extraordinary」는 그대로 「eks-tra-ordi-na-ri」가 된다.

* either, neither, patent, tomato는 미국에서 「ee-ther」「nee-ther」「pat-ent」「tomayto」이고, 영국에서는 「eye-ther」「nye-ther」「pay-tent」「to-mah-to」이다. schedule, lietenant, often, envelop은 미국에서 「ske-dule」「loote-nant」「offn」「on-velop」이고 영국에서는 「she-dule」「left-nant」「off-ten」「en-velop」이다.

* which, with, when, whether, weather, whale에서 영국식은 「w」와 「wh」 간에 차이를 두지 않고 발음한다. 이 때 미국식에서는 「wh」에 「h」발음이 섞인다.

* address, inquiry, magazine, recess, romance, spectator 등의 명사에서 미국식은 액센트가 첫 음절에, 영국식은 두 번째 아니면 마지막 음절에 붙는다.

* fertile, genuine, docile, senile, virile, profile의 미국식 발음은 끝의 「~ine」「~ile」이 「pine」「wine」에 가깝게, 영국식은 「pin」「win」에 가깝게 발음한다. 하나는 「ge-nu-ain」이고 다른

하나는 「ge-nu-in」이 된다.

다음은 철자법(spelling)의 차이다. 영국식에 비해 미국식은 단어의 가운데 또는 끝에 글자 하나 정도가 간소화되어 있다. 예컨대 영국의 aluminium, carburettor, flunkey, chilli는 미국에서 aluminum, carburetor. flunky, chili이고 영국의 axe, annexe, furore, gelatine은 미국에서 ax, annex, furor, gelatin이 된다. 또 영국의 ~our (ardour, behaviour, clamour, favour, colour, neighbour), ~re (centre, fibre, theatre)는 미국에서 대부분 「~or」「~er」이 된다

미국에서는 pannelled, gravelled, jeweller, parcelling, kid-napped, worshipped 같은 경우에는 되풀이되는 자음 하나를 생략하는데, 가령 jeweller는 jeweler가 된다. 미국의 defense, offense, pretense는 영국의 defence, offence, pretence이며, 영국에서 동사 끝의 「~ise」는 미국에서 「~ize」가 된다. 그 외 불규칙적으로 영국에서 cheque, gaol, grey, kerb, pyjamas, plough는 미국에서 check, jail, gray, curb, pajamas, plow가 된다.

마지막으로 단어(vocaburary)의 차이다. 영국에서 luggage는 미국에서 baggage이다. 다른 예(괄호 안은 미국식)를 들면 biscuit (cookie), boot(trunk), odd jobs(chores), cinema(movies, flicks, pictures), chips(potato), flat(apartment), estate car(station wagon), holidays(vacation), jumper(sweater), lorry(truck), petro (gas, gasoline), lavatory(toilet, rest room), lift(elevator), nappy (diaper), pay rise(pay raise), postman(letter-carrier), railway (railraod), sidewalk(pavement), silencer(muffler), serviette (napkin), torch(flashlight).

그 외 blinds(shades), cupboard(closet), drains in a house (sewerage), elastic band(rubber band), hall(hallway, passage), janitor(caretaker), living-room(parlor, sitting room), tap(faucet), taxi(cab), veranda(porch), tea party(coffee party) 등이 있다. 그러나 뒤에서 언급하겠지만, 이 구분은 갈수록 애매해지고 있다.

(나) 캐나다 영어

영국인과 미국인의 이동인으로 이루어져 영연방(British Common-wealth)의 일원으로 남아 있는 캐나다는 영어의 미국화(Americani-zation of English)가 거의 완전히 이루어진 나라다. 그 이유로서는 접경국인 미국의 영향(cross-border influence)과 영국과 미국 각 지역에서 모여든, 영국 상류층에 대한 반감——미국에서 그랬던 것처럼——을 지닌 서민들이 인구의 주류를 이룬 점 등을 들 수 있다.

영국의 표준영어는 사실상 영국의 상류층 자녀가 다니던 일류 공립학교(the great public boarding schools)——이들 학교의 학생들은 기숙사에서 생활한다——내에서 쓰인 영어다. 잘 알려진 이튼학교(Eton College)가 그 하나다. 이런 명문학교 출신이 영국 상류층을 구성했기 때문이다. 그런 의미에서 한때 표준영어는 사립학교 발음(public school pronounciation)이라고 불리기도 했다.

초기 캐나다 공립학교의 교사로 채용된 영국인은 그런 영어를 배운 영국 상류층 출신이 아니었다. 교사 가운데 누구도 표준영어의 2대 특징인 긴 「a」 발음이나 단어의 끝 또는 자음 앞에서 「r」의 음가를 낮추는 발음을 학생들에게 가르치지 않았다. 다만 국영방송인 「Canadian Broadcasting Corporation(CBC)」이 표준영어를 따랐지만, 대중은 미국의 일반영어(General English) 쪽으로 기울었다.

인접국인 미국 매스컴의 영향으로 캐나다에서 미국식 영어의 침투 (American invasion of English speech)가 근래 철저하게 이루어졌 다. 당연한 귀결이지만 캐나다 영어의 미국화는 국경에서 떨어진 거 리에 정비례하여 일어났다.

여러 조사에 따르면 많은 캐나다인이 미국식 영어를 그대로 쓰지 만, 캐나다-미국 국경에서 가까운 온타리오(Ontario) 주 주민의 90% 이상이 class, dance, bath를 짧은 「a」(flat 「a」)로 발음하는 것으로 나타났다. 알버타(Alberta) 주민에 대한 오래된 한 조사는 이들 2/3 이상이 절대적인 미국식 발음, 1%가 절대적 영국식인 발음을 하며 나머지는 그 둘을 섞어서 쓰는 것으로 밝혔다. 캐나다에서 「schedule」은 「shedule」과 「skedule」이 모두 쓰인다. 는 「shedule」 을 고집하다가 지금은 이것이 모호해졌다.

캐나다에서도 영국식보다 미국식 철자와 단어가 우세하다. 자동차 용어는 거의 전부가 미국식이다.

(다) 호주영어와 뉴질랜드 영어

호주의 언어학자들은 호주영어를 대개 상위층 호주영어 (Cultivated Australian), 일반층 호주영어(General Australian), 서민 층 호주영어(Broad Australian)로 나눈다. 상위층 영어는 교육을 받 고 전문직에 종사하는 호주사람들의 영어다. 이 구분법은 다른 지역 의 영어에도 그대로 적용된다.

상위층 호주영어는 미국 영어보다 영국의 표준영어에 가깝다. 일반 층 호주영어는 호주의 대중이 쓰는 영어이다. 대학에서 학생들이 쓰 는 영어는 대충 여기에 속한다. 교육수준이 낮은 서민들이 쓰는 서민 층 호주영어는 크게 다르다. 전형적인 호주 촌사람을 칭하는 별명인

「오카(ocker」들이 쓰는 영어다. 오카는 「오스카(Oscar)」라는 문학작품의 등장인물에서 유래된 것이라는 설명이 있다.

『One has sometimes to pronounce 「male」 as 「mile」 before one can be understood……』 이것은 호주에서 유학하고 돌아간 한 아시아 학생의 호주영어에 대한 평인데, 남자를 의미하는 「male(미국 발음 메일)」을 호주에서는 거리의 단위인 「mile(마일)」로 발음해야 알아듣더라는 것이다.

호주사람들의 상당수가 아직도 「a」를 「에이」가 아니라 「아이」로 발음한다. 따라서 base, face, pace, fail, say는 bais, faice, fail, sai로 들린다. 호주사람들 가운데 아직 ABC 방송을 「에이비씨」가 아니라 「아이비씨」 방송이라고 부르는 사람이 적지 않다. 「They say」는 「dai sai」로 들린다.

class, bath의 모음을 broad 「a」로 발음하며, 자음 앞 「r」 발음이 약하다. better의 경우 미국에서 「t」 발음은 약해져 잘 들리지 않지만, 호주식은 영국식에 가까우며 「t」발음이 확실하다. 호주사람 대부분이 「schedule」을 영국식인 「shedule」로 발음한다.

일반적인 호주영어를 들었을 때 금방 알아차릴 수 있는 특징은 높은 톤(high rising tone「HRT」)이라고 불리는 억양(intonation)에 있다. 대화를 할 때 서술적인 말을 하는 데도 말끝마다 음이 올라간다. 가령 대화 도중에 상대에게 「I said to her to go to school」이라고 할 때 「school」을 올려서 말하는 것이다. 이것은 대화 중에 상대의 호응을 바라는 일종의 제스처에서 유래한 것이라고 한다. HRT는 젊은이와 여성 그리고 서민층 영어에 더 흔하므로 상류층 영어라고 할 수는 없다.

호주에 처음으로 이주해 온 일단의 영국인들은 죄수(convicts)들이었다. 이들은 원래 거의 농촌 출신들이었지만 도시로 나와 도시사람들과 섞이고, 호주로 향하는 긴 항해를 하는 동안 여러 지방에서 모여든 다른 죄수들과 섞이면서 전체적으로 말이 달라진 것이다. 한국 군대 병사들의 말이 여러 지방에서 온 사람들과 섞여서 생활하는 과정에서 지방색을 잃고 잡탕이 되는 것과 같다고 할 수 있다.

그러나 앞서 말한 대로 교육받은 호주인들의 영어가 영국의 표준영어에 가깝게 남아 있는 이유가 있다. 지난 200여 년 동안 호주로 꾸준히 들어온 영국인은 서민만이 아니었다. 호주 지식인과 전문인들 상당수가 영국 출신이며, 미국보다 영국과 빈번한 교류를 갖는다. 호주는 현재도 영국의 여왕을 국가원수로 섬기며, 구세대의 대부분 호주인들은 지금도 영국을 모국으로 삼고 있다. 호주에는 집안 좋은 자녀들이 다니는 영국의 「great public boarding school」 제도가 그대로 존재한다. 대부분 「grammar school」나 「college」라는 이름이 붙는 사립고등학교는 그런 전통을 따르고 있다.

언제부터인가 가 보지도 않은 사람들이 호주영어에 대한 신화를 만들어 놓았다. 예컨대 호주영어는 「굿다이 투다이(Good day, today)」식으로 발음하기 때문에 「I go to Sydney today」가 「I go to Sydney to die」로 들리는 아주 이상한 영어, 아주 열등한 영어라는 것이다. 이는 앞서 말한 대로 서민층 호주영어(Broad Australian)의 특징이며 호주인 대부분이 쓰는 영어는 아니다.

30여 년 전의 조사에 따르면, 호주인 34%가 서민층 호주영어를 썼다. 그 후 고등교육의 확대, 미국 영어의 영향, 다른 영어를 사용하는 국가(특히 영국)로부터 유입된 전문인력을 생각할 때, 그 비율은 많이 줄어들었을 것으로 보인다.

얼마 전 미국에서 교육받은 한국의 손님들이 여럿 호주에 왔었다.

업무차 이곳 호주인들을 많이 만나 보고 나서 영국영어보다 더 깨끗하게 들린다는 것이었다. 필자도 그런 소리를 여러 번 들은 경험이 있다.

필자는 한국에서 대학을 나온 후, 서울에서 영어를 늘 써야 하는 직장에서 일했고 미국 사람들과 교류가 많았다. 또 미국에서도 공부했다. 그러므로 필자의 영어는 기본적으로는 미국 영어이다. 그런데 호주에서 오래 살면서 필자의 영어 발음이 미국식이기 때문에 대화가 잘 되지 않는다고 느낀 적은 한 번도 없었다. 어려움이 있었다면 문법에 맞지 않는 「broken English」를 썼을 때, 맞는 단어를 쓰지 못했을 때, 때로는 각 단어가 갖는 액센트를 잘 발음하지 못했을 때였다. 미국식 발음을 했다거나 호주식 발음을 하지 못했기 때문이 아니었다는 것이다.

뉴질랜드 식민지도 호주와 비슷한 시기에서 영국의 서민과 상류층의 이식으로 형성되었다. 그러나 1890년대에 와서는 현지 출신 백인의 수가 더 많아졌고, 인접국인 호주와 교류가 많아서 호주영어로부터 가장 많은 영향을 받았다는 것이 정설이다. 뉴질랜드 원주민은 마오리족(Maori)이다. 뉴질랜드 영어가 마오리족 언어의 영향을 받았다고 하지만 그것은 미미하다.

(라) 한국에서 배웠어도 잘 되지 않는 영어

영어를 웬만큼 하는 사람도 영어를 사용하는 나라에 나왔을 때 자신을 잃는 까닭은 일상에서 쓰는 영어가 한국에서 배운 정식영어가 아니기 때문이라고 이미 말했다. 현지의 영어 가운데는 각 지역에 자연발생적으로 생겨난 정통영어에 대한 변칙이 포함되어 있다. 그런 표현은 물론 글보다 구어체 영어(spoken English)에 더 많다. 문어체 영어(literary English)에서는 그런 변칙을 허용하지 않는다.

필자가 살고 있는 호주의 영어에서 그런 예를 들어보겠다. 호주인들은 말을 줄여 쓰는 데 명수라고 할 수 있다. 호주의 가게에 들어가 물건을 사느라 돈을 꺼내 주면, 저쪽에서 받으면서 「Ta!」 하고 대답하는 일이 흔하다. 이 때 처음 온 한국사람은 이 간단한 표현에 어리둥절하게 된다. 「Ta」는 「Thank you」 또는 「OK, good」의 뜻인데, 영어 교과서나 사전에서 찾아볼 수 없는, 호주사람들이 즐겨 쓰는 표현이다. 「Thank you」를 「ta」, 「handkerchiefs」를 「hankies」, 「television」은 「telly」, 「vegetables」는 「veggies」로 쓴다. 「Australian」의 준말로 「Aussie」가 있다.

한국 유학생이 호주에서 현지인으로부터 「Are you a uni student?」라는 질문을 받으면 「Sorry? What student(미안합니다. 무슨 학생이라고요)?」 하고 되묻기가 일쑤다. 호주에서 「university」는 「uni」로 줄여서 말한다. 직장에서 바쁜 호주인에게 말을 걸면 「justsec!」하는 수가 많다. 또 「Have a cuppa」도 있다. 분명 한국사람은 순간 당황하게 되어 있다. 기껏 「Just second(잠깐만)」이고 「a cuppa」는 「a cup of tea(차 한잔)」인데 말이다. 또 특정 사람들을 지칭하는 명사 끝에 「y」나 「ie」를 붙여 단어를 줄이는 버릇이 있다. 예컨대 bookie (bookmaker, 호주에서는 책 만드는 사람이 아니고 경마장에서 마권 파는 물주를 말함), bikie(오토바이를 타고 다니는 갱), junkie(drug addict 마약상습자), sickie(sick leave 병가), cabbie(cab driver, 택시기사), truckie(truck driver 트럭기사).

호주의 가게나 관청에 들어가 서 있으면 직원이 「You right?」 하고 독특한 발음으로 묻는다. 물론 「Are you right?」 또는 「You are right?」를 줄여서 말하는 것으로 직역하면 무슨 문제가 없느냐, 어떻게 도와 드릴까요, 괜찮으냐가 된다. 처음 온 사람은 무슨 소리인가 하고 순간적으로 당황하게 된다. 정식영어를 배운 한국인에게는 「Can I help you(도와 드릴까요)？」가 훨씬 익숙하다.

한국에서 우리가 배운 영어에서는 「How are you？」하고 상대가 물어 오면 으레 대답은 「I am fine, thank you」이다. 호주에서는 대화에서 주로 「I am good(또는 단지 good, thank you)」라고 한다.

어떤 말은 특정 지역의 문화를 알아야 제대로 이해할 수 있다. 「She'll be right！」은 호주인 식자층에서 잘 쓰는 말인데, 호주의 국민성과 관련 있는 말이다. 이 문장을 글자 그대로 해석하면 「걱정하지 마십시오, 그 여자는 잘 될 겁니다」가 될 것이다.

그러나 영문법에서 배운 대로 「she」를 나라를 지칭하는 대명사로 쓴다면, 이 문장은 호주에서 특별한 의미를 갖는다. 「나라(호주)가 잘 되겠지요. 너무 걱정하지 않으셔도 됩니다」가 된다. 이 말은 호주인의 이른바 낙천적이고 태평한 태도를 알아야 그 뜻을 제대로 이해하게 된다. 호주의 국토는 남한의 거의 80배, 거기에 사는 인구는 남한의 반도 안 된다. 천연자원이 무진장하고, 땅은 「Down Under」라고 불릴 만큼 지구 아래쪽 멀리 떨어져 있어서 핵전쟁이 일어나도 안전한 곳이 여기라는 뜻이다.

(마) 국제영어, 세계영어

오늘날 세계가 점점 하나가 되고 있으므로 어떤 지역, 어떤 계층의 영어가 표준영어가 될 수는 없을 것이다. 어느 지역, 어느 계급이 아니라 모든 지역을 망라하여 교육받은 사람이 쓰는 영어가 표준영어라고 봐야 할 것이다. 필자가 말한 국제영어 혹은 세계영어란 그런 뜻이다.

세계영어라든가 국제영어란 말을 쓰기에는 아직 이를지 모른다. 그러므로 「world English」라고 인용해야 할 것 같다. 그러나 영어는 갈수록 국제적으로 넓게 쓰일 뿐만 아니라 점점 일정한 「세계적 패턴(a world pattern)」으로 통합되어 가고 있는 것이 사실이다. 정식영어를 쓰는 교육받은 인구가 전세계적으로 늘고, 그들 간의 교류가 많아지면서 영어의 지역적 격차가 줄고 있기 때문이다. 또 텔레비전과 대중매체의 영향을 빼놓을 수 없다. 오늘 영어를 사용하는 국가의 텔레비전 방송치고 미국에서 제작한 영화나 프로그램에 크게 의지하지 않는 경우는 없다. 책과 국제적으로 읽히는 잡지도 마찬가지다.

영어는 광범위한 사용지역으로 볼 때 동질성이 잘 보장된 언어다. 한국에서 나온 영어사전은 미국은 물론 캐나다, 호주, 남아프리카, 뉴질랜드 등 어떤 영어를 사용하는 국가에 가서도 그대로 쓸 수 있다. 많은 영문서적들이 발행국과 여타 모든 영어를 사용하는 국가에서 그대로 판매된다.

세계의 주요 지역별로 영어의 차이를 소개한 문헌들을 보면 약간 혼돈이 온다. 과거에는 차이라고 지적된 것들이 오늘에 와서는 더 이상 차이가 아니기 때문이다. 많은 미국영어가 호주로 건너와 호주영어가 됐고, 또 호주영어가 미국으로 건너갔다. chore, junk, cinema, cab, guy, truck, astronaut, collect call, disk jockey, rain check, sexism, lame duck, collect call, swinging vote, baby-sitter, dark horse, soap opera 등은 미국에서 나온 말이다. 그러나 호주에서도 사용이 일반화되고 있다. 호주에서 「taxi」와 「cab」, 「junk」와 「rubbish」는 모두 통한다.

인도사람, 일본사람, 중국사람의 영어 발음이 모두 특이하다. 현지에서 자라지 않은 이들의 영어는 각기 자기 나라 말의 액센트와 발음의 영향을 받기 때문이다. 현지에서 자라는 2세라면 몰라도 성장해서 영어를 배운 한국인이 영어를 쓸 때는 절대 원어민과 같을 수 없다. 그러므로 혀를 굴려 가며 어느 특정 영어 사용국가의 특이한 발음을 그대로 모방하려 한다면 부자연스러워질 수밖에 없다. 외국어 발음은 쓰는 사람의 인품을 나타낸다. 부자연스런 모방보다 약간은 우리식일 지라도 표준발음표에 충실하게, 그러나 우아하게(gracefully) 발음하 는 쪽이 훨씬 품위가 있다고 본다.

제3장

박사학위 따기가 그렇게 어려운가

1. 박사과정의 끝은 논문!

이 장의 내용은 제2장 학업의 문제에서 살핀 공부방법론(study skills)에 포함시켜도 되지만 따로 자리를 마련한 이유가 있다. 유학의 목적에는 여러 가지가 있겠지만, 학자 또는 각 분야의 최고 전문인을 꿈꾸는 학생들이라면 궁극적으로 박사학위를 겨냥할 것이다. 그리고 쉽게 정복하지 못하는 목표가 바로 이것이다. 대개 비용, 시간, 노력 면에서 비싼 대가를 치르게 된다. 그런데도 많은 학생들이 그 공부가 어떤 것인지에 대해 사전 지식 없이 뛰어든다. 현지에서 유학생들을 볼 때는 공부에 대한 사전 지식이 있었다면 고생을 덜 할 텐데 하는 생각이 들 경우가 많다. 그런 문제에 대해 경험을 토대로 현실감 있게 안내하는 책이 드문데, 이 장이 그런 역할을 일부만이라도 할 수 있기 바란다.

　제1장에서 소개한 세 가지 공부방식 가운데 박사학위에 따르는 공부는 가장 탐구적이고 창조적인 연구를 학교에서는 마지막으로 할 수 있는 기회이다. 이미 말한 대로 이 단계의 공부와 연구방법을 잘 이해하고 해낼 수 있다면 그 이전 수준의 공부는 문제가 안 된다는 것이 필자의 생각이다.

　어느 나라에서든 박사학위는 후보 학생이 일정한 과제를 연구하고, 그 결과를 학위논문으로 정리하여 제출해서 그것이 통과되면 받게 되는 것이다. 박사과정에서 학생들이 이수해야 할 강의실 강의도 결국 이 연구와 논문을 쓰기 위한 준비 또는 그 일부로 볼 수 있다. 따라서 박사과정을 택한 유학생이 공부를 성공적으로 마치는 방법은 연구와 논문쓰기를 얼마나 효과적으로 잘 할 수 있는가에 달려 있다. 논문은 대학 학부, 석사, 박사 어느 수준이든 쓰는 목적과 원칙은 같다고 봐야 한다. 다만 연구의 내용과 논문의 길이 여하에 따라 깊이와 형식이 약간 달라질 뿐이다. 이 가운데 박사논문은 가장 수준 높은 것인 만큼 이를 잘 해냈다면 다른 수준의 논문은 말할 것 없고 학자로서의 연구능력을 제대로 갖춘 것이 된다.

　멜버른의 라트로브대학 브라이언 크리텐던트(Brian Crittendent) 교수에 따르면, 박사논문과 석사논문의 심사기준은 크게 보아서 같다. 틀린 점이 있다면 연구에 따른 논문의 규모와 깊이이며 다른 기준에 있어서는 차이가 없다. 박사의 경우는 석사보다 그 수준이 더 높아야 하므로 당연히 심사기준이 더 까다로울 것이다. 논문의 내용인 연구가 어떤 가정을 증명하기 위한 것이라면, 여기에 적용되는 과학적 방법론이 더 엄격해야 할 것이다. 물론 이 때 논문에서 다루고자 하는 대상(가정이라고 해도 된다)이나 그 결과가 독창적이라면 더 좋다. 박사논문에서는 석사논문에서 적용되는 기준을 더 엄격하게 적용하는 점이 다르다.

이와 같은 박사 수준의 연구와 논문은 해당 분야에서의 일정한 수련과 든든한 기초지식 없이는 불가능하다. 어느 나라에서나 박사과정에 입학하려면 먼저 대학 학부와 석사과정을 마쳐야 한다. 나라에 따라 대학 학부에서 특수한 과정을 거쳐(예컨대 호주의 경우「오너 과정(Honours course」이라고 해서 점수가 좋은 학생들이 정규 학부 과정 3년에 1년을 추가로 공부하여 받는 것으로 일반 졸업장과 달리 취급받는 학사과정) 또는 석사를 하다가 곧바로 박사과정으로 진행하는 경우가 있기는 하다.

이런 과정을 거쳐 얻게 된 해당 분야의 넓은 전문지식이 박사과정의 바탕이 되는 것이다. 학부와 석사과정을 거치면서 연구를 제대로 해 본 사람은 박사과정을 할 만한 대비가 잘 되어 있다고 간주하는 것이다. 그러나 박사과정은 역시 새로운 학교생활이며 학업과정이다. 비교적 느슨한 한국의 대학교육 환경에서 학부와 석사과정을 마쳤을 뿐 따로 연구에 대한 훈련 없이 국제 수준의 해외 대학에서 박사과정을 시작하는 한국 유학생들에게는 큰 충격과 어려움이 따른다. 특히 과거에 습득한 해당 전문지식의 정도와는 관계없이 해당 학교의 박사학위 논문이 요구하는 수준이 어떤지 몰라서 한동안 갈등을 겪는 것이 보통이다.

2. 왕도는 없으나 고생을 덜할 수는 있다

박사학위를 받는 데는 편법이 없다. 학문에 왕도가 없다는 말은 여기에도 그대로 적용된다. 그러나 박사과정에 도전할 정도의 수준에 충분히 도달한 사람이라도 목표 달성에 실패하는 경우가 있을 수 있다. 그리고 같은 실력과 자질을 갖고 있어도 어떤 사람은 비교적 수월하고 재미있게 공부하지만, 어떤 사람은 고생스럽게 오랜 시간을 공부에 투자하는 것을 보면 공부하는 방법이 여기서도 중요한 요소임을 알 수 있다.

그런 의미에서 지도교수의 역할이 중요하다. 교수는 학생으로 하여금 공부방법, 특히 어떤 연구를 어떻게 해서 어떤 논문을 쓰면 학위를 받는가에 대한 정확한 감각을 빨리 갖게 할 수 있는 사람이다. 학생이 그런 감각을 지도교수로부터 정확히 얻었다면, 그리고 열심히 연구할 마음의 자세가 되어 있다면 박사학위는 따놓은 당상이다. 학생이 그런 감각에 확신을 갖게 된다면 엉뚱한 연구를 하거나 논문을 쓰기 시작한 후에 헤매다가 좌절하는 일은 생기지 않는다. 그러므로 처음 만나게 된 교수와 학생의 노력은 여기 집중되어야 한다. 학생은 그런 과정을 거쳐 논문제목의 선택과 그에 따른 자료수집, 방법론(또는 그와 반대로 가능한 자료수집과 방법론을 고려하여 거기에 알맞는 논문제목을 선택)을 결정하기 위해 지도교수와 빈번히 만나 상의해야 한다.

지도교수가 자질이 부족하거나 성의가 없어서 마땅히 해야 할 일을 못 하거나 하지 않는다면, 학생은 머리를 써야 한다. 성의가 부족할 때는 교수를 자꾸 졸라야 한다. 해당 분야에 나와 있는 다른 사람들의 논문을 빨리 많이 읽어 봐야 한다.

어떤 지도교수는 되도록 학생이 알아서 연구하라는 입장을 취한다. 물에 들어가서 혼자 수영을 배우라는 식이다. 물론 수영법을 가르쳐 주지 않아도 혼자서 수영을 배우는 사람도 많다. 그러나 이 때도 수영하는 요령을 먼저 배우면 고생을 덜 한다. 물론 박사학위를 받는 복잡한 과정을 수영에 비할 수는 없다.

이 장은 학생들에게 그런 요령을 주기 위한 것이다. 뒤에서 지도교수의 역할, 논문제목, 논문쓰기 등 여러 제목으로 쪼개서 논하겠지만, 결국은 앞서 말한 것을 더 구체적으로 다루기 위한 것이다.

앞에서 박사학위를 받는 전제로서 어떤 연구와 논문을 써야 할 것인가에 대한 현실감각이 필요하다고 말했다. 그런 감각이 확실하지 않다면 우왕좌왕하면서 오랜 시간을 보낼 수 있다. 그뿐만이 아니다. 자질을 충분히 갖춘 학생이라도 해 보기도 전에 너무 어려운 것으로 생각하고 포기하거나 반대로 너무 쉽게 생각하여 엉뚱한 쪽으로 가는 우(愚)를 범할 수 있다.

사람의 감각은 참으로 상대적이다. 남들이 뭐라고 하느냐에 따라 쉽게 바뀐다는 말이다. 우리나라에 박사가 참으로 귀하던 1950년대와 60년대만 해도 외국에서 박사를 따고 돌아오는 사람을 보면 별천지에서 온 것처럼 여겼다. 그만큼 숫자도 적었고, 박사는 여간 머리 좋은 사람이 아니면 안 되는 것으로 알았기 때문이다. 지금은 그게 아니다. 매년 국내외에서 박사가 몇천 명씩 쏟아져 나와 박사학위를 가진 실업자도 많을 뿐 아니라 주위에서 자주 보게 되면서는 별거 아니라는 감각을 갖게 되는 것도 사실이다.

학문의 잣대로서 박사학위의 수준이나 가치는 예나 지금이나 같다. 수재만이 받는 것도 아니고, 그렇다고 해서 대학 졸업장처럼 누구나 웬만하면 받을 수 있는 것도 아니다. 그러므로 박사학위를 받는 길은 이 자격요건 또는 필요요건을 너무 과대평가하거나 과소평가하지 않는 데 있다. 어느 정도의 준비, 연구와 그에 따른 논문을 써야 하는가에 대한 정확한 감각과 판단을 먼저 가져야 한다.

3. 박사과정의 두 모델—북미식과 호주, 영국식 제도

(가) 코스워크와 리서치

학교교육하면 우리는 곧 교실에서 이루어지는 교육을 떠올린다. 선생이 강의를 하면 학생은 듣고, 그 결과를 학기말에 가서 평가하는 교육과정이다. 이것을 영어로「코스워크(coursework)」라고 한다. 다른 교육방법은 강의실 강의와는 달리 학생 스스로가 연구를 추진하고 그 결과를 논문으로 정리하여 실적을 평가하는 것이다. 이것을 「리서치(research)」, 그리고 그런 교과과정을 리서치 과정(research program)이라고 부른다.

대학교육은 어느 나라에서나 코스워크 과정이 주류이다. 영미국가에서는 논문을 과제로 많이 내주지만, 이 때도 코스워크의 일부일 따름이다. 박사과정은 어느 나라에서나 리서치에 비중이 있다고 할 수 있다. 다만 영미국가의 박사과정에는 코스워크와 리서치를 병합하는 미국, 캐나다 식이 있고, 리서치만으로 하는 호주, 영국, 뉴질랜드식이 있다.

미국이나 캐나다의 경우, 박사과정에 들어간 박사 후보생(PhD candidate)은 먼저 일정한 과목을 이수하고 종합시험을 거친 다음 논문을 쓰게 된다. 연구와 코스워크는 별개라고 할 수 없지만 적어도 강의실 강의를 받게 한다는 것이 다르다. 필요한 학점을 이수하고 난 다음 논문을 쓰고 통과되면 학위를 받게 되는 것이다. 영국, 호주, 뉴질랜드식은 과목의 이수가 원칙적으로 없고 연구와 그에 따른 논문 한 편을 써서 채택되면 학위를 받는 것이다.

한국 유학생들은 북미식 제도에 더 익숙하다. 한국은 미국의 대학원제도를 거의 그대로 따르고 있기 때문이다. 한국의 박사과정은 미국의 대학들이 운용하는 박사과정과 똑같다고 보면 된다. 박사과정 학생들은 석사과정에서처럼 강의실 강의를 받고 매학기 학점을 받는 과정을 거친 다음 시험을 치러 합격해야 논문을 쓰게 되는 것이다.

호주, 영국, 뉴질랜드의 박사과정에서는 일단 입학이 허가되면 학점에 대해 걱정하지 않아도 된다. 박사학위 논문을 곧바로 쓰기 시작할 수가 있다. 물론 실제로는 들어가자마자 논문을 바로 쓰기 시작하는 예가 드물다. 석사과정의 연장으로 이미 써 오던 논문을 다시 만지는 경우가 아니면 무엇을 쓸까, 어떻게 쓸까를 알게 될 때까지 상당한 기간이 걸린다.

그리고 지도교수는 학점과 관계없이 학부나 대학원과정에 가서 강좌를 듣도록 권하는 경우가 있다. 세미나 참석도 요구한다. 유학생들에게는 더 그렇게 하도록 권한다. 그러나 학점을 취득하지 않아도 된다는 점은 큰 차이이다. 이것은 호주, 영국, 뉴질랜드에서 박사과정을 이수하고자 하는 유학생들이 유의할 점이다. 만약 좋은 연구제목이 정해져 있고 자료와 분석방법에 대해 사전 준비가 되어 있다면 적어도 1~2년의 시간은 절약할 수 있는 것이다.

북미식에서는 학업의 양이 코스워크와 리서치로 양분되므로, 논리적으로 말해서 요구되는 논문은 질과 양에 있어 그만큼 경감된다고 봐야 한다. 북미식에서는 논문의 첫 장에 「소정과정의 일부로서 논문을 제출한다(A thesis submitted in partial fulfilment of the requirement for the degree of doctor of philosophy)」라는 말을 넣는다. 반대로 영국, 호주에서는 모든 것이 논문 하나로 압축되는 만큼 그 논문에 대한 기대도 그만큼 커진다. 실제 미국의 박사학위 논문의 분량은 호주, 영국식의 2/3 또는 1/2 정도로 짧은 것이 보통이다. 호주 박사학위 논문은 영어 단어로 50,000~100,000자 (더블 스페이스를 써서 약 250~500페이지)의 길이이다. 대개의 대학은 학칙으로 100,000자 이상 넘지 못하게 정해 놓고 있다. 그 이상의 논문은 심사하기도 불편하고, 연구자는 연구결과를 일정한 길이 안에서 보고할 수 있어야 한다는 관례 때문이다. 미국의 박사논문 가운데는 170페이지 정도의 것이 많다.

일반적으로 논문의 분량이 많다는 것은 이에 맞게 질도 높아야 함을 의미한다. 아는 지식을 늘어놓느라 길어지는 논문은 박사학위의 것으로는 함량 미달이다. 석사과정, 박사과정을 막론하고 학생들이 계획대로 공부를 끝내지 못하는 이유가 대개 논문이라고 할 때, 논문의 수준에 대한 기대가 커졌을 경우에 학생의 부담도 그만큼 커짐을 알 수 있다.

두 지역의 제도 간에 또 한 가지 다른 점은 논문심사제도이다. 북미나 한국에서는 논문심사가 전적으로 자체 교내 사항이다. 대학원 학위심사위원회와 지도교수를 포함한 논문 심사위원회가 모든 것을 결정한다. 호주, 영국제도에서도 최종적인 결정은 학위 심사위원회가 하되, 지도교수는 그 위원회에서 심사위원이 되지 않을 뿐만 아니라 심사위원(대개 3인)은 모두 본교가 아닌 외부학교(1명 정도는 같은 대학교 내의 다른 단과대학의 교수로 하는 수가 있다)와 기관의 학자에게 위촉하게 되어 있다. 이것은 논문심사의 공정을 기하기 위한 것으로 호주, 영국제도가 절대 만만치 않은 이유가 된다.

앞 장에서 세 유형의 공부방법에 대해 언급했는데, 코스워크와 리서치는 이와 관계가 있다. 코스워크는 그 성격상 어느 나라에서나 리서치에 비해 아무래도 지식의 재생산 또는 잘 해야 분석에 가까워질 수밖에 없다. 강의실 교육에서는 자연히 지식의 전달이 주가 되며, 시험 역시 문답식 아니면 짧은 리포트가 되기 때문이다. 리서치는 한

가지 제목을 가지고 오랜 시간을 두고 연구하는 것이므로 무언가 새로운 것이어야 한다. 있는 지식을 합성하여 만든 논문은 편집이지 연구가 아니다.

(나) 여러 번 칠하는 페인트

미국식의 좋은 점은 지도교수나 학생 모두가 실패의 위험부담을 줄인다는 데 있다. 학위를 받는 데 리스크가 적다. 이 제도에서 학생은 코스워크와 논문 자격시험인 종합시험(qualifying exams) 같은 여러 단계의 과정을 거친 다음에야 비로소 논문을 쓰게 된다. 그런 과정을 거치면서 어떤 논문을 어떻게 쓸 것인가를 결정하고 실력을 서서히 갖추게 된다. 지도교수도 혼자서 무거운 책임을 떠맡지 않아서 좋다. 필자가 호주에서 만난 솔로몬 리바인(Solomon Levine) 교수에 따르면, 미국에서는 종합시험 단계에서 후보생 중 약 절반이 학위를 계속 할 것인지를 결정하게 된다고 한다.

또 학생은 지도교수 한 사람에 의지하지 않고 여러 과정과 단계를 거치면서 논문이 제대로 진행되고 있는가를 스스로 확인할 기회를 갖게 된다. 학생은 이 기간을 통해 약점을 보충할 기회(remedial courses)를 가질 수 있고 수시로 이에 대비하게 된다. 그러므로 논문의 방향이 아주 엉뚱한 데로 갈 수 없으며, 몇 년이 지난 뒤 갑자기 큰 실패로 끝나는 일도 드물다. 이러한 실패 가능성은 연구와 논문쓰기에 있어 틀을 정하기가 어려운 인문학 분야에서 자주 일어난다.

멜버른 소재 스윈번대학의 존 빌코츠(John Wielcosz) 경제학과장은 미국식의 장점을 철저한 사전 준비교육(enabling work)이라고 말한다. 특히 연구제목이 과학적인 방법론을 요구할 때는 준비교육이 꼭 필요하다. 자연과학은 물론이고 인문 분야에서도 과학적인 연구를

지향하는 경우에는 연구방법론과 통계를 처리하는 기술에 익숙해야
하는데, 이것을 혼자서 또는 지도교수 한 사람으로부터 배우기는 어
렵다. 특히 한국에서 그런 훈련 없이 대학과 대학원을 나온 유학생들
에게는 더 그러하다. 그는 미국 오하이오 주립대학과 캐나다의 퀸즈
대학에서 가르친 바 있다.

미국의 UCLA에서 「Organizational design」을 가르친 바 있는 일리
스 클락(Illis Clark) 교수는 미국식 방법을 페인트칠하는 것에 비유한
다. 칠을 여러 번 할수록 물건은 좋아진다. 초벌칠(first coating)은
허술하다. 그러나 여러 과정을 거치는 동안 학생의 실력과 논문이 좋
아진다는 말이다.

북미제도에서는 각 분야의 박사과정 학생 수가 많은 것이 보통이
며, 따라서 이 많은 학생들을 대상으로 훈련시키는 과정 및 방법에
있어서 틀이 어느 정도 짜여 있다. 다양한 세미나는 좋은 예이다. 호
주, 영국식에서는 인원도 적고 교수와 학생 간의 관계는 일 대 일이
어서 거기에 일정한 틀이 없으며, 어떤 지도교수를 만나느냐에 따라
지도방법이 크게 달라질 수 있다. 또 같은 분야 학생 간의 교류가 적
어서 연구에 필요한 자극과 의욕이 덜 할 수 있다. 사실 3~5년의 장
기간이 걸리는 과정을 동료 없이 혼자서 공부한다는 것은 쉬운 일이
아니다.

호주, 영국식에서도 실험을 필요로 하는 자연과학 분야는 이와 좀
다르다. 주로 실험실에서 몇 사람의 동료들과 함께 시간을 보내게 된
다. 그러니 호주, 영국의 비자연과학 분야의 분위기도 바뀌고 있다.
각 대학의 박사과정에도 학생 수가 늘어나면서 미국식으로 박사학위
를 공부하는 분위기가 더해 가고 있다. 학점과 관계없이 학생들이 세
미나에 참석하는 기회가 점차 늘고 있는 것이 그 예이다. 빌고츠 교

수는 세미나가 세계적 추세라고 말한다.

(다) 자기 스스로 하는 연구

호주, 영국식에서는 많은 교수들이 박사과정을 학생 자신이 연구하고 만들어 내는 것이라고 생각한다. 독자적 연구(independent research)라든가 「근본적으로는 네 연구(Basically it's your own work)」라는 것은 지도교수가 박사과정의 개념을 규정하면서 학생들에게 잘 하는 말이다. 리서치 중심의 박사과정은 물론 이런 독립적인 연구의 개념에 입각한 것이다.

초, 중·고등학교의 교육이 선생의 가르침을 받아서 하는 것이라면 대학에서의 공부는 자신이 중심이 되어 하는 것이라고 할 수 있다. 한국의 대학교육은 아직도 교수와 강의가 중심이다. 그러나 어느 나라를 막론하고 그런 교육방법이 박사과정까지 연장될 필요가 있는지는 논의의 여지가 있다. 장래 학문을 하려는 사람들에게 강의실 강의와 세미나가 사전 준비단계라면, 그것은 대학 4년과 그 후 최소 1~2년 정도의 대학원 석사과정 강의 정도로 끝나면 될지 모른다. 박사과정에서는 순전히 독립적 리서치에 전념하는 것이 더 생산적이고 효과적일 수도 있다.

호주와 영국의 대학들이 박사과정을 리서치만으로 하도록 하는 것은 학생을 이미 기성인으로 보는 태도와도 관계가 있다. 특히 이 나라에서는 시간제(파트 타임) 박사과정을 두고 있으며, 이미 잘 알려진 기성 학자들이 이런 코스를 밟기도 한다. 또 지도교수가 독립적인 연구를 강조하는 것은 상대방을 너무 간섭하지 않는다는 서방식 사고방식과도 일치한다. 그러나 리서치에 경험이 없는 한국 유학생들의 경우, 이런 교수들의 태도 때문에 또는 그들이 다른 일에 바빠 신경을 쓰지 못하고 있을 때도 처분만 기다리다가 손해를 보는 사례가 적지 않다. 교수가 특별히 하는 말이 없어 잘 되고 있는 것으로 알고 몇 년 열심히 논문을 써 나갔지만, 나중에 알고 보니 막다른 골목에 갇혀 버린 셈이 된 것이다.

어쨌든 북미식은 박사과정도 하나의 훈련과정임을 점을 강조하고 있다고 볼 수 있는데, 실제 미국에서는 박사훈련(PhD training)이라는 말을 잘 쓴다. 영국·호주에서는 박사연구과정(PhD research program)이라는 말이 더 잘 쓰인다.

학생이 대학 학부, 대학원과정을 통해 이미 착실히 공부했을 뿐 아니라 이 과정을 거쳐 리서치에 대해 대비가 되어 있다고 한다면, 리서치 중심의 박사과정은 대단한 실적을 올릴 수 있다. 첫째로 학생은 외부의 간섭을 받거나 다른 일에 구애받지 않고 곧바로 자기 연구에만 몰두할 수 있다. 둘째로 자기가 정한 계획에 따라 자기가 원하는 페이스로 연구하고 논문을 써 나갈 수 있다. 이러한 집중적인 연구과정을 거쳐 나오는 성과는 탁월할 수 있다. 그런 뜻에서 멜버른 모나쉬대학의 스튜어트 프레이저(Stuart Fraser) 교육학 교수는 학생과 지도교수 모두가 우수하면 호주, 영국식이 아주 효과적이라고 말한다. 그는 미국의 밴더빌트대학에 재직하면서 한국 유학생을 포함하여 외국학생을 지도했다.

호주, 영국식에서는 박사과정에 입학이 허가된 학생이라면 이미 연구를 독자적으로 해낼 수 있는 자격을 갖추었다고 전제를 하는 셈이다. 호주, 영국의 박사과정에 입학하는 자격조건은 미국과 좀 다르다. 대학과 대학원을 졸업한 것만으로는 입학을 시키지 않는다. 외국학생의 경우 본국에서의 학교점수 외에도 해당 분야의 실무경험과 발표된 업적들이 심사에 기준이 된다.

(라) 어느 쪽이 더 좋을까?

지금까지 말한 두 과정 중 어느 쪽이 더 좋은가는 두 가지 측면에서 논할 수 있다. 하나는 지식의 습득을 포함한 장래 학자로서의 자질을 갖춘다는 차원이고, 다른 하나는 박사학위를 빨리 따낸다는 실제적 목적의 측면이다.

배우는 과정은 교육내용이 어떤가에 못지 않게 학생이 주어진 그것을 얼마나 적극적으로 수용하느냐에 따라 달라진다. 달리 말하면 교육효과는 교육내용 자체보다도 학생이 그 교육내용에 어떻게 대처하느냐에 따라 달라진다. 교육의 효과는 피교육자의 동기의식에 따라 결정된다는 말과 같다.

「시키면 잊어버리고 가르치면 기억한다. 그러나 직접 참여하며 배운다(Tell me and I forget, teach me and I remember, involve me and I learn)」라는 벤자민 프랭클린의 말은 타율적인 교육의 취약점을 잘 지적하고 있다. 교육의 효과는 배우는 사람이 주가 될 때 가장 크다. 스스로 책임지고 연구하는 리서치의 장점이 여기에 있다. 서구의 국민학교, 고등학교 학생들의 숙제가 우리보다 과제(project) 중심인 것은 대개 이런 원칙에 입각해 있기 때문이다.

한편 교육의 효과는 배우려는 대상이 무엇인가에 따라 달라질 것이다. 단편적인 지식, 금세 생활에 적용시킬 수 있는 실제적 지식이라면 강의실 교육 혹은 전달식 교육이 낫겠지만, 적어도 연구라고 부르는 것으로 이론을 발전시키기 위한 것이라면 호주, 영국제도의 장점을 인정할 수밖에 없다.

어느 쪽이 더 쉬울까를 논하는 것은 교육적이지 않지만, 학위도 사람이 만든 평가방법과 절차를 거쳐 결정되는 것이므로, 그런 한도 내에서 비교적 쉽거나 어렵다거나 혹은 유리하고 불리하고의 논의가 가능하다고 본다.

필자는 박사 후보자의 적성을 두 가지 유형으로 크게 나눠 보고자
한다. 하나는 이른바 머리회전이 빠른 사람(quick thinker)이다. 재
빨리 판단하고 실천에 옮기며 결과를 얻는 사람으로서 대개 수학적
머리가 뛰어나다. 이런 사람들은 생활 패턴이 규칙적이고 기계적이므
로 공부도 꽉 짜인 학교교육 환경(예컨대 대학 수준의 강의실 교육,
기술 교육, 군대 교육 등)에서 두각을 나타낸다. 필답시험을 보면 높
은 점수를 받으며 최고득점자가 대개 이들 가운데서 나온다. 이런 사
람들은 북미식이 더 적합하며 성공률이 높다. 특히 상상력보다 계
산, 측정, 기계적 분석, 신속함을 더 요하는 분야에서 그럴 것이다.
컴퓨터학, 통계학, 회계학, 경영학, 계량경제학, 공학, 자연과학이
그런 분야이다.

다른 한 가지 유형은 앞의 유형과 달리 머리회전은 늦지만(slow
thinker) 대신 생각이 깊고 상상력이 풍부한 학생이며 독자적이고 노
력형이다. 강박상태보다는 가만히 놓아 둘 때 더 잘 한다. 이런 사람
들은 창의력이 뛰어나기 때문에 자기 페이스에 맞는 비교적 자유스러
운 리서치 환경에서 좋은 결과를 얻을 가능성이 크다. 계산과 비교적
관계가 없는 사색적, 철학적 또는 예술적 분야에서 특히 그럴 것이
다. 물론 이상은 예측일 뿐 체계적인 조사와 연구가 필요하다.

또 한 가지 고려할 변수는 영어 구사력이다. 영어 청취능력, 독해
력이 현지인과 같지 않은 한국학생들의 경우 코스워크는 큰 부담이
될 수 있다. 강의 내용이 어렵거나 새로워서가 아니라 잘 알아듣지
못하고 토의에 참여하지 못하는 데서 오는 고통과 좌절 또는 공포증
때문에 중도에 포기할 수도 있다. 리서치 과정을 택한다면 과정을 자
기의 계획과 페이스에 맞게 처리해 나갈 수 있으므로, 한국학생은 현

지 학생보다 더 많은 시간을 투입함으로써 간격을 메꾸어 나갈 수 있다. 그렇게 함으로써 심리적으로 더 편하게 더 많이 배우며 궁극적으로 성공할 확률이 크다. 반면 영어 구사력과 함께 강의실 교육에 자신이 있는 사람은 미국식 과정에 들어가 짜여진 일정을 남과 함께 따라가기만 하면 목표에 도달할 것이다.

리서치 과정은 이와 다르다. 멜버른 대학의 말콤 스미스(Malcom Smith) 교수는 이렇게 말한다. 영국, 호주식에서는 이미 언급한 대로 학생들이 일정한 틀에 매이지 않으므로 상황에 따라서는 시간을 무한정 보낼 수 있다. 특히 논문의 비중이 크므로, 학생들은 논문에 대한 심리적 부담 때문에 그렇게 될 수 있다.

이런 여러 가지를 종합해 볼 때, 논문만 마치면 된다고 해서 호주, 영국식 제도가 쉽다고 가정해서는 안 된다. 논문 중심이고 심사위원이 외부교수 중심인 호주, 영국식 제도는 학생뿐만 아니라 지도교수에게도 큰 부담일 수밖에 없다. 심사위원으로 위촉된 외부교수들은 학생을 개인적으로 모르며, 학교에 오지 않고 논문만을 읽고 있는 그대로 평가하여 자세한 심사보고서를 보낸다. 학생도 심사위원을 알 수 없으며, 안다고 해도 손을 쓸 수는 없다. 이런 상황에서 수준 이하의 논문은 당연히 실격 당한다. 그러므로 지도교수들은 학생들이 논문을 빨리 제출하는 것을 허락하지 않는다.

영국과 호주에서 박사과정을 마치는 기간은 각 대학의 정책, 개인의 노력 여하에 따라 다르겠지만 4~5년 정도 걸리는 것이 보통이다. 대학들은 학칙에 대개 빨라야 2년 후에 논문을 낼 수 있게 학칙으로 정하고 있지만, 2년 내에 낼 수 있을 만큼 성취가 빠른 학생은 드물다. 현지인으로서 연구경험이 풍부한 학생이 연구에만 집중할 수 있다면 불가능한 일도 아니지만 대개 그렇지 않은 것이 현실이다.

한국 유학생의 경우라면 더욱 그러하다. 박사과정을 바라는 유학생들은 떠나기 전에 언어 외에도 연구방법론, 뒤에서 다룰 논문의 유형 등에 대한 사전 지식을 쌓는다면 시간을 많이 절약할 수 있을 것이다.

또 학교 선정도 위에서 말한 차이를 고려, 자기의 적성에 맞게 해야 할 것이다. 그러나 한국 학생들은 아직까지 유학국, 학교, 학과와 교수의 선택을 자기가 원하는 연구의 성격보다 국내 인기도에 따라 결정하는 편이다. 박사과정 선택은 더 그런 것 같다. 박사 과잉시대를 맞아 「일류」 외국대학의 학위 아니면 어디에도 명함을 내놓을 수 없다니, 이런 경향은 앞으로 더 할 것 같다.

4. 지도교수론

(가) 교수의 역할과 책임

한국의 대학들도 영미의 대학과 비슷하게 석사, 박사과정을 지도교수제로 운영하고 있다. 그러나 한국학생이 영미대학의 대학원에 들어가 지도교수가 정해지면, 한국에서와는 크게 다른 상황을 맞게 된다. 무엇보다도 학교와 교수가 학생에게 기대하는 것, 학생이 교수에게 기대하는 것 사이에 큰 거리가 있게 마련이다. 이것 또한 언어와 문화의 차이에서 오는 것이다. 언어와 문화가 다르기 때문에 교수가 생각하는 것이 무엇인지 학생은 잘 모르고, 학생이 생각하는 것이 무엇인지 교수가 잘 모르는 일이 생기는 것이다.

한국에서 사제관계는 특별하다. 학생은 스승을 거의 무조건 존경하고 따르며, 스승은 정과 의리로 학생을 대하는 것이 보통이다. 선생이 여러 학생을 상대하는 대학 학부와는 달리 대학원 지도교수와 몇 안 되는 학생 간의 관계는 더 가깝고 친밀한 것이다. 연구에 있어서도 학생은 교수를 절대적으로 따르는 형태를 취한다. 그리고 학생이 교수가 시키는 대로 충실하게 따르면 보통 대과 없이 일이 끝난다. 따라서 학생이 교수의 책임, 학생의 권한 등을 따로 논하는 일도 별로 없고 큰 문제가 일어나지도 않는다.

영미대학에 있어서 사제관계는 이와 크게 다르다. 그것은 계약관계에 더 가깝다고 할 수 있다. 물론 영미사회에서도 서로 하기에 따라서는 특별한 관계가 있을 수 있다. 정리(情理)라는 것도 존재할 수 있다. 그러나 그 나라 문화의 인간관계가 일반적으로 그런 것이 아니라면 유학생들은 거기에 대비하는 것이 옳다. 우리식의 생각과 정서에 안주하려고 한다면 실망이 크고 많은 마찰을 빚는다.

영미대학의 교수들은 우리 기준으로 볼 때 야속할 정도로 공사(公私)가 분명하다. 한국에서처럼 교수와 가깝다는 이유로 어떤 일이 적당히 넘어갈 것이라고 기대해서는 안 된다. 교수가 특별히 지적하지 않는다고 해서 잘 되고 있다고 안심하거나 묵묵히 따라가기만 하면 될 거라고 생각해서도 안 된다. 계약은 사무적이라는 뜻과 같다. 영미대학에서 박사 코스의 공부를 하게 된 한국학생은 지도교수와의 관계를 좀더 사무적으로 볼 필요가 있다. 늘 짚고 넘어가야 한다는 말이다. 알아서 해 주기를 바라다가는 낭패를 당할 수 있다.

이런 사제관계의 당연한 결과지만, 외국에서 교수와 학생은 우리에 비해 훨씬 대등하게 지낸다. 박사 수준이면 더욱 그렇다. 학부에서든 대학원 수준에서든 영미대학에서 교수는 학생을 일반 사회에서처럼 인격적으로 대한다. 우리나라에서처럼 교수라고 해서 학생에게 실례되는 말이나 태도도 불사하고 심부름 따위를 시키는 일은 거의 없다.

학위 취득과정에 관련되는 당사자는 학교와 교사 및 학생이지만, 가장 중요한 사람은 지도교수와 학생이다. 학교는 학생을 선발하고 논문 심사위원회를 소집하며, 그 외 때때로 학사위원회를 열어 필요한 사항들을 결정해 나가는 책임을 갖는데, 이것을 소홀히 하는 일은 거의 없다. 학생의 입장에서 보면 행정 또는 절차상의 문제가 아니고는 학교와 직접 대면할 일이 별로 없으며 또 그런 일의 해결에는 큰 어려움이 거의 없다. 학사에 관한 것도 실은 주로 지도교수와의 협의와 접촉을 통해 처리하게 된다.

교수와 학생의 관계가 계약적이라 함은, 지도교수는 직책을 성실히 이행해야 하지만 학위를 꼭 책임지지 않는다는 뜻도 된다. 이런 태도는 독립적 리서치를 강조하는 영국, 호주식 제도에서 더하다. 실제 많은 외국인 지도교수가 자기는 학교와 계약에 따라 학생을 지도할 뿐이라는 생각을 갖고 있다. 특히 학교에 마땅한 사람이 없어 외부인사(학계가 아닌 전문직에 종사하는 인사)를 지도교수로 임명할 때는 계약적 성격이 더 분명해진다.

요약하면 이렇다. 해외에서 한국학생이 박사학위를 얻으려고 할 때 지도교수와의 관계에 대해 알아야 할 일은 현지 제도상 지도교수의 책임, 학생이 그로부터 기대할 수 있는 것, 그런 지도를 받지 못할 때 해야 할 일, 평소의 관계 등이다.

한국도 그렇지만 외국대학들은 지도교수의 책임을 학칙과 별도지침(guidelines)에 명문화시켜 놓는다. 다음은 시드니대학이 마련해 놓은 학위과정 지침서(Postgraduate Studies Handbook)와 멜버른의 라트로브대학 교육학과가 마련해 놓은 지침 가운데 요점을 종합해 본 것이다.

- 박사학위는 학위논문을 평가함으로써 결정된다. 지도교수는 학생이 먼저 해당 학위 통과에 기대되는 논문의 수준에 눈뜨게 하고, 이를 위한 연구내용, 방법과 기술 전반에 대한 훈련을 거치도록 배려해야 한다.
- 교수의 책임은 수준급 논문이 나올 수 있도록 감수하는 것이다. 그가 학생에게 무엇을 해 주고 어떻게 해야 하느냐에 대한 판단기준이 여기에서 나올 것이다. 이를 위해 교수와 학생은 첫 해에 어느 정도를 어떻게 연구해 나가야 할 것인가에 대해 서로 의논해야 한다. 교수는 적절한 지도와 감수를 위해 학생과 정기적으로 만나야 하는데, 적어도 월 1회는 필수적이다. 이와 함께 학생은 연구안(research proposal)을 만들어 제출해야 한다. 논문제목과 내용에 대한 방향이 결정되면, 이에 따라 논문을 어떻게 계획하고 어떤 리서치를 해야 하는지에 대해 구체적인 토의를 해야 한다.
- 교수는 학생의 진도에 대해 확인하고 시간이 없어 논문을 쓸 수 없는 경우가 생기지 않도록 배려해야 한다. 계획된 기간 내에 과정을 마칠 수 있도록, 필요하면 글로 써서 언제까지 무엇을 어떻게 할 것인가를 확실하게 해 줄 필요가 있다. 각 학생의 취약점, 문제점 등을 빨리 파악하고 개선방법과 함께 본인에게 알려 주어야 한다. 교수는 그러기 위해 학생에 대해 잘 알아야 한다. 특히 첫 해 준비단계에 있는 학생들에게 그래야 한다.
- 지도교수는 학생에 관해 필요한 사항을 학사위원회에 권고하고 보고한다. 보고 및 권고 내용 가운데는 논문의 진도, 논문을 석사에서 박사 수준으로 승격시킬지 여부, 실적 부진을 이유로 한 코스 중단 등이 포함된다.

이런 규정은 대원칙을 천명할 뿐이고, 실제 과정은 두 사람의 관계에 따라 정해질 것이다. 실제에 있어서 학생은 자신이 바라는 이상적인 지도교수를 만나 이상적인 관계를 갖게 될 확률은 절반도 되지 않는다고 봐야 한다. 그리고 한국학생이 이런 기준을 가지고 지도교수와 왈가왈부하기는 어렵다. 다만 이렇게 명시된 교수의 책임과 역할을 안다면, 학생이 교수로부터 무엇을 기대하고 어떤 관계를 유지해야 할지 독자적인 판단을 할 수 있을 것이다.

한국 유학생들이 지도교수와의 관계에서 처하게 되는 상황은 대개 다음 다섯 가지 가운데 하나가 될 것이다. (a) 서로가 대단히 만족하게 생각하는 경우, (b) 학생은 지도교수에 대해 불만이지만 참고 견디며 꾸준히 노력하여 목표에 이르는 경우, (c) 지도교수는 학생이 수준 미달이라고 느끼거나 불만이지만 너그럽게 도와서 목표를 성취하게 지도해 주는 경우, (d) 서로가 상대에 대해 다른 의견을 갖고 좀처럼 간격이 좁혀지지 않아서 헤어지거나 학생이 실패하는 경우, (e) 교수가 박사학위를 받을 만한 실력이 없다고 학생을 실격시키는 경우 등.

한국 유학생이라면 (c)의 경우가 많을 것으로 생각된다. 그러나 교수의 외국학생에 대한 이해부족 때문에 학생이 억울하게 손해를 보는 경우도 많을 것이다. 앞으로 해외에서 우리 유학생이 교수와의 관계에서 경험하는 문제에 대해서도 조사와 연구가 필요할 것이고, 그 개선을 위한 교섭 노력도 있어야 한다. 국제교육이 언제까지나 일방적 관계로 남아서는 안 될 것이기 때문이다.

그 다음으로 흔한 경우가 (e)일 것이다. 이 때도 수준 미달의 기준이 문제가 될 것이다. 유학생에게 널리 적용될 수 있는 보편적인 기준을 외국교수들이 갖고 있다고 보지 않기 때문이다. 한 예로 언어에 관한 유학생을 현지인과 똑같이 취급한다면 전부가 수준 미달일 것이다.

아래에서는 박사과정을 약 몇 단계로 나눠서 지도교수가 각 단계마다 어떤 지도를 해야 할까를 필자와 다른 한국사람들의 경험과 문헌을 바탕으로 살펴보겠다. 일부 중언이 될지도 모르지만, 학생들은 교수로부터 어떤 것을 기대할 수 있고 교수와 어떤 관계를 유지할 것인가에 대한 지혜를 더 확실히 얻을 수 있을 것이다.

- 입문 단계

박사과정은 원칙적으로 학생이 독자적으로 연구하는 과정이다. 하물며 학생의 신상문제(welfare)를 돕는 일은 지도교수의 책임에 속하지 않는다. 그러나 대부분 외국학생들은 언어와 문화가 다르고 생활기반이 전혀 없는 객지에 새로 온 사람들이다. 독자적 연구를 구상하고 시작하기에 앞서 당장 현지 사회에서 정착하는 문제로 진통을 겪게 된다.

이 어려운 처음 몇 주를 교수가 친절하게 신경 써 준다면 참으로 다행한 일이다. 특히 강의실 강좌가 없어서 고립되기 쉬운 영국, 호주식 박사과정의 경우에는 그러하다. 연구를 떠나 학생이 사는 곳을 찾아가 처지를 묻기도 하고, 그럼으로써 서로의 거리를 좁힌다면 이는 틀림없이 원만한 연구지도와 협력관계로 이어질 것이다.

교수는 이 단계에서 좋은 동료가 될 수 있는 현지 학생들을 소개해 주고, 그럼으로써 도움을 받을 수 있는 친구망(peer support)을 구축해 줄 수 있다. 자연과학 분야의 경우는 기존의 실험실 연구팀과 합류하는 경우가 보통이어서 학생이 고립될 소지가 덜하다. 인문 분야이면서 코스워크가 없고 교수가 무관심할 때, 학생은 고립되어 도서관과 컴퓨터 자료실, 식당 등 캠퍼스 안을 외롭게 떠돌게 될 소지가 크다.

교수와 유학생은 서로 다른 문화에서 자랐기 때문에 사고방식이나 일하는 태도가 다르다. 이 말은 한동안은 상대를 잘 모를 수밖에 없다는 뜻이다. 서로 모른다는 것은 서로 일을 효과적으로 해 나가는 데 가장 큰 장애이다. 상대방의 문제와 역량을 모르기 때문에 서로가 기대하는 것이 다르며 거기에서 오해가 생기는 것이다. 이 간격은 충분한 대화를 통해 좁힐 수 있다. 그러므로 유학생에게는 교수를 대하기가 어렵지 않고 편하다는 것이 매우 중요하다. 그러자면 학생의 의식적인 노력이 필요하겠지만 교수가 거리를 두지 말아야 한다.

외국교수 중에는 성격이 활달하고 대화를 좋아해서 쉽게 거리감을 떨칠 수 있는 그런 사람도 있다. 그러나 영미대학의 교수들 대부분은 그렇지 못하다. 이쪽에서 접근하지 않는 한, 그 상태로 얼마든 끌고 가는 경우가 많다. 외국교수 가운데 비교적 수줍고 남의 일에 참견을 잘 하지 않는 사람, 겉으로는 매우 친절하고 예의바르게 대하지만 속을 보이지 않는 사람이 적지 않다. 현지 언어를 자유자재로 구사하지 못하는 아시아 학생들은 여기에서 늘 거리감을 느낀다.

교수의 책임과 성품을 동일시할 수는 없다. 그러나 성품이 자상한 교수는 학생의 문제를 잘 보살핀다. 자상하다는 것은 다른 사람의 문제를 걱정해 주고 따라서 잘 해 주려고 노력한다는 말과 같다. 외국교수들을 보면 분명 그런 사람과 그렇지 못한 사람이 있다.

영미문화와 우리 문화의 차이점 가운데 가장 첨예한 것이 사생활 존중(privacy)이다. 영미사람들은 개인적 사항에 대해 잘 묻지 않는다. 그러한 생활태도가 유학생에게는 교수의 무관심으로 받아들여질 수 있다. 교수가 유학생을 잘 도울 수 있으려면 그 사람의 처지를 잘 알아야 할 텐데, 공식적인 것 외에는 묻지도 않고 알려고도 하지 않는다면 도움을 줄 수 없다.

사실 외국인 지도교수 가운데는 유학생의 가족관계는 물론, 그 나라에 대해 한 번도 묻지 않는 사람이 있다. 그런 사람이 자상하다고 할 수는 없는 것이다. 외국학생들이 교수를 평하면서 「그는 학생에게 관심이 있다(He cares for students)」는 말을 잘 한다. 사생활 존중 원칙을 지키는 것과 관심(care)을 가져 주는 것은 다르다고 봐야겠다. 이 단계에서 좋은 교수를 만나면, 학생은 장래에 대한 자신감을 가질 수 있다. 외국학생들에게 자상한 외국교수는 대개 나이도 들고 해외에서 살아 본 경험이 있는 사람들이 많다. 다만 그런 사람이 흔치 않다.

● 연구제목과 방향의 설정 단계

북미식이든 영국, 호주식이든 앞서 언급한 대로 박사학위는 최종적으로는 논문의 평가로 결정된다. 따라서 지도교수의 책임은 결국 원하는 논문을 만들어 내도록 지도하는 것으로 귀결된다.

학위 지도는 강의실에서 하는 강의와는 달라서 교수의 방에서 또는 형편에 따라 편리한 곳에서 개인적으로 하는 것이 보통이다. 북미식에서는 박사도 코스워크부터 시작하므로 논문제목이나 연구분야의 결정은 강의를 들으면서 어느 정도 시간을 두고 해 나가게 된다. 영국, 호주식 과정에서는 강의가 없고 바로 리서치로 들어가므로, 유학생은 도착 후 몇 주 지나서 곧바로 논문의 제목과 연구의 방향설정 작업에 들어가야 한다.

그러나 여기에서도 교수는 외국학생을 학점과는 관계없이 대학 학부나 석사과정의 강의를 듣게 하는 일이 흔한데, 이 때 한국학생의 경우 몇 가지 문제가 있을 수도 있다. 그 한 가지는 한국의 박사과정 유학생들은 대개 나이가 많은데, 나이 어린 현지 학생들 속에 섞여 앉아 잘 알아듣지 못하는 강의를 들으면서 자존심을 상하게 되는 등 심리적 부적응을 겪는 것이다.

교수가 학생으로 하여금 좋은 논문을 효과적으로 쓰게 하는 데 가장 중요한 것은 무엇일까? 앞서 말한 대로 학생으로 하여금 학위논문을 과연 어느 정도 수준으로 써야 하는가에 대한 확실하고 정확한 감각을 빨리 갖게 하는 일이다. 학생이 그런 감각을 갖는다면, 그는 곧 궤도를 잘 달려나갈 수 있을 것이다. 처음 얼마 동안은 누구나 이런 궤도를 찾는 기간이라고 할 수 있는데, 지도를 잘 받는다면 그 기간은 짧아지게 된다.

이 때 지도교수의 말 한 마디 한 마디가 중요하다. 일반적으로 연구를 해 보지 않은 초보자는 거창한 연구를 꿈꾸는 경향이 있다. 교수 자신도 하기 어려운 이상적인 연구의 제목을 자꾸 암시하면 학생은 혼란에 빠지기 시작한다. 가령 교수가 박사논문의 수준에 대해 『석사논문과 박사논문은 아주 현저한 차이가 있어야 한다』 『웬만한 수준의 논문으로 박사가 되지 못한다』 같은 말로 과장하여 학생이 겁을 먹는다고 하자. 경험 없는 학생은 실현 불가능한 논문을 시작하는 실수를 하게 된다. 반대로 너무 쉬운 것으로 착각하는 것도 물론 문제다.

여기서 중요한 것은 연구와 논문 내용의 실현 가능성이다. 학위논문은 높은 수준일 수록 좋겠지만, 학생은 여러 가지 제한된 여건에서 공부한다는 사실을 망각해서는 안 된다. 유학생은 물론이고 어떤 학생도 무작정 공부만 하고 있을 수는 없다. 한 논문에서 너무 큰 또는 많은 과제를 다루려 한다면 일정 기간(time frame) 안에 끝내지 못한다. 뿐만 아니라 한 사람의 머리와 정력으로 해낼 수도 없다. 이것이 분량(workload) 또는 범위(scope)로 본 처리 가능성(manageability)이다. 이는 연구 범위를 한정하는 문제, 달리 말해서 연구에 포함시킬 변수를 한정하는 문제가 된다. 자료의 수집, 분석, 논문작성에 걸리는 시간을 고려해야 하는데, 일반적으로 이에 소요되는 시간은 분야와 개인 역량에 따라 다르지만 계획한 것보다 더 걸리는 것이 보통이다.

연구 가운데는 아이디어가 재미있고 기발하지만 실제로는 불가능한 것이 많다. 이것은 기술적 실현 가능 또는 불가능(feasibility)의 문제다. 자료를 사실상 입수할 수 없는 경우가 한 가지 예다. 어떤 경우는 돈이 얼마든지 있어도 불가능하다. 어떤 자료는 돈을 크게 많이 써서 자료를 얻을 수 있지만, 현실적으로는 학생이 그런 돈을 갖고 있을 리 없다.

많은 연구가 실증적 분석의 대상이 되지 못한다. 가령 「민주주의와 국민성」 같은 제목은 어느 정도 범위를 정해 기존의 지식과 개인의 통찰력을 바탕으로 논할 수는 있으나, 실증적으로 증명하고자 한다면 거의 불가능하다. 그러므로 연구하고 싶은 제목(research questions)과 연구할 수 있는 제목(researchable questions)은 구별되어야 한다. 교수는 말로 설명할 뿐만 아니라 학생으로 하여금 도서관에 가서 해당 분야의 모범적인 박사논문 몇 개를 비교하면서 자세히 읽게 한다면 도움이 될 것이다. 그럼으로써 학생은 써야 할 논문의 수준뿐만 아니라 형식과 구성(format)을 파악하게 된다. 특히 논문 안에 있는 가설, 연구설계, 연구결과 등은 서로 내부적으로 통일성을 유지해야 하는데, 모범적인 논문을 읽어보고 이런 지식과 지혜를 얻게 된다.

영미국가의 대학 도서관은 한국에 비해 각 분야의 최신 학술잡지와 관련 자료를 광범위하게 구비하고 있다. 학생들이 다른 사람의 논문을 읽어야 하는 것은 논문을 쓰는 요령을 습득하기 위한 것만이 아니다. 그것은 자기가 관심 있는 분야에서 최근 발표된 논문들을 비교하고 검토함으로써 그 분야에 대한 전체적인 안목과 자기가 하려는 연구가 어디쯤 위치하고 있는가, 어떤 기여를 할 수 있는가를 알아야 하기 때문이다. 그런 감각 없이 자신의 연구방향과 영역을 구체화해 나갈 수 없다.

지도교수는 유학생이 학업을 마치고 고국으로 돌아가야 하는 외국인이라는 사실도 잊지 말아야 할 것이다. 돌아갈 유학생에게 현지 사회에서만 주로 적용되는 연구제목을 고집하거나 권장하는 것도 현명한 일이 아니다. 교수와 학생은 이런 문제에 대해 사전에 충분히 의견을 나눌 수 있어야 한다.

교수는 학생이 갖고 있는 기존의 지식, 경험, 적성 등 강점을 살려 그에 맞는 논문제목, 연구방법을 택하도록 지도해야 한다. 학생도 그 점을 잘 생각해야 한다. 학문이란 이미 알고 있는 기반 위에 벽돌 쌓듯이 지식을 하나씩 쌓아 가는 과정이다. 박사학위를 위한 공부도 그런 기반 위에서 시작해야 한다.

지도교수는 대개 학생의 연구제목을 자기가 자신을 갖는 분야로 유도하는 것이 보통이다. 그래야 지도하기 쉽기 때문이다. 또 연구로 저명한 교수라면 자신이 하고 싶었지만 할 수 없었던 연구제목, 자기 연구의 연장으로서 할 만한 제목을 떼어 줄 수도 있다. 후자의 경우 학생은 연구제목을 쉽게 얻는 셈이 된다. 이 때도 역시 그 제목이 자기가 아는 지식을 살릴 수 있는 분야인가를 따져 볼 필요가 있다.

교수는 학생이 어느 정도 준비가 되면 빨리 일차 내용을 종이에 옮겨 쓰도록 지도해야 한다. 몇 년이 걸리는 박사과정은 마라톤에 비유할 수 있지만 쓰는 일을 멀리 뒤로 미루는 것은 현명하지 않다. 진척이 안 되고 자꾸 지연될 수 있다. 크리텐던 교수는 박사과정이 마라톤이 아니라 800미터 중거리 경기라고 말한다.

학생은 초기단계를 지나면서 수시로 「슬럼프」에 빠질 수 있다. 이 때 교수는 용기와 힘을 줄 수 있어야 한다. 이것을 교수의 공식적인 책임으로 볼 수 있을지는 이론의 여지가 있겠지만, 교수가 학생의 공부를 도와야 한다면 이것도 중요한 책임이라고 할 수 있다.

학업은 직장생활이 아니며 외롭고 고달픈 길이다. 정신적 자극

(intellectual stimulation) 없이는 하기 어렵다. 영어로 「good days, bad days」라는 표현이 있지만, 어떤 날은 공부할 맛이 나고 어떤 날은 아주 하기 싫어진다. 한 교수는 이것을 롤러코스터 패턴(roller-coaster pattern)이라고 말했다. 기복이 심하다는 얘기다. 이런 때 동료 말고도 지도교수의 자극과 격려가 필요하다. 공부는 또 자기가 잘한다고 느낄 때 더 잘 하게 된다. 좋은 지도교수를 만나서 칭찬을 듣는다면 자신감과 의욕이 생기지만, 반대로 핀잔을 들으면 의기소침해지는 것이다. 교수 가운데는 성격상 남을 격려할 줄 모르고 필요 이상으로 어렵게 대하는 사람이 있다. 유학생으로서 그만하면 영어를 잘 하는데도 타박을 주는 균형감각이 없는 교수, 읽어 달라고 써서 제출한 것을 얼마고 미루는 교수를 만나면 학생은 맥이 빠질 수밖에 없다. 이에 대해서 라트로브대학의 논문 지도지침은, 교수는 「학문적 반려자로서 건설적인 비판과 함께 격려(intellectual companionship, constructive criticism and stimulating encouragement)」로 힘을 줄 수 있어야 한다고 적절하게 지적하고 있다.

• 독창성을 살리는 단계

어느 대학이든 박사학위 논문의 기준으로 드는 것 중에서 가장 중요한 것이 독창성이다. 독창적이라 함은 새롭다는 말과 같다. 이미 있는 지식과 사상은 새로운 것이 아니며, 이런 것을 정리해서 발표하는 논문은 독창성이 결여되었다고 할 수 있다.

독창적인 연구결과는 해당 분야의 학문에 새로운 것을 더하거나 기여한다는 말이다. 각 분야에서 대표적으로 꼽히는 학술지(academic journals)에 실리는 논문은 대개 이러한 것들이다. 그래서 학자들은 자기 분야의 학술지를 보고 해당 분야 학문의 동향을 알게 되는 것이다. 그러나 이런 말은 원칙론일 뿐이고 박사학위 논문의 경우에 과연 어느 정도의 독창성이 필요한가를 구체적으로 정하기는 어렵다. 얼마나 독창적인가를 꼬집어 말할 수 있어야 하는데 이것이 쉽지 않다.

학계의 누가 봐도 새롭고 획기적인 연구결과가 나왔다면 그것은 좋은 일이다. 그런데 실제로 대부분의 박사논문은 그런 수준에 있지 않다. 「태양 아래 새로운 것은 없다(There is nothing new under the sun)」는 영어 속담이 있다. 이 세상에서 남이 알지 못하는 또는 전혀 생각하지 못한 새로운 것을 만들어 내는 경우는 매우 드물다. 갈릴레오, 뉴튼, 프로이드, 아인슈타인 정도가 한 일이라면 모를까. 이러한 천재들도 무(無)에서 유(有)를 만들어 낸 것은 아니고 기존의 지식과 이론에 도전하고 이를 발전시키는 과정에서 새로운 것을 발견하고 발명해 낸 것이다.

학문의 경우, 무에서 유의 창출은 대개 불가능하다. 각 연구자는 다른 사람의 연구결과를 조금 넓히거나 그 깊이를 더함으로써 발전시키는 데 그친다. 그리고 그 시점이 다른 사람이 시작할 수 있는 출발점이 되기도 한다. 인문과학은 물론이고 자연과학에서도 이미 다른 사람이 한 것을 찾아보고 새로운 것을 첨가하는 정도로 끝나는 것이 많다. 이런 것을 두고 「약간 독창적(a little original)」이라고 한 런던 대학 에스텔 필립스 교수의 말은 재치 있다. 그는 호주국립대학에 와서 박사과정에 대한 공개강연 중 그렇게 말했다. 어떤 학자는 박사논문으로서의 연구란 기존의 것보다 바늘 끝 정도만 새로운 것이 있으면 된다고도 했다.

실제로는 여기에 무슨 새로운 것이 있는가 하는 의문이 드는 논문들이 더 많다. 그렇기에 어느 학자는 「여러 사람의 이론을 섞어 잘 옮기면 리서치요, 한 사람의 것만을 그대로 옮기면 표절(plagiarism)」

이라고 비아냥거리기도 했다. 특히 학위를 위한 연구는 시간과 재정 면에서 제약이 따르기 때문에 그럴 수밖에 없다. 그러므로 박사논문도 이런 여건 속에서 작은 기여를 하는 것이라면 맞는 말이다. 그러나 어떤 것은 그런 독창성 없이도 새롭기 때문에 기여하는 것이 있다. 역사나 인류학의 경우에 그런 예가 많은데, 남이 가지 않은 지역을 탐사하여 새로운 자료를 발굴하든가 새로운 사실을 알아낸다면 이론의 개발은 아니더라도 학문적 공로를 인정할 수밖에 없다.

그러나 이 세상은 그렇게 합리적이지만은 않다. 학위를 위한 공부도 어떤 지도교수를 만나고 어떤 제목을 택하느냐에 따라 고생을 더 하거나 덜 하거나 하는 일이 생긴다. 학교와 교수가 논문의 독창성을 너무 까다롭게 설정하면 박사학위는 하늘에 별따기가 된다. 반대로 이 기준을 느슨하게 잡는다면 석사와 박사의 수준 또는 국내외 학위 간의 차이는 없어진다. 외국의 박사학위가 국내의 학위보다 무조건 더 우수하다고 말하려는 것은 아니다. 적어도 우리나라에서 일부 선진국의 박사학위를 더 우대한다면 이런 기준에서 더 까다롭다고 보기 때문이라고 생각된다. 그렇지 않고는 외국의 학위가 더 나을 이유도 없다. 아래에 일부 학자들이 논문제목 선정의 한 가지 지침으로 설명한 부분을 소개한다.

각 분야의 연구결과는 대부분 완전하지 않다. 더 연구할 과제를 늘 남겨 놓고 있다. 또 새로운 응용의 가능성을 제기하고 있다. 이렇듯 과거의 조사나 연구를 뒤져보면 새로운 연구과제를 얻기 마련이다. 이 때 연구제목은 꼭 새로운 것은 아니더라도 지식의 축적과 발전과정에 큰 기여를 한다. 그런 의미에서 각 연구와 조사는 기존의 이론체계와 관련이 있도록 계획되어야 한다. 기존의 지식체계와 무관한 고립된 조사연구는 학술지에 발표되지 않는 것이 보통이다.

교육학 분야의 예를 들어 설명해 보자. 이 분야에서는 이미 많은 심리학적 연구가 있었고 이론도 많다. 그럼에도 초기 연구는 많은 검증을 필요로 하고 있다. 기존의 이론과 문헌을 보고 논문의 과제로서 새로 착안할 수 있는 것을 예로 들어보면 다음과 같다.

(a) 기존의 연구에 이의를 제기하는 것, (b) 이미 알려진 현상과 과정을 더 자세히 분석하여 설명하는 것, (c) 기존의 연구를 반복하는 것, (d) 한 분야에서 발견된 이론이 다른 분야에 확대 적용될 수 있는가를 알아보는 것, (e) 예기치 않은 사실을 발견했거나 기대한 연구결과를 얻지 못했을 때 이를 다시 알아보기 위한 것, (f) 한 가지 연구과제를 위해 개발된 방법론이 다른 연구에도 적용될 수 있는지를 보는 것 등이다.

(b)의 경우, 기존의 연구결과를 받아들이더라도 그 과정에 대한 설명이 명백하지 않거나 미흡하다고 생각될 때 이를 연구과제로 삼는 것이다. (c)의 경우, 반복은 이론의 타당성을 높이기 위해 필요한 것이다. 연구의 목적은 같은 조건 아래서 같은 결과가 반복되는가를 확인하는 것인데, 한두 번의 조사와 연구로 결론을 내려서는 안 될 것이다. 자연과학도 그렇지만 과학화가 어려운 사회과학의 경우에는 더욱 그런 반복적인 연구를 필요로 한다. (d)의 경우는 언제나 새로운 조사를 필요로 하는 계기가 된다.

사회과학에서는 연구과제의 복잡성과 함께 자료수집의 어려움이 있다. 그런 제한된 여건에서 최선의 결과를 내려고 하기 때문에 여러 가지 방법을 고안해야 한다. 때문에 새로운 방법을 사용하는 것만으로도 해당 학계에 큰 기여를 하는 것이며 좋은 박사학위 논문감이 되는 것이다. 또한 연구조사를 위해 고안된 방법이 다른 연구에 쓸 수 있다면 그것 또한 기여이다. (f)가 그것이다.

- 리서치 단계 — 자료수집과 분석

이 때까지의 단계를 잘 넘겼다면, 학생은 그 다음부터 교수에게 의지할 일이 크게 줄어든다. 유학생도 마찬가지다. 학생은 무엇을 어떻게 할 것인가를 알게 되었으므로 자기 계획에 따라 열심히 해 나가면 된다.

자료수집 과정은 연구분야와 제목에 따라 달라질 수밖에 없는데, 역사와 철학 같은 인문분야는 기존의 자료를 이용하게 된다. 따라서 도서관 리서치(library research, 도서관에 있는 책과 자료만을 이용해서 하는 연구)가 주가 된다.

실험실 연구는 물론이고 실증적 사회과학 연구에 있어서는 가정(hypothesis)을 정하고 자료를 모아 분석하여 그 결과가 가정을 증명하는가 여부를 보는 절차를 밟는다. 이 때는 가정이 연구의 방향과 수집 또는 구해야 할 자료의 내용, 써야 할 자료의 분석방법의 지표가 되는 것이다.

설문지(questionaire)를 가지고 수백 명의 응답자를 만나 자료를 구하는 현장조사(field research)는 시간이 걸린다. 또 설문지가 응답자의 지식이나 태도를 목적에 맞게 측정할 수 있도록 샘플의 크기, 질문지의 내용과 구성이 잘 되어야 한다. 자료의 분석도 마찬가지다. 사회조사·방법론을 가르쳐 주는 책은 영미국가는 물론 우리나라에도 많이 나와 있다. 그러나 이 분야의 기본적인 서적 가운데 간직해 둘 만한 원서는 『Research Methods in Social Relations』(C. Selltiz, L. Wrightsman, S. Cook 공저)와 『Foundations of Behavioral Research』(F. Kerlinger)이다.

실험연구와 실증적 연구에 따른 자료분석은 통계분석을 필요로 한다. 그런데 많은 학생들이 통계학 지식이 없거나 어느 정도 통계학을 공부하고도 통계분석을 혼자서 하지 못하는 것이 보통이다. 지도교수도 직접 도울 만한 지식을 갖지 못한 경우가 허다하다. 이 때는 어떻게 할 것인가? 이 질문은 통계를 처리하는 능력도 박사과정 이수의 필요조건인가를 묻는 것과 같은데, 꼭 그래야 하는 것은 아니라고 봐야 한다. 그런 능력이 있는 지도교수도 통계전문가(statistical advisor, statistical consultant)에게 분석을 의뢰해서 하는 경우가 보통이다. 그러므로 학생도 자기가 할 수 있으면 좋고 그렇지 못할 때는 전문가에게 의지할 수 있다. 특히 컴퓨터가 그런 일을 하는 오늘날, 통계분석은 별도의 기술로 여겨지고 있다.

이런 요령에 대해 솔직히 말해 주는 교수가 있는가 하면 속수무책인 교수도 허다하다. 대학 안에 그런 일을 해 줄 만한 사람이 없다면 대학 밖에서 사람을 찾아야 하는데, 작은 대학이나 도시에는 그런 전문가를 찾기가 어렵다. 해야 할 통계분석이 고차원적일수록 그럴 확률이 높다.

● 논문쓰기 단계

구슬이 서 말이라도 꿰어야 보배라는 속담이 있다. 아무리 연구와 그 결과가 좋아도 논문을 그에 맞게 작성하지 못하면 허사일 뿐이다. 앞서 언급한 대로 연구는 이론의 정립을 위해 어떤 사실을 증명하는 과정이다. 그런 증명을 글로 표현할 때는 논리적 일관성을 잃지 않아야 한다. 뿐만 아니라 일정한 분량 안에서 해야 한다. 사실을 장황하게 나열해서 논문을 방대하게 만들어서는 안 된다. 이는 글을 효과적으로 쓰는 기술의 문제이다.

실제 논문의 조건 가운데는 「문장의 질」이 포함되어 있다. 박사학위는 학자가 되는 자격이라고도 할 수 있으니 논문의 글도 수준급이 되어야 한다.

논문쓰기 단계에서 지도교수의 역할이 또다시 중요해진다. 이 때 교수는 학생들로 하여금 너무 긴 시간을 두고 많이 써 오게 하는 것보다 적은 부분을 빨리 여러 번 제출케 하는 것이 좋다. 논문의 방향이 잘못되는 것을 막기 위해서이다. 이 때 교수는 전체적인 글의 방향과 흐름에 먼저 신경을 쓸 일이며, 문법이나 지엽적인 사항을 너무 많이 지적하는 것은 좋지 않다. 그런 사항은 나중에 가서 할 수 있고 급한 일도 아니기 때문이다. 어쨌든 이 단계에서 교수의 지도는 심사위원이 된 입장에서 엄격해야 한다.

논문을 쓰는 단계에서 고려될 사항은 학생이 쓴 문장을 다듬어 주는 일이 교수의 지도책임에 포함되는가이다. 교수는 문장의 편집까지 봐 주어야 하는가? 여기에 명시적인 원칙은 없는 것 같다. 그러나 통계전문가로부터 도움을 받아도 되는 것처럼 편집을 남에게 맡겨서는 안 된다고 경고하는 교수나 지침은 없는 것 같다.

외국학생이 박사논문 수준의 영어를 남의 도움 없이 쓸 수 있는 경우는 매우 드물다. 그렇다면 그는 문장에 대해 너무 걱정하지 않아도 되는 것인가? 「논문은 내용이지 언어가 아니다」라고 할 수 있는가? 더욱이 영미국가 학생들은 자기 나라 글로 논문을 써서 한국에서 학위를 받아 가기도 하는데, 우리 유학생은 언어에 대해 그렇게 걱정을 해야만 하는가? 역시 쉽게 대답하기는 어려운 문제이다. 그러나 논문의 초안을 외국어로 알아볼 정도로 쓰지 못한다면 외국대학의 박사학위를 받을 자격은 없다고 봐야 할 것이다.

● 절차문제

영미대학의 박사과정에 들어가는 절차는 비슷하다. 대학과 대학원의 성적 못지 않게 그간의 실적이 중요하다. 따라서 자기가 발표한 논문, 실무경험, 학자가 될 자질을 증명하는 여러 가지 서류(supporting documents)를 잘 정리해서 제출하는 것이 중요하다. 분야에 따라서 다를 수밖에 없지만, 외국 유학생에 대해서는 경력을 더 중요하게 취급한다. 대학의 성적만으로는 예측하기 어려우며, 간단하게 쓴 한국의 교수 추천서는 크게 신뢰하지 않는다.

독립 리서치를 중심으로 하는 호주, 영국식 박사과정은 우리나라와 미국식보다 입학시기, 심사절차 등에 있어 더 신축성이 있다. 우리나라에서처럼 신학기 초에 공고가 나가고 같은 날에 시험을 쳐서 모두 같이 입학하지 않는다. 대개 교수를 개인적으로 접촉하여 입학신청을 하는데, 입학이 허가되면 곧바로 또는 학생이 편리한 때 시작할 수 있다. 박사과정에는 시간제(파트 타임)제도가 있어 직장을 다니면서 할 수도 있다. 학칙은 이 때 논문제출 최소기간을 전일제(풀 타임)보다 길게 정하고 있다.

호주처럼 대학이 정부의 돈으로 운영되는 나라의 경우, 일단 한 학교의 박사과정에 입학한 후 다른 학교로 전학하는 것은 받아 주는 학교에 지도할 교수가 있는 한 아주 쉽다. 처음 밟았던 절차를 되풀이할 필요가 없는 것이다.

앞서 언급한 대로 영국, 호주식에서 논문심사 위원은 외부대학 교수에 의뢰하게 되어 있다. 심사위원의 선정은 교무처의 책임에 속하지만, 교무처는 해당 분야 학자들에 대해 잘 모르기 때문에 지도교수와 상의를 한다. 학생은 이 과정에 참여하지 않는 것이 원칙이지만, 지도교수는 학생의 의견을 참작할 수 있다. 그리고 그렇게 하는 경우가 적지 않다. 그러나 누구를 최종적으로 지정하게 될지는 예측할 수 없다.

영국, 호주식 박사과정에서는 북미식에서처럼 논문이 통과된 후의 구술시험(oral exam)은 필수적이 아니다. 그러나 논문의 심사결과에 미심쩍은 점이 있을 때는 구술 또는 서면으로 자기 설명 또는 방어를 하게 한다. 심사위원은 심사평을 서면으로 자세하게 만들어 보내는데, 어떤 것은 몇 가지 부분을 수정할 것을 조건으로 합격시키는 경우도 있다. 이 때 해당 학교 학위위원회는 학생에게 논문을 수정해서 제출하게 한다. 이 때는 논문의 제본(binding)을 두 번 맡겨야 하므로 시간과 비용면에서 차이가 날 뿐 논문통과는 거의 확정적이다.

● 지도교수와 기타 문제

이 때까지 말한 지도교수의 역할과 책임은 원칙일 뿐이다. 현실은 늘 원칙과 거리가 멀다. 이상적인 사람을 만나면 좋지만, 그렇지 못할 때라면 어떻게 해야 할 것인가? 이 때 학생이 적극적으로 요구사항을 명백하게 제시하면 상황이 개선될 수도 있고 그렇지 못할 수도 있을 것이다. 교수의 능력에 한계가 있어서라면 아무리 요구를 해도 별 도움이 되지 않을 것이다. 그렇지 않고 상대방이 문제를 잘 파악하지 못했거나 이해했더라도 학생이 가만히 있어서 그렇게 된 것이라면 개선이 가능할 것이다.

교수가 알아서 먼저 말해 주지 않거나 적당히 넘어갈 때는 예의에 어긋나지 않게 하나하나 따져서 짚고 넘어가는 것이 필요하다. 라트로브대학의 프레이저 교수는 이 때 문제가 되는 사항을 글로 자세히 적으라고 권한다. 나중에 학교측과 이 문제를 가지고 공식적으로 논해야 할 때 참고가 되고 주장하는 것을 확실히 하기 위해서 필요하다는 것이다.

각 학교는 교수와 학생 간에 마찰이 생길 경우, 불만을 듣고 시정하는 길을 정해 놓고 있다. 각 대학은 외국학생을 위한 카운셀러를 두고 이런 문제뿐 아니라 다른 문제에 대해 자문해 준다. 지도교수와 쉽게 풀지 못하는 문제가 있을 때 이들과 의논하면, 이에 개입하여 학교측과 절충해서 해결안을 찾아보겠다고 제의해 온다. 그런데 그러한 부탁을 하는 한국 유학생은 드물다. 그렇게 한 결과 불리하게 끝난 사례가 없지 않다.

지도교수가 자신과 맞지 않으면 다른 교수를 찾도록 권장하는 여유 있는 대학도 있다. 대개 교수진이 많은 큰 대학이다. 물론 그 경우에도 해당 위원회의 승인을 받는 등 절차를 밟게 된다. 그러나 작은 학교에서는 마땅한 교수가 없어 그런 선택의 폭이 좁다. 또 교수들은 학생이 다른 동료교수와 분쟁관계에 있다면 선뜻 맡으려 하지 않는다. 따라서 그대로 계속하든지 아니면 다른 대학으로 가든지 해야 한다. 이 때 좋은 대안이 없어 포기하는 사례가 생긴다.

같은 학과 안에서 교수끼리 불편한 관계라면 이 교수 저 교수 찾아가서 의논하기가 매우 힘든다. 외국인 교수들은 정당한 이유가 있으면 왜 바꾸기가 힘들겠느냐고 하지만, 한국인 학생들에게 결코 쉬운 일은 아니다.

저명한 교수들을 좇는 것이 언제나 좋은가? 그런 경험이 있는 학생들의 말을 들어보면 꼭 그렇지만도 않다. 그런 교수는 여러 직책을 갖고 있는 것이 보통이며 또 지도하는 학생이 많아 시간을 내지 못하거나 접근하기가 어려울 수 있다. 그런 교수 밑에서 몇 번 만나지 못하거나 충분한 지도를 받지 못했다는 사례는 흔하다. 한 지도교수가 잘 지도할 수 있는 학생의 수는 2~3명 정도라고 한다.

이런 사정을 종합해 볼 때 가장 현명한 방법은, 지도교수의 선택을 시간을 두고 하는 것이다. 학교가 정해 주는 대로 하기보다 특정 교수의 성격, 관심분야나 지도방법 등에 대해 친구나 경험이 있는 사람의 의견을 듣고, 평소 강의를 듣거나 만나 본 다음 선택하는 것이 안전한 방법이다. 학교를 정할 때는 교수 개인 못지 않게 학과의 지도전통도 고려해야 한다.

교수가 학생에게 어느 정도의 시간을 할애해야 하는가에 대해 최소한 2주일에 한 번, 한 달에 한 번이라는 의견을 내놓는 학자들이 있지만, 개인과 구체적 상황에 따라 다를 것이다. 학생이 논문의 방향을 모색하는 단계라면 더 자주 만나야 할 것이고, 무엇을 하고 써야 할 것인가를 자기가 알아서 할 수 있는 단계에서는 그 횟수를 줄여도 될 것이다.

담당 지도교수가 너무 바쁘거나 논문의 성격상 두 사람 혹은 그 이상의 지도교수가 임명될 때도 있다. 예컨대 논문 중 연구 쪽은 한 교수가 맡고 방법론은 다른 교수가 지도하는 식이다. 또는 잘 아는 분야별로 두 사람이 나누어 할 수도 있다. 공동 지도교수(co-supervisor, group supervisors)라고 부른다. 그런데 이 때는 교수들끼리 서로 호흡이 잘 맞아야 하므로 쉬운 일이 아니다. 어떤 교수들은 지도하는데서 상치되는 경우가 생길 수 있다는 이유로 거절한다.

과거에는 외국학생의 지도를 꺼리는 외국 대학교수들 때문에 문제가 생기곤 했다. 지도하기 힘들고 시간을 빼앗기기 때문에 또는 말은 안 하지만 인종적 이유까지 개입될 수 있다. 물론 이런 사정은 서로 다른 언어와 문화의 문제와 복합된다. 그런데 근래에는 사정은 많이 달라진 것 같다. 학자들 사이에 국제문제에 대한 관심이 커지고 또 비교연구의 사례도 많아져서 다른 나라 학자나 학생의 지도가 자기 연구에도 도움이 된다는 인식이 퍼졌기 때문이라고 본다.

미국대학의 국제정치, 국제경제 관계 교수들이 좋은 예이다. 이들은 자기 연구의 일부로써 한국에 대해 관심이 크므로 한국학생이 오겠다면 환영을 하는 것이다. 호주국립대학의 잘 알려진 한 교수도 좋은 예이다. 그는 호주의 아시아 지역 진출 방안에 대해 호주 정부에 자문을 할 수 있는 몇 안 되는 학자이다. 한국문제에 대해서도 지대한 관심을 갖고 있는 그는 교환교수로 오는 한국의 학자나 한국문제를 연구하는 박사과정 한국 유학생을 환영하는 입장이다. 시드니대학에서는 한국의 노사관계에 관심이 있는 교수 아래 한국 유학생들이 이 분야의 박사과정을 밟고 있다. 또 대학이 정부의 돈으로 운영되는 나라의 대학교수 자리는 수요에 따라 유지되므로, 지도할 학생이 많다는 것은 자신에게도 이익이 된다.

과거와는 달리 지금은 박사학위를 받아도 대학교수 자리를 얻기 어렵다. 그러므로 연구를 빨리 끝내는 일에 못지 않게 연구하는 동안 장래 취업을 준비하는 것이 점차 중요해지고 있다. 학생이 연구 중에 각종 국제 학술대회와 세미나에 참석하고 발표를 한다면, 연구에 자극이 될 뿐만 아니라 해당 분야의 학자들을 알게 되며 장래 그 분야로 진출하는 데 도움이 된다. 연구 도중 해당 분야의 최고 학술지에 논문을 여러 편 발표했다면 학교에서 자리를 얻는 데 큰 도움이 된다. 학생이 성의 있는 교수를 만나 공동으로 학술지에 기고하게 된다면 큰 힘이 될 것이다. 한국 유학생들이 실험을 주로 하는 자연과학 분야에서 박사학위를 끝낸 뒤에도 귀국하지 않고 「post-doctor」 과정을 모색하는 추세가 늘어난 것도 같은 맥락으로 이해할 수 있다.

5. 학위논문의 유형

학문은 현상을 줄여서 설명하기 위한 지적 활동이라 할 수 있다.

자연현상은 우주만큼 넓고 사회현상은 인간이 서로 모여 하는 일과 관계만큼이나 복잡하다. 이렇게 넓고 복잡한 현상을 눈에 보이는 대로만 기술하거나 말하는 것은 불가능할 뿐만 아니라 문제해결을 위해 실용가치가 없다. 그런 현상을 지배하는 원칙을 줄여서 제시할 수 있어야 한다. 이것이 이론이다.

이론의 정립을 가장 잘 해 주는 것이 과학성이다. 과학성은 동일한 조건에서는 언제나 동일한 결과가 나오는 이치이다. 물리와 화학 교과서가 다루는 것은 모두 그런 과학성이다. 수소 2와 산소1이 합하면 물이 된다($H_2+O=H_2O$). 이 두 요소가 일정한 조건 아래서 합치면 언제나 물이 된다. 언제는 되고 언제는 안 된다면 그것은 과학이 아니다. 수소와 물의 일정량이 결합하면 물이 된다는 간단한 공식은 현상을 과학의 원리로 최대한 줄여서 설명한 예이다.

과학성은 사회현상에도 그대로 존재한다. 사람이 배가 고프면 도둑질할 가능성이 높아진다. 다른 조건이 같다면 열심히 공부하는 사람이 좋은 결과를 낸다. 거기에 과학성이 있다. 그러나 그 과학성은 그렇게 철저하지 못하다. 굶어 죽어도 도둑질하지 않는 사람도 더러 있다. 확률적으로 그렇게 된다는 것뿐이다.

모든 사회현상을 과학적으로 설명할 수 있으면 좋겠지만 그렇지 못한 것이 현실이다. 현상이 과학의 대상이 될 수 없어서 그럴 수도 있고, 과학의 대상이 되는 경우에도 현재 가능한 방법론으로는 과학적 분석이 어렵기 때문에 그런 것이다. 대부분 사회현상이 여기에 속한다.

다시 정리해 보면, 자연과학 분야는 이론의 과학화가 잘 되는 쪽에 속한다. 이 분야의 현상은 실험실에서 실험해 볼 수 있기 때문이다. 인문분야(humanities) 가운데서도 신학, 철학, 문학, 미학, 정책 등의 분야는 가치와 인간의 정서를 연구대상으로 하므로 과학화가 불가능한 쪽에 속한다. 인생의 목적은 무엇이고 인간은 어떻게 살아야 하는가 같은 철학과 신앙의 문제를 과학으로 설명할 수 없다. 정책도 그렇다. 사회주의는 모든 사람이 재산을 비슷하게 가져야 한다고 보는데, 이것을 과학으로 설명할 수는 없다.

과학의 대상이 되는 사회현상도 과학적 설명이 어려운 이유는 여러 가지다. 첫째로 사람을 실험의 대상으로 하지 못하기 때문이다. 실험의 대상이 된 경우에도 인간관계의 분석은 사람의 마음을 분석하는 것인데, 실험으로 알아 낼 수 있는 사항은 아주 한정되어 있다. 둘째로 사회현상은 현재뿐만 아니라 과거와 관련을 맺고 있다. 역사를 과학화하기가 어려운 이유는 과거에 있었던 현상을 재현지켜 실험할 수 없기 때문이다.

학위논문의 유형을 말하면서 과학성을 설명하는 특별한 이유가 있다. 가치와 정책분야를 빼고는 대부분 학문의 방법론은 설명의 과학화를 위해 쓰이는 기술이다. 그러므로 연구대상이 과학적 분석을 어느 정도 허용하느냐에 따라 사용할 연구방법론이 달라지고 또 그 결과를 보고하는 논문의 성격과 형식도 달라짐을 알 수 있다. 논문제목도 물론 이 점을 고려하여 정해야 한다.

다음은 몇 가지 연구유형을 예로 들고 더 구체적인 안내를 해 보겠다.

(가) 설명적 연구(explanatory studies)

과학적 설명은 앞서 물의 예처럼 원인과 결과의 관계(산소와 수소는 원인, 물은 결과)를 밝히는 것이다. 인과관계(causal relations)의 규명이다. 원인을 알면 문제의 해결책을 알게 된다. 그런 의미에서

122

연구방법 가운데 으뜸이다.

독감은 특정 바이러스가 인체 내에 침투함으로써 발생한다. 그러므로 이 바이러스의 정체를 알면 그 예방책과 치유책이 나올 수 있다. 원인과 결과의 대상이 되는 내용을 변수(변인, variables)라고 부르는데, 바이러스는 원인으로서 변수(독립변수)이고 감기는 결과로서의 변수(종속변수)이다. 그러므로 설명적 연구는 변수 간의 인과관계를 밝히는 방법으로 수행한다.

감기의 경우 원인은 크게 말해서 바이러스다. 그러나 대개의 경우 원인인 변수는 복합되어 있다. 그러므로 어느 한 가지만이 원인이라고 단정할 수 있으려면 모든 변수들을 서로 격리할 수 있어야 한다. 실험(laboratory experiment)이 하는 일은 주로 그런 격리작업이다. 앞서 사회현상을 실험하기 어렵다고 하는 것은 그런 격리작업이 어렵다는 말이다. 사회과학에서도 실험실 연구가 없는 것은 아니다. 가령 같은 여건에 있는 아동들을 두 집단으로 분리하여 수용하고, 한쪽은 그대로 놓아두고 다른 쪽에는 어떤 원인을 제공한 후 어떤 차이가 있는지를 실험하는 것이 그것이다. 이 때도 변수의 완전분리는 어려워서 어떤 결과가 나와도 절대적인 단정을 하지 않는 것이 보통이다.

비자연과학 쪽에서는 사회과학이라고 불리는 사회학, 심리학, 교육학 등 분야에서 위와 같은 방법으로 자료를 얻을 수 있을 때 비슷한 연구를 시도하거나 그것(두 집단으로 나누는 실험)마저도 어려울 때는 두 집단으로 구분될 수 있는 사람들을 찾아가서 설문지로 물어 실험과 같은 효과를 내는 것이다.

사회현상을 대상으로 하는 설명적 연구도 그 결과를 보고하는 논문의 형식은 과학적 실험의 경우와 같이 일정하다. (a) 연구의 의의, (b) 관련 문헌 개관(literature review), (c) 가설의 설정, (d) 자료수집, (e) 자료분석, (f) 결과 보고와 해석 등의 순서로 한다.

가설은 연구에 앞서 미리 내린 결론이다. 검증되지 않은 채 내린 결론이다. 이 때 연구는 자료를 모아 분석하고 그 가설이 맞는가 여부를 검증하는 식으로 진행된다. 수소 둘과 산소 하나가 합쳐 물이 된다($H_2 + O = H_2O$)는 가설은 실제 그런 변수를 조작해 보고 물이 나와서 가설이 증명되어 이론이 탄생한 것이다. 그런 가설 때문에 연구가 흩어지지 않고 한 방향으로 나갈 수 있다.

(나) 상관관계 연구(correlational studies)

복합된 채 존재하는 변수를 분리하지 못하여 인과관계를 증명하는 것이 어려울 때, 한 변수를 원인이라고는 할 수 없지만 변수 간에 적어도 관계가 있다고 볼 수 있다. 나아가 중요한 원인일 수 있다고 암시할 수도 있다.

「까마귀 날자 배 떨어진다」는 속담이 있다. 이 때 까마귀가 나는 것과 배가 떨어지는 것은 일단 상관관계로 볼 수 있다. 그러나 이 때 까마귀가 원인은 아니다.

미국의 흑인과 백인 학생의 학업성적을 비교하여 백인 학생의 점수가 훨씬 높은 것으로 나타났다고 하자. 이 때 인종과 지능지수의 두 변수 간에는 상관관계가 있지만 그렇다고 해서 곧 인종이 원인이라고 단정해서는 안 된다. 이 두 집단 간의 서로 다른 사회·경제적 여건(상류층인 백인 가정의 자녀는 영양섭취도 잘 하고 과외공부도 했다는 등)이 거기에 작용하고 있을지 모른다. 그러므로 인종이 원인이라고 단정할 수 있으려면 변수인 사회경제적 차이를 통제(격리)할 수 있어야 한다. 흑인과 백인 학생들의 가정환경이 같다는 전제가 입증되어야 한다는 것이다. 텔레비전의 폭력장면을 많이 보는 아동이 난

폭하다고 해서(두 변수 간에 상관관계가 있다고 해서) 텔레비전을 원인이라고 단언할 수 없다. 성장과정에서 얻은 다른 요인이 숨어 작용하고 있을 수 있다.

설명적 연구와 상관관계 연구는 거의 수량적 연구(quantitative studies)이다. 원인과 결과가 되는 변수를 수량적으로 잴 수 있어야만 동일한 조건에서 동일한 결과가 나오는지 아닌지를 증명할 수 있기 때문이다. 이런 연구를 실증적 연구(empirical studies)라고도 한다. 수량적 분석은 당연히 통계적 분석이 된다. 그리고 상관관계 연구도 수치를 가지고 과학화를 지향하는 만큼 설명적 연구와 비슷한 절차와 논문쓰기 형식을 따른다.

아래 논문제목들은 모두 최소한 상관관계 연구임을 알려준다. 변수 간 상관관계가 있어서 한쪽이 원인(또는 일부 원인)일 가능성이 있다고 시사할 뿐이다.

(a) 집단압력이 개인의 판단의 수정 및 왜곡에 미치는 영향(Effects of group pressure upon the modification and distortion of judgements)

(b) 북쪽 도시지역 서민층 결혼에 있어서 흑백인종 간 차이(Negro-white differences in blue-collar marriages in a nothern metropolis)

(c) 멕시코계 미국인과 기타 인종적 정체성의 함수로서의 사회적 거리감(Social distance as a function of Mexican-American and other ethnic identity)

(d) IQ논쟁 : 인종, 지능, 교육(The I. Q. argument : race, intellegence, and education)

(e) 교육과 소득의 격차로 본 사망률(Education and income differentials in mortality)

(f) 교육, 읽고 쓰는 능력과 발전과정에 참여행위(Education, functional lteracy, and participation in development)

(g) 신문구독 행위의 예측요인으로서 정보의 유용가치(Information utility as a

predictor of newspaper readership)

(h) 어머니의 취업이 자녀에게 미치는 영향(Effects of maternal employment upon children)

(i) 감정이입과 효과적 커뮤니케이션의 관계(The relation of emphathy to effective communication)

(a)의 경우 「집단압력(group pressure)이 개인의 판단에 주는 영향」이란 말은 전자가 후자의 원인일 가능성을 의미한다. 그런데 사람의 판단에 영향을 주는 것은 집단압력만이 아닐 것이다. 상관관계 연구는 거기까지 더 나아가지 않고 일단 끝내는 것이다.

위의 다른 연구들도 모두 인종, 결혼, 지능, 교육, 소득차, 어머니의 취업여부, 정보의 유용도, 신문구독, 사망률, 발전과정에의 참여행위, 자녀의 장래, 효과적인 커뮤니케이션 등 변수 간의 관계를 모두 연구대상으로 삼고 있다. 이 때 그 관계가 한쪽이 원인이라고 단정할 만큼 과학화가 완전하다면 설명적 연구이고 그렇지 않으면 상관관계 연구가 된다. 그러나 위의 연구제목들의 성격으로 볼 때, 이 변수가 일부 원인으로 작용하고 있을 것이라는 점을 예측케 하는 상관관계 연구가 주종이 될 수밖에 없다.

(다) 탐색적 연구(exploratory, formulatory studies)

이미 언급한 대로 과학적 연구는 가설을 설정하고 그것을 증명하는 방법을 택한다. 그런데 가정은 아무렇게나 설정하는 것이 아니다. 그런 가정을 내릴 만한 근거가 있어야 한다. 기존의 문헌, 연구결과와 이론이 그런 근거가 된다. 앞서 말한 연구절차 가운데 관계문헌에 대한 개관은 바로 근거를 제시하기 위해 필요한 것이다. 그런데 기존의 연구가 없어 가정마저 내리기 어렵다면 어떻게 해야 할까.

126

　탐색적 연구는 비교적 잘 알려지지 않은 어떤 문제, 현상, 관계에 대해 일차로 탐색하기 위해 하는 연구이다. 이런 기초조사와 연구를 거쳐 자료를 얻은 다음에야 가설을 세울 수 있고 설명적 연구가 가능해진다. 여기서의 탐색은 제1장에서 공부의 한 가지 접근방법으로 말한 탐구와는 좀 다르다. 제1장의 탐구는 지식의 수동적인 습득이 아닌 능동적인 탐구란 뜻이었다.

　상관관계 연구도 넓게는 탐색적 연구에 포함시킬 수 있을 것 같다. 설명적 연구에 앞선 기초단계가 될 수 있기 때문이다. 큰 실증적 연구에 앞서 개념규정을 위해 하는 조사도 탐색적이라 할 수 있다. 여기 (a) 불평등의 이해(Toward understanding of inequity)와 (b) 한국 가족의 성격(The nature of the Korean family)이라는 제목의 논문들을 예로 들어보자. (a)의 경우, 한국사회의 불평등성에 대한 설명적 연구를 하고자 하는데 불평등에 대한 개념마저 애매할 정도라면 먼저 이에 대한 예비 조사와 연구가 필요하다. 그것이 탐색적 연구다. (b)의 경우, 한국사회와 가족에 관련된 어떤 구체적 가정을 가지고 연구를 하고자 할 때, 한국의 가족제도에 개괄적인 연구가 없으면 이것부터 먼저 해야 할 것이다.

　(라) 사례연구(case studies)

　과거에 일어난 사건, 운동, 현상, 사회변화 과정 등 사실을 자세히 기술함으로써 그 속에서 어떤 변수 간의 관계와 가정 또는 주장을 증명하려는 연구다. 인물에 대한 연구도 여기에 포함시킬 수 있다. 박정희 전 대통령 개인에 대한 연구 또는 한국의 경제발전과 근대화에 있어서 그의 기여에 대해 연구한다면 사례연구가 될 수밖에 없다. (a) Mao's War with the Chinese family, (b) Does communal education work ? (c) The case of the Kibbutz와 같은 논문제목은 그런 연구에 속할 수 있다.

역사적 사례를 모아 보면, 한 나라의 힘이 강해져 인접국가와 힘의 균형이 깨질 때 전쟁이 일어난 것을 알 수 있다. 나치 독일의 군사적 팽창에 따른 제2차 세계대전의 발발이 그랬다. 국제정치학 연구는 대개 이런 방법을 택한다.

사례연구는 과거 사건에만 한정되지 않는다. 법률학, 경영학, 회계학 등의 분야에서 볼 수 있는 바 현재 사례에도 그대로 적용된다. 영미국가에서 법에 대한 연구는 주로 법의 적용이나 해석을 사례를 들어 연습하는 것이 보통이다. 특정 국가 경영 스타일의 특징을 밝히기 위해 대표적인 기업을 선택하여 사례를 자세히 든다면 물론 사례연구가 된다.

(마) 관찰에 따른 연구(observation studies, participant studies)

인문분야의 모든 연구가 수량적이고 과학적이어야 하는 것은 아니다. 어떤 것은 새로운 사실의 기술로 끝나도 되는 것이 있다. 이런 연구 말고도 과학화를 위한 수량적 분석이 어려운 현상에 대한 연구는 연구자의 관찰을 토대로 하게 된다.

인류문화 연구는 대부분 관찰에 따른 연구가 된다. 문화가 다른 집단 또는 한 나라 안에서도 특정 마을의 씨족들 속에 들어가 같이 살면서 이들의 생활을 자세히 관찰하고 기술하는 연구가 그것이다.

관찰자는 물론 자신의 경험과 통찰력에 의지하여 관찰한 사항을 해석하고 어떤 결론을 내거나 의미를 부여하게 된다. 그런 의미에서 관찰법은 사례연구와 가깝다. 관찰은 질문지와 면접 대신으로도 활용된다. 동물과 어린 아동들의 행태를 연구할 때도 관찰이 좋다. 질문서로 물어서 될 일이 아니기 때문이다.

　(바) 추측적 연구(speculative studies)

　국제관계, 국내정치와 국내경제 연구에서 시나리오(scenario)란 말
이 흔히 쓰인다. 북한이 전쟁을 일으킬 것인가 아닌가의 해답을 100%
과학적으로 얻을 길은 없다. 북한 지도층을 면접할 수도 없지만, 한
다고 해도 마음속을 속속들이 알 수 없다. 또 앞으로 국제정세가 어
떻게 되는가에 따라 그들의 마음도 달라질 것이다. 따라서 이 때의
분석은 여러 가지 가상(speculation)이나 전제 아래 이루어질 수밖에
없다. 이 때 「가상」의 뜻은 사색이나 탐색보다는 예측에 가깝다. 많
은 한국의 정치학자들이 남북한 문제를 이러한 방법으로 연구하여 학
위를 받았다. 많은 남북한 관계 세미나가 이런 추측적 연구에 따르고
있다. 미래학자 또는 세계적 석학으로 알려진 저명인사들이 와서 인
류 사회의 장래를 점치는 일은 전부 여기에 속한다. 그것은 하나의
시나리오이지 어떤 방법으로도 지금은 증명할 도리가 없기 때문이다.

　(사) 서술적 연구(descriptive studies)

　이 연구는 설명적 연구와 대조가 되는 연구이다. 현상의 원인을 밝
히는 것이 아니라 기술하는 연구이다. 좀더 학술적으로 말한다면 문
제의 기술(description)이고 처방(prescription)이 아닌 연구다. 그런
의미에서 철저한 과학적 방법에 따라 원인을 찾는 연구가 아닌 것은
모두 여기에 포함시킬 수 있다. 위의 (나)의 상당 부분, (다) (라),
(마)가 모두 서술적 연구인 셈이다.

　그러나 서술적 연구의 대표적인 것은 수량적이지 않은 연구다. 또
현장에 나가 자료를 수집하지 않고 책만을 이용하는 문헌 중심의 연

구도 대부분 여기에 속한다. 그러므로 국가, 민주주의, 민족, 사상, 가치, 역사, 사회문제 등 거시적이거나 실증적으로 다루기 어려운 연구는 거의 서술적 연구가 된다. 앞서 말한 것처럼 과학적 분석이 어려운 대부분의 사회과학 연구가 서술적이다. 역사적 사실에 대한 연구, 역사적 사실에 대해 반론을 제기하는 연구, 정책을 다루는 연구, 장래를 논하는 연구가 그러하다. 여기에 속할 만한 연구제목의 예를 들어보면 아래 같다.

(a) 1967년 아랍-이스라엘 간 대결 : 아랍 쪽에서 본 관찰(The Arab-Israeli confrontation of June 1967 : An Arab perspective)

(b) 인도의 계급제도 아래서의 사회 유동(Social mobility in the caste system in India)

(c) 빈민아동 : 보건, 영양, 학업 실패율(Disadvantaged children : health, nutrition, and school failure)

(d) 도시인구 이동과 인척관계(Urban migration and kinship ties)

(e) 종교의 영향을 평가한다(Assessing the impact of religion : A critical review)

(f) 3개 임의 사회단체에 대한 연구(A study of three voluntary organizations)

(g) 1970년대의 성행태(Sexual behavior in the seventies)

(g) 「퓨처 쇼크」 가설의 실험(A test of the 'future shock' thesis))

(i) 소가족제도를 위해(The case for small family)

(j) 조선의 개국 : 중국 외교에 대한 한 연구(The opening of Korea : A study of Chinese diplomacy)

(k) 한국 민주주의 실패(The failure of Korean democracy)

(l) 혁명기 농민의 역할(The role of the peasantry in revolution)

(m) 한국에서의 외국인 투자(Foreign investments in Korea)

(n) 저개발국의 장래(The future of underdeveloped countries)

(o) 1960년대의 이슈(The issues of the sixties)

(p) 언론 소유의 집중 : 미국의 경험에 대한 관찰(Media concentration : some

observations on the U.S. experience)

(q) 중국과 일본의 근대화(The modernization of China and Japan)

모두가 특정 시기, 특정 지역, 특정 분야에서 일어난 사실들을 종합하여 기술하고 있는 것이 특징이다.

(아) 비교연구, 이질문화 간 비교연구(comparative studies, cross-cultural studies)

같은 연구를 문화나 지역이 다른 여건에서 되풀이해 보는 연구(replication studies)가 있다. 가령 미국에서의 연구와 그에 따른 이론을 문화가 다른 한국에 적용해 봐서 같은 결과가 나오면 좋고, 다른 결과가 나왔을 때도 여러 가지 새로운 설명의 여지를 갖게 되어 그 이론에 기여하는 것이다. 또 서로 다른 문화와 사회 또는 지역에서의 제도와 행태 간 유사점과 차이점을 찾기 위해 비교연구를 한다.

가령 「폭동을 경험한 도시들의 사회적 특징 : 비교연구(The social characteristics of riot cities : A comparative study)」 같은 연구에서는 폭동이 잘 일어나는 지역들을 서로 비교하여 그 공통점을 찾고 있다. 그 밖에 서로 다른 국가 간 정부형태, 법제도, 행정제도, 조사제도, 회계제도, 교육제도의 차이점과 유사점을 정치학, 법학, 행정학, 회계학, 조세학, 교육학 등 여러 분야에서 비교연구한다. 문학작품, 예술작품 그리고 해당분야 인물의 비교연구도 적지 않다. 요즘 국제화 바람을 타고 해외와 한국에서 이런 비교연구가 많아지고 있는 추세이다.

(자) 철학적 또는 정책연구(Policy-oriented research)

앞서 언급한 대로 인간활동 가운데는 과학적 해석의 대상이 될 수 없는 분야가 있다. 기독교에 따르면, 이 우주와 그 안에 사는 모든 생명체가 하느님의 창조물이며 그의 원대한 계획에 따라 움직이는 것이다. 그런 하나님을 과학으로 설명할 수는 없을 것이다.

이런 연구를 필요로 하는 철학, 신학, 정책학 연구는 거의 실증적이 아니라 사유적이며, 기존의 문헌을 토대로 한 서술적 연구가 된다. 그러나 이 경우에도 연구는 역시 어떤 문제를 주장하거나 주장을 증명하기 위해 논의(argument)를 펴는 것이며, 그런 논의는 논리의 일관성을 가져야 한다. 논리의 일관성은 크게 보아 과학이다. 또 정책연구는 현실의 구체적 문제해결을 위한 방안을 제시한다는 의미에서 탁상공론식 이론의 연구보다 실용적인 것일 수 있다.

이상에서 연구방법의 여러 유형을 든 것은 석박사 과정을 시작하는 학생들의 논문제목 선정에 도움을 주기 위해서였다. 이런 여러 유형을 고려할 때 연구자는 논문제목을 택하기 전 다음과 같은 질문을 스스로 해 볼 필요가 있다. 「내가 하고자 하는 연구는 얼마나 과학화가 가능한가?」「과학화가 가능하더라도 필요한 자료를 쉽게 얻을 수 있는가?」「나는 과학적 연구방법론에 익숙한가」「통계처리 방법을 알고 있는가?」 등이 그것이다. 과학적 방법론에 익숙하지 않고 또 연구제목이 과학적이 될 수 없다면 서술적인 방법을 택하는 것이 안전하다.

지금도 마찬가지지만, 한국 유학생들은 한국인으로서의 이점을 살려 한국과 해외에서 쉽게 접근이 가능한 자료를 바탕으로 연구제목을 정하는 편이었다. 특히 사회학, 인구학, 언론학 분야에서는 자료수집이 비교적 쉬운 현지 한인사회를 이용하여 하는 연구가 많아졌다. 또 많은 유학생들이 한국의 특정 분야에 대해 자기가 알고 있는 지식을 이용하여 유학하고 있는 나라의 제도 또는 현황과 비교하는 연구를 하기도 한다.

실증적 연구 가운데는 자료를 자신이 수집하지 않고 이미 남이 모아 놓은 것을 가져다가 분석하는 것도 있다. 그렇게 하면 시간과 노력을 크게 절약할 수 있다. 이 때 이미 남이 한 방법과 다르게 분석을 한다면, 그것이 연구의 공로(기여)가 된다. 경제학 분야에서 박사학위를 받은 상당수 한국 유학생들이 한국은행과 재정경제원이 갖고 있는 과거의 자료를 재분석하는 연구(second analysis)를 했다. 그 밖에도 한국에서 각 분야에 오랫동안 실무자로 있던 사람이 그런 경험을 이용하여 정책연구를 해서 논문을 쓴 경우가 많다.

해외 유학 성공의 조건 — 호주의 사례를 중심으로

1. 유학은 태도변화부터

호주의 교육수출 진흥정책의 목적은 단지 외화획득에만 있는 것이 아니라, 외국학생과 학자들과의 긴밀한 교류를 통해 호주 교육제도를 국제화하고, 대학교들로 하여금 유학생을 유치하는 데 유럽이나 미국의 유수한 대학들과 경쟁하게 함으로써 그 연구 및 교육의 질을 세계 수준으로 유지하자는 데도 있는 것이다.

호주와 거리가 가까운 싱가포르나 인도네시아의 호주 유학생은 이미 미국 유학생의 수를 앞질렀다. 이는 오랫동안 동양인들로부터 등한시되었던 호주의 교육수준이 세계적으로 인정받고 있다는 증거로, 호주 정부도 이에 고무되어 유학생들을 위한 각종 정책들을 개발·채택하고, 대학교도 그 나름대로 이질문화권의 유학생들을 어떻게 효과적으로 교육할 것인가 고민하고 있다.

　호주 정부와 교유기관들의 이러한 태도는 유학생들에게 더할 수 없이 좋은 성공의 기회를 제공하고 있다. 각 대학교마다 유학생을 전담하는 부서가 따로 있고, 비영어권 학생들을 위한 영어강좌가 매학기 열리는가 하면, 교수들은 영어가 모자라고 문화가 틀린 학생들에게 어떻게 하면 강의를 효과적으로 이해시키고 단순한 문화적 차이 때문에 부당한 평가를 받지 않게 할 것인가 고심하고 있다. 유학환경이 이처럼 바람직하므로, 유학생활의 성공 여부는 전적으로 유학생 자신에게 달렸다고 할 수 있다.

　유학생들은 유학생활 중에 부딪칠 각종 난관들을 미리 파악하고, 이를 극복할 효과적인 방법을 찾아 내어 익히고 적용하는 것이 중요하다. 호주 정부나 교육기관들이 아무리 유학생을 위한 제도나 기구를 설치하고 도우려고 노력하더라도, 학생 스스로가 찾지 않고 이용하지 않으면 아무런 도움도 되지 않을 것이다.

　한국 유학생들이 부딪치는 어려움은 크게 영어문제, 문화적 차이, 교육 시스템의 차이 등 세 가지로 나누어 볼 수 있다.

　외국생활을 하는 데 언어의 중요성은 언급할 필요조차 없다. 유학을 오기 전까지는 영어를 배우는 그 자체가 공부의 일부였는데, 당장 영어로 공부를 해야 하니 그 어려움이 얼마나 크겠는가. 듣고, 말하고, 읽고 쓰는 데 모두 어려움을 느낄 것이다. 영어문제는 물론 영어가 평소 쓰지 않던 언어라는 데서 발생하지만, 그 외에도 호주 영어는 한국에서 배운 영어와 액센트나 인토네이션이 틀리고, 같은 의미라도 다른 단어를 쓰는 경우가 많기 때문에 더 어렵다고 하겠다. 더욱이 입을 크게 벌리지 않고 빠르게 말하는 호주인들의 습관 때문에 더 듣기 힘들 때가 많다.

　문화적인 차이 역시 유학생활을 어렵게 만드는 것 중 하나인데, 영어가 어느 정도 해결되고 난 다음에도 이 문제는 끈질기게 남아서 괴롭게 만든다. 호주 친구와 사귀기 힘들고 교수들을 어떻게 대할지 모르겠다는 것은 부차적인 어려움이다. 유학생활에서 문화적 차이 때문에 겪어야 하는 근본적인 어려움은, 다른 문화에서 비롯된 가치관과 사고방식의 차이다. 가치관의 차이는 똑같은 행위나 사실을 평가하는 기준이나 문제를 해결하는 접근방법에서도 차이를 가져온다. 동양학생들은 가치관의 차이 때문에 자신이 아주 중요하게 생각하는 질문이나 의견도 가끔 무시당하는 경우를 맞게 된다. 호주학생들의 하찮아 뵈는 대답이 칭찬을 받는가 하면, 시시한 의견을 놓고 오랫동안 설왕설래 하는 것을 지루하게 들어야 하는 경우도 있다. 이러한 일들이 몇 번 계속되면, 학생은 자신감을 잃고 입을 다물게 되어 튜토리얼이나 세미나에도 적극적으로 참여하지 못하고 겉돌게 된다. 이 문제는 학생들이 시험답안이나 리포트를 작성하는 데도 걸림돌이 된다.

호주의 대학교육 시스템은 여러 가지 면에서 한국과 다르다. 한국은 대개 학사학위를 취득하는 데 4년이나 걸리지만, 호주는 학과에 따라 틀리기는 해도 대개 3년이면 된다. 3년의 공부를 끝내고 4년째 「Honours 코스」를 성공적으로 마친 학사는 보통 학사와 다르게 평가된다. Honours 과정을 우수한 성적으로 마친 학생은 원할 경우 석사과정을 거치지 않고 바로 박사과정으로 편입할 수 있고, 사회에서도 인정을 받는다. 학생들은 한 학기당 평균 네 과목을 신청하는데, 한 과목은 주당 2~3시간의 강의와 1시간의 튜토리얼 또는 실습으로 구성된다. 평가방법은 담당교수에 따라 틀리지만, 대개 한 시간 정도의 학기 중간고사, 1~2건의 리포트 또는 프로젝트, 그리고 3시간의 학기말 시험을 종합하여 평가한다. A, B, C 또는 High Distinction,

Distinction, Credit 등의 최종 성적이 여기서 나온다. 어떤 과목은 학생들로 하여금 주어진 주제를 연구해서 세미나를 통해 다른 학생들 앞에서 발표하고 토론하게하여 성적의 일부로 반영하기도 한다. 튜토리얼이나 세미나는 학생들이 강의시간에 궁금했던 점들이나 혼자서 이해되지 않는 부분들을 자유로이 질문하고 자신의 연구결과를 발표하며, 다른 학생들의 문제점이나 해결방식을 청취할 수 있는 시간이다. 이는 특히 유학생들에게 도움이 되어야 하지만, 언어문제나 문화적 차이에 따른 자신감의 상실로 제대로 활용하지 못하는 것이 현실인 것 같다. 이 때문에 교육 시스템의 차이 그 자체를 파악하는 것은 그리 어렵지 않다고 해도, 효율적으로 활용할 수 있으려면 언어문제와 문화적인 차이를 극복하는 것이 우선이다.

유학생들이 원하기만 한다면 도움을 받거나 활용할 수 있는 제도와 자료들은 수없이 많다. 스스로 이러한 도움을 구하는 학생들에게는 큰 도움이 될 것이지만, 그렇지 못하면 아무런 쓸모가 없을 것이다.

세상 모든 일이 그렇듯이 성공의 열쇠는 유학생 본인의 마음가짐에 달려 있다. 다음에 제시한 몇 가지 사실들을 이해하고 생활에 반영할 것을 권한다.

• 호주는 영어를 사용하는 나라다

이 당연할 말을 왜? 그러나 다시 한 번 생각해 보라. 영어를 쓰는 나라에서는 당연히 영어로 강의하고 시험을 볼 텐데, 그것에 대비하고 있는가. 분명히 호주에서 생활하고 있지만 영어로 생활하고 있는가.

간혹 유학생들의 부모 중에는 호주에 보내 놓기만 하면 학위는 받지 못하더라도 영어만큼은 익숙해지겠지 하고 생각하는 사람들도 있다. 그러나 그들이 잘 모르고 있는 것은 영어를 한 마디도 하지 않고서도 생활이 가능하다는 점이다. 음식에서부터 호주의 사정을 듣는 것까지 영어 없이도 다 해결할 수 있다. 친구들과 어울려 다니는데도 영어가 필요없다. 학생이 노력하지 않으면, 한국에서 영어학원을 보내는 것만도 못한 결과를 초래할 수도 있는 것이다. 영어실력과 공부의 성패 여부는 밀접한 관계가 있는데, 공부에 실패한 학생이 영어를 배우는 데 열중했을 리 만무할 것이기 때문이다.

불편하더라도 영어가 필요한 곳을 찾아 나서고, 어색할 테지만 호주 친구들과 사귀려고 노력하는 것이 언어문제를 해결하는 첩경이다. 한국 친구들을 사귀는 것이 나쁘다는 의미가 아니라, 호주를 배우고 영어를 익힌다는 의미에서 잠시 자존심이나 불편함을 잊자는 뜻이다. 공부를 하는 것도 아니고 호주를 알려는 것도 아니라면, 호주에서의 유학생활은 인생의 낭비에 불과하다.

● 모든 게 룰에 의해 결정되며 예외란 없다

누구나 어릴 때 한 번쯤은 학교가 불타서 며칠 수업을 하지 않았으면 좋겠다고 생각했던 적이 있을 것이다. 어릴 때는 어려서 그렇다지만, 자라서까지 그런 변칙을 기대해서는 곤란하다. 그러나 우리나라 사람들은 어른이 되어서까지도 이런 변칙을 바라는 행태만 바뀌었을 뿐 그 기대를 완전히 버리지 않는 경우가 많다. 사회가 이러한 태도를 바꾸려고 노력하지 않은 탓일까.

대학에서는 휴강, 직장에서는 의외의 보너스가 이러한 기대를 채워준다. 우리는 이러한 변칙, 기대 밖의 일들에 너무 익숙해져 있다. 따라서 유학생들도 처음에는 약간 느슨하고 불규칙적인 대학생활을 기대하고 학습계획도 그렇게 잡는 경향이 있다. 그러난 호주의 대학생활이나 사회생활에서는 불가항력인 경우를 제외하고는 예외가 없다. 3~4년 전에 짜 놓은 학사일정이 어김없이 그대로 적용된다. 교수들은 개강 첫 시간부터 강의를 시작하고, 학기 중에 혹시 강의를 할 수 없는 경우가 있으면 다른 교수에게 강의를 부탁하여 학기 초에 배부한 강의계획표에 차질이 없도록 한다. 따라서 유학생들은 강의계획표가 그대로 지켜지기 힘들겠지 하는 느슨한 생각을 버리고 처음부터 긴장된 자세로 강의에 임하는 것이 중요하다.

* 호주는 감정보다는 냉정한 이성이 지배하는 나라다

가끔 동양학생들이 교수를 찾아가 감정에 호소는 경우가 있다. 『집에서 돈을 보내줘서 공부하는데, 이번 학기에 졸업하지 못하면 면목이 없습니다. 이 과목만 패스하면 되는데, 사정을 봐 주실 수는 없겠습니까?』

이 정도면 우리들 정서로는 용납될 만한 일이다. 그러나 이곳 기준으로 이런 학생은 여러 가지 잘못을 저지르고 있는 것이다. 우선, 「특수한 사정에 대한 고려 신청(Application for special consideration)」의 의미를 잘못 이해하고 있다는 것이다. 특수한 사정에 대한 고려 신청이란, 자신의 힘으로 어쩔 수 없는 상황으로 시험을 치를 수 없거나 잘 보지 못했을 때 재시험 기회를 달라는 의미이다. 가정이나 개인의 딱한 사정을 고려해서 채점을 후하게 해 달라는 신청이 아닌 것이다. 그런 중요한 사정이 있다면, 더욱 열심히 공부해서 안전하게 통과하는 것이 학생의 본분인 것이다. 교수는 이럴 경우, 학생이 자신의 도덕성을 저버리고 불공정한 평가를 호소하는 것으로 받아들여 동정하기보다는 불쾌하게 여길 것이다.

• 창의력이 무엇보다 중요하다

교수들이 출제하는 문제 중에는 명확한 정답이 없는 것들이 많다. 학생들의 비판적 시각과 논리의 전개능력을 보자는 것이다. 흔히 동양학생들 중에는 강의 중에 예를 들면서 문제를 해결하는 방식만 가르치고 정답을 꼭집어 말해 주지 않으면 불안해 하는 경우가 있다. 암기능력을 중시하고 선생의 의견을 비판 없이 받아들이는 교육방식에 익숙해진 학생들로는 당연한 반응이라고 여겨진다. 그러나 이 차이를 하루빨리 깨닫고 자신을 둘러싼 울타리를 뛰어넘어 자유로운 사고를 하는 사람이 되기 전에는 호주 학생들과 경쟁하기가 무척 어려울 것이다.

• 머리에 든 것도 재산이다

우리는 실물로 만져지지 않는 것은 재산으로 여기지 않는 경향이 있다. 예를 들어, 컴퓨터 소프트웨어는 돈을 들이지 않고도 손쉽게 복사하면 되니까 그것을 만든 사람들의 노력은 아랑곳하지 않는다. 그러나 그 소프트웨어는 우리가 돈을 꼭 지불하고 사는 하드웨어와 다를 바가 없다. 하드웨어를 만드는 데 돈과 시간, 노력이 들어가듯 소프트웨어를 개발하는 데도 마찬가지다. 소프트웨어의 가격도 하드웨어와 마찬가지로 그 개발에 든 비용과 투자자의 이윤을 고려하여 책정된 것이므로 지불하는 것이 당연한 것이다.

따라서 다른 사람이 연구해 기록해 둔 것(책, 논문)들을 아무렇게나 원용해서는 안 되는 것이다. 그 책과 논문을 쓰기 위해 저자는 수많은 시간과 노력을 투자했을 것이므로, 그 결과도 당연히 저자의 것이다. 그 내용을 논문이나 리포트에 인용하였다면 꼭 그 출처를 밝혀야 한다. 이곳 교수들은 다른 사람의 글을 출처를 밝히지 않고 인용한 리포트나 논문을 죄악시한다. 마찬가지 이유로, 친구의 것을 일부 복사한 리포트가 발각될 경우에는 보여 준 학생이나 그대로 써먹은 학생이나 공히 낙제하게 된다.

● 호주는 누구나 할 말을 다하고 사는 나라다

호주 사람들은 누구나 자신의 의견을 두려움 없이 표현할 권리가 있다는 믿음이 강하다. 우리들이 처음 보기에 굉장히 불손하다고 느껴지는 얘기들도 시간이 지나고 보면 단순한 의사표시였음을 알게 되는 때가 많다. 문제는 우리가 그러한 의사표시에 익숙하지 않기 때문에 불쾌하게 느끼고, 때로는 가슴에 응어리로 남아 호주가 싫어지고 호주 사람까지 싫어지게 된다는 점이다. 물론 호주 사람들 중에는 정말로 불손한 사람들도 있다. 그러나 모든 사람이 자기 할 말을 다하고 사는 만큼 다수의 의견이 중시된다. 학교의 교무회의에서부터 나라의 정책까지 모든 것이 다수의 의견에 따라 결정되고 실행된다. 대다수 호주 사람들에게 호감이 간다면, 소수의 극단적인 생각을 가진 자들은 그리 신경쓰지 않아도 된다는 뜻이다. 실질적으로 그런 사소한 것들에 신경을 쓰게 되면 자신의 발전에 일말의 도움도 되지 않을 것이다.

낯설고 말도 어색한 이국에서 어떤 학위든 성공적으로 받기 위해서는 불굴의 투지와 끈질긴 노력이 있어야 한다. 학위를 취득하기까지 기간도 길고 간섭하는 사람들도 없기 때문에, 유혹을 뿌리치지 못하고 도중에 주저앉기 쉽다. 심한 경우에는 학업을 포기할 뿐만 아니라 타락하는 학생들도 수없이 많다. 수시로 자신을 성찰하고 마음을 가다듬는 것이 중요하다.

공부를 왜 해야 하는가 하고 곰곰히 생각하기 시작하거나 교수의 얼굴을 대하는 것이 싫어질 때, 강의나 튜토리얼에 들어가는 것보다 친구의 사소한 일을 돕는 것이 더 중요하다고 느껴질 때는 주의해야 한다. 유학생활의 위기를 알리는 증후들이다.

호주는 학교공부뿐만 아니라 그 밖에도 배울 것이 많은 나라다. 아까운 시간을 허송하지 않고 적극적인 자세로 열심히 노력하면, 학위 말고도 좋은 것을 더 많이 배우게 될 것이다.

2. 외국 대학에서의 사제관계

언어와 문화가 다른 곳에서 태어나고 자란 학생들을 가르치는 데는 물론 여러 가지 문제가 있겠지만, 특히 필자처럼 유교문화권에서 기본교육을 받은 사람이 이곳 학생들을 지도할 때는 문화적 갈등을 겪게 된다. 군사부일체(君師夫一體)는 아니라고 해도 인간적인 정감마저도 느끼지 못한 상태에서 가르치고 배운다는 것이 무미건조하고 허무하게 느껴지는 때가 있는 것이다.

그러나 다른 한편으로 생각해 보면, 정감이란 무엇인가? 교육자의 공정한 평가를 흐릴 수도 있는 사사로운 감정은 아닌가? 정당한 실력보다는 사제 간의 인간관계에 따라 학력을 평가받고 장래를 보장받는 부조리의 이면에는 「정(情)」이 있다는 사실도 부정할 수만은 없지 않을까?

동양의 「교육(敎育)」이나 서양의 「Education」은 모두 「지식을 전수하고 바람직한 품성을 기를 수 있도록 도움을 준다」는 의미에서 다르지 않다. 그러나 그 구체적인 목적과 방법을 살펴보면 서로 많이 다르다는 것을 발견하게 된다. 교육의 구체적인 목적이 다르다는 것은 물론 문화와 그에 따른 가치관이 서로 판이하다는 사실에 기인한다. 어떤 품성이 바람직하고 무엇이 사회에 필요한 지식인가 하는 것이 그 사회의 여건과 가치관에 따라 결정된다는 뜻이다.

그러나 이러한 목적의 차이는 중등교육까지는 뚜렷하다고 할 수 있으나 대학교육에 이르면 사실상 유야무야하게 된다. 학생들이 선택할 수 있는 전공분야만이 조금씩 다를 뿐, 그들의 품성을 변화시킬 교육의 단계는 이미 지났기 때문이다. 따라서 이 목적의 차이는 외국 대학에서 강의하는 이들이 겪는 어려움과는 무관하다고 하겠다.

결과적으로, 글머리에 던진 화두(話頭)는 동서양의 교육방법의 차이를 고려해야 그 실마리를 찾을 수 있을 것 같다. 동양과 서양의 교육방법의 차이는 스승과 제자가 서로를 어떻게 인식하는가의 차이에서 비롯되는 것 같다. 동양에서는 일단 가르침을 받는 자는 스승으로부터 전문지식뿐만 아니라 그 인격도 전수받아야 하는 「아랫사람」으로 인식되는 반면, 서양에서는 동등한 인격체로서 상호계약에 따라 교육이라는 서비스를 받는 「소비자」로 인식된다. 그래서 동양에서는 인격을 바탕으로 한 규범교육이 중시되는 반면, 서양에서는 학생들이 필요로 하는 지식을 얼마나 효율적으로 전수하는가 하는 교수의 기능성이 강조된다.

스승이 훌륭한 본보기가 되었을 때, 가르침이 가장 효율적으로 이루어질 수 있다고 믿는 동양사회에서는 자연히 스승과 제자 사이에 상하관계가 형성되고 가르침이 곧 은혜로 인식된다. 그리고 그것은 곧 스승에 대한 존경심으로 이어진다. 그러나 동등한 인격체들 간의 계약에 의한 서비스 정도로 교육을 인식하는 서양사회에서는 학생들에게 교수의 인격까지 존경할 마음이 생길 것을 기대하는 것은 마른 밭에서 벼가 나기를 기다리는 것 같다고 하겠다. 물론 가르치는 사람

144

의 입장에서는, 단순한 실력뿐만 아니라 인격적으로 학생들의 존경을 받는다면 흐뭇한 일일 것이다.

그러나 객관적으로 볼 때, 스승의 모범에 가르침을 크게 의존하는 방법만이 좋다고 할 수 있을까? 잠시 언급했었지만, 두 가지 방법이 모두 장단점이 있어서 어느 한 가지가 절대적으로 좋다거나 나쁘다고 단정할 수는 없는 일이다.

스승의 인격이 교육의 바탕이 된다는 우리들 방식의 단점은 무엇일까? 그것은 스승도 인간인 이상 완전할 수는 없다는 진리를 무시한다는 것이다. 배우는 이들의 복지를 가르치는 사람의 개인적 판단과 인격에 일임할 뿐, 그것을 제도적으로 견제하는 수단이 거의 없다. 이럴 경우 어떤 문제가 발생하는가는 우리의 정치제도를 생각해 보면 금방 알 수 있다.

절대권력은 절대 부패한다고 하지 않던가. 힘이 있는 곳에는 항상 그 힘의 덕을 보고자 하는 이들의 유혹이 따르기 마련이고, 힘을 가진 자는 그 집요한 유혹을 뿌리치기가 어려운 것이다. 뿐만 아니라 가지면 과시하고 싶은 것이 힘이다. 과시욕이 상대방의 외양을 중시하게 되고, 그로부터 받은 느낌이 감정으로 이어져 객관적인 판단을 어렵게 한다. 그러한 사고가 아직도 한국사회에서 거침없이 통용되고 있음은, 사법적 판결에도 소위 「괘씸죄」라는 것이 공공연히 적용되는 것을 보면 알 수 있다. 생각할수록 불합리한 일이다.

이와는 반대로, 서양제도의 단점은 인간이라면 필연적인 감정을 무시하고 제도와 역할만을 강조함으로써 무미건조하고 고독한 사회를 만든다는 것이다. 그들은 사회의 모든 문제를 제도와 법률로 해결할 수 있다고 착각하고 있다. 한두 사람이 못된 짓을 하면, 사회 전체 구성원들을 법률로 얽어 놓는다. 이런 까닭으로 스승과 제자는 물론 가족 간의 관계에도 냉랭한 법망이 드리워져 있다.

선생과 부모조차 경계하고 조심해야 할 대상이 된다면, 아이들은 누구로부터 무엇을 배워야 한다는 말인가. 물론 제자를 희롱하는 선생이나 자식을 학대하는 부모가 없다는 것은 아니다. 그러나 대다수 선생과 부모는 선량하지만 어쩌다 나쁜 경우가 있다고 교육하지 않고, 어느 선생이나 부모라도 상황에 따라 괴수로 변할 가능성이 있는 경계의 대상이라고 가르치는 데 이들의 잘못이 있는 것이다.

서양학생들을 가르치는 동양인 선생들을 괴롭히는 것은 이런 두 사회의 현격한 차이만이 아니다. 가끔 동양인 교수들이 본국으로 돌아가는 것을 본다. 물론 개인에 따라 차이가 있겠지만, 학생들로부터 「예우」받지 못하는 섭섭함이 큰 작용을 하는 것 같다.

그러나 사실을 객관적으로 보면, 이러한 섭섭함도 자기중심적인 사고에서 비롯된 것임을 알 수 있다. 공정한 대우를 받아야 하는 학생들의 입장과 힘과 과시욕이 야기하는 부조리를 놓고 보면 학자적 양심으로 섭섭하다고만 할 수 없을 것이다. 이들이 흔히 다시 되돌아오는 이유도, 이곳에서는 미처 보지 못했던 불합리함을 그들의 고국에서 뒤늦게 발견한 때문이라고 생각된다.

서양의 대학에 몸담고 있는 동양인 교수들은 동서의 장점들을 잘 결합함으로써 이곳 출신 교수들보다 더 만족스러운 사제관계를 유지할 수 있을 것이다. 그 비결은 서양제도의 공평성을 철저히 유지하면서도 그에 어긋나지 않는 한도 안에서 학생들을 엄하게 꾸짖고 자상하고 성심껏 돌보는 것이다. 학생들이 교육의 소비자로서 바라는 것 이상의 서비스를 제공받았다고 생각할 때, 스승에 대한 존경심이 자연스럽게 우러나온다. 사회의 전통적인 관행에 의한 형식적 예우보다는 학생들 마음에서 우러나오는 존경을 느낄 때 보람이 더 큰 것은 물론이다. 거기에 인간적인 따스함이 부담없이 전해진다면 더 바랄 것이 없지 않겠는가. 이러한 것은 배우는 과정에 있는 유학생에게도 마찬가지로 적용된다. 어떤 사회에서 태어나고 자랐든 인간은 누구나 따뜻한 피가 흐르는 존재다. 내 마음이 먼저 열리고 따뜻해질 때, 저들의 마음도 차갑고 이질적인 싸개를 비집고 포근한 모습을 드러낸다.

인종차별이 심각한가

1. 인종차별의 전설

유학생활을 어렵게 만드는 것 가운데 하나가 고독이다. 외국에서 느끼는 고독감을 향수(homesickness)라고도 한다. 그리운 것은 두고 온 사람들 때문만이 아니다. 고향과 낯익은 길거리도 생각난다. 이런 고독감은 이민을 해서 외국에 나와 사는 한국인들의 수필, 시 등에 예외 없이 잘 나타난다.

향수와 고독감이 자기와 친숙했던 사람과 주위환경의 박탈에서 오는 공허감이라면, 그런 감정의 정도는 새로 접하게 된 현지 사회의 분위기에 따라 크게 달라질 것이다. 일반적으로 그런 감정은 새로 살게 된 곳이 이질적인 문화권일수록 더하다. 미국, 캐나다, 호주 같은 백인사회에서 살다가 일본에만 와도 내 집에 온 것 같다고 말하는 한국사람이 많다. 또 주재국의 주민들이 친절해서 자신들을 따뜻하게 맞아 주고, 그래서 그들 속에 잘 섞일 수 있다면 그만큼 심리적 갈등은 덜하다.

일시적인 관광이 아니고 오래 살기 위해 해외에 나오게 되면, 사람들은 우선 이질감과 혐오감을 느끼는 것이 보통이다. 이 때 현지 사람들과의 관계에서 한두 번 나쁜 경험을 하게 되면 그것이 증폭된다. 자동차 접촉사고 또는 다른 일 때문에 현지인과 분쟁을 일으켜 어려움을 겪거나 경찰로부터 불친절한 대접을 받게 되면 갑자기 고향 생각이 더 난다. 영미사회에 이민 와서 사는 대부분 한국사람들이 그런 경험을 갖고 있다.

한국인이 영미국가에서 살 때 갖게 되는 고독, 실망과 후회 등을 더하는 요소 가운데 중요한 것이 흔히 느끼게 되는 인종차별 감정이다. 사람이 한 사회의 주류집단으로부터 동등한 대접을 받지 못하고 배척 당할 때처럼 슬프고 불쾌한 일은 없다. 그리고 그런 대접을 받았다고 할 때 그런 사회와 집단에 대해서 건전한 판단과 감정을 가질 수 없다.

인종차별에 대한 감각은 영어를 사용하는 국가에서 공부하는 한국 학생들의 환경을 좌우하는 큰 변수이다. 영미인의 동양인에 대한 인종차별 감정과 유학생들이 느끼는 불쾌감은 현지 사회에 적응하는 것을 어렵게 만들며, 그럼으로써 유학의 성공 여부에 큰 영향을 준다. 이 장은 그런 이유 때문에 따로 마련한 것이다.

영미국가 사람들이 현지에 와서 사는 동양사람들에게 불만을 갖거나 혹은 비난하는 데는 이들이 통상적으로 주류사회에 섞이지 않고 끼리끼리만 어울린다는 것이 있다. 동양인에 대한 그러한 비난이나 불평에 일리가 없는 것은 아니지만, 그들이 미처 생각하지 못하는 것도 있다. 남과 어울린다는 것은 한쪽이 마음대로 할 수 있는 일이 아

·니다. 상대방도 같은 마음이 있어야 한다. 그렇지 않으면 짝사랑이 될 뿐이다. 한국인 이민자가 현지 백인들과 친숙해지자면 먼저 몇 갑절 더 노력해야 하는 것이 현실이다.

이 장은 영미국가로 유학을 가고자 하는 학생들에게 인종문제에 대한 좀더 균형 있는 감각을 갖게 하기 위한 것이다.

백인 위주의 서구사회에 반동양적 정서가 있는 것은 사실이다. 그러나 그것이 과연 어떤 것인지 그 실체를 다만 몇 마디로 단정하는 것은 위험하다. 역사적으로 그 정도가 달랐고, 지금도 상황에 따라 다르기 때문이다. 인종문제에 대한 우리의 지식과 시각은 대개 남의 말을 듣고 형성된다. 또는 극히 한정된 자기 경험을 바탕으로 판단하게 된다. 그런 지식과 시각과 판단은 너무 단순한 것이 보통이다. 따라서 과장되기 쉽다.

인종차별이란 과연 무엇인가? 동물은 같은 종족끼리 무리를 짓고 산다. 같은 모습을 하고 있어야 서로 섞이고, 다르게 생기면 미워하는 생리를 타고난 것이다. 유유상종(類類相從), 미운 오리새끼, 「같은 깃털의 새끼리 모인다(Birds of a feather flock together)」 같은 속담은 이런 점을 이른 말이다. 이러한 「무리의 법칙」은 인간사회에도 그대로 적용된다. 사회학자 말대로 「같은 모습을 한 사람이면 좋아하고, 달리 생긴 사람이면 이상하게 대한다(The more they are like us, the more we like them. The more they are unlike us, the we wonder about them)」.

영미국가에는 여러 인종이 모여 산다. 출신 국가별로 하면 100개국이 넘지만, 백인 중심의 영미사회에서 피부색과 생김새 때문에 두드러져 보이는 인종은 역시 동양계, 아프리카 흑인, 인도계 등이 아닌가 한다. 요즘 영미국가에서 고등학교 주변을 가보면 재미있는 현상을 보게 된다. 동양계 학생, 인도계 학생, 백인계(그 가운데서도 영국계) 학생들이 삼삼오오 무리를 지어 따로 움직이는 것이다.

오늘날 미국, 영국, 캐나다, 호주 등 영미국가에는 제도적인 인종차별이 없다. 다문화, 다인종(multicultural, multiracial)으로 이룩된 이들 국가들은 법 또는 국가정책 선언으로 인종, 성별, 종교에 따라 차별하지 않는다고 명시하고 있다. 호주, 캐나다 같은 나라는 다문화주의(multiculturalism) 철학을 국가정책으로 받아들여 어느 한 문화의 지배를 배척하며, 이질 문화권에 온 사람들의 문화를 존중하는 것을 원칙으로 한다. 한 발 더 나아가 인종차별 행위를 제재하는 법적 장치도 있다.

그러나 인종차별은 사람들의 마음 속에 있다. 그래서 눈에 보이지 않게 또는 법규에 걸리지 않게 교묘히 정책에 반영되는 것이다. 그렇게 본다면 제도를 봐서 인종차별의 유무를 따지는 것은 무의미하다. 법과 제도가 인간관계의 모든 영역, 특히 국민의 정서까지 다루는 것은 아니기 때문이다.

영미사회의 인종차별은 얼마나 심각한가? 그리고 사실인가? 영미인(앵글로 색슨)들의 마음 속에 도사린 동양인에 대한 생각과 감정은 어떤 것일까? 현지인들에게 그런 점을 물어 봐도 알 수 없다. 누구도 솔직한 대답을 하지 않을 것이기 때문이다. 일상생활에서 이들의 구체적 행위를 관찰함으로써 나름대로 어떤 결론을 얻을 수밖에 없다.

필자는 이 문제를 객관적으로 다루기 위해 아래에서 먼저 (a) 분명히 인종차별 감정이라고 느끼게 하는 사례와 그렇지 않다고 느끼게 하는 사례를 들어 독자들에게 현장감을 주고, (b) 인종문제와 결부되는 여러 상황을 분석해 보며 (c) 인종차별과 관련된 이 같은 영미사회의 분위기에 대한 기술을 토대로 한국 유학생들에게 도움이 될 만한 몇 가지 구체적 결론을 도출해 볼까 한다.

2. 인종감정은 언론을 보면 안다

영미사회에 살면서 갑자기 「나는 여기에 속한 사람이 아니로구나」 하고 실감하게 될 때가 더러 있다. 밤에 달리는 차 속에서 걸어가는 동양인을 향해 소리치는 백인 젊은이들을 볼 때가 그렇다. 대개 불량 청소년이거나 이민을 반대하는 일부 극우파 단체에 속한 사람들의 소행으로, 흔하게 일어나는 일은 아니지만 막상 당하고 나면 여간 언짢은 것이 아니다. 주로 밤에 그런 일이 주로 일어나는 것을 보면 현지인들의 마음을 읽을 수 있다. 얼굴을 마주 대하고 말을 하지는 않지만, 마음 속에 강한 인종적 감정이 있다는 확실한 증거라고 할 수 있다.

한국 부모들이 「잘못 왔구나」 하고 처음으로 가슴 아파하는 때가 있다. 새로 입학한 어린 자녀를 교실에 남겨 두고 집으로 돌아올 때이다. 생김새가 전혀 다르고 말도 통하지 않는 현지 아이들 속에서 철모르는 한국아이는 큰 고통과 충격을 경험하게 된다. 아이들은 시간이 지남에 따라 영어를 배우고 친구도 사귀면서 새 생활에 익숙해지지만, 나이가 들면서 자신이 다르다는 사실을 점점 느끼게 된다.

호주아이들은 동양인이면 어느 나라를 따지지 않고 가끔 차이니즈(중국인) 또는 칭총이라고 부른다. 「칭총」은 인종차별이 심했던 1900년대 현지인들이 미국, 캐나다, 호주에 이민 온 중국사람들을 다소 멸시하여 부르던 호칭이다.

호주 언론의 보도내용은 인종문제에 대한 호주인들의 마음을 알 수 있는 또 하나의 바로미터가 된다. 호주 현지 라디오 방송의 「토크 쇼 (talk show)」는 시청자들을 전화로 방송과 연결해서 어떤 주제를 놓고 대화를 하도록 하는 프로그램이다. 흔한 주제 중 하나가 이민문제이다. 이 프로를 들어보면, 이민과 이민자에 대한 현지인들의 태도를 잘 알 수 있다. 상당수의 호주인들 특히 노인층은 동양 사람을 불쾌하게 여긴다. 「동양인 이민을 너무 많이 받는다」「동양인은 실업문제를 악화시킨다」「들어오자마자 실업자 수당으로 산다」「병을 옮겨온다」같은 불평이 쏟아져 나온다. 그 토크 쇼에 전화를 건 참여자는 이름을 밝히지 않는다. 그래서 더 솔직한 심정을 털어놓는다.

영미국가들은 다른 나라에 자선을 베푸느라 이민을 받아들이는 것은 아니다. 자신들의 이익을 위해 이민을 받아들인다. 이들 국가들은 한 가지 공통점을 갖고 있다. 인구의 급속한 고령화와 인구증가율의 둔화가 그것이다. 이민으로 인구를 늘리지 못하면 일할 사람이 줄어든다. 그러나 대다수 일반 국민은 그런 깊은 내용을 잘 모른다.

시드니 근교의 카브라마타 지역에는 유명한 「베트남 촌」이 형성되어 있다. 호주에서 가장 큰 신문사인 「시드니 모닝 헤럴드(The Sydney Morning Herald)」는 이 지역에 대해 자주 보도하는데, 마약이나 갱, 범죄 등 부정적 측면을 강조하는 것이 보통이다. 언론의 이러한 미묘한 태도 외에도 동양인 이민을 노골적으로 반대하는 단체와 인사들이 있다.

호주 재향군인회(RSL)는 전통적으로 동양 이민을 환영하지 않는 단체이다. 한국전쟁 등 해외에서 참전했던 퇴역군인들로 구성된 단체가 이런 태도를 취하는 것은 약간 의아한 일이지만 사실이다. 요즘 호주에서 이민을 반대하는 것은 곧 동양 이민을 반대하는 것을 의미한다. 미국, 호주, 캐나다, 뉴질랜드에 들어오는 이민자 가운데 동양인의 비율이 현저히 높아지고 있기 때문이다. 이들이 이민을 반대할 때는 물론 인종 때문이라고 하지 않는다. 예컨대 한정된 사회간접자본이 급격한 인구증가를 감당할 수 없다든가, 땅은 넓지만 강우량이 적어서 많은 인구가 살 수 없다는 이유를 내세운다.

호주의 역사학자인 제프리 블레이니(Jeffrey Blainey)는 동양 이민 또는 호주 속의 동양인에 대해 이따금 달갑지 않은 말을 하는데, 그럴 때마다 호주사람들에게 상당한 영향을 주는 것으로 잘 알려져 있다. 멜버른의 모나시대학 사회학 교수인 로버트 비렐(Robert Birrell)은 이민문제 전문가로서 이민을 대체적으로 반대하는 사람이다. 이들의 발언은 호주의 일간지에 대대적으로 보도되는데, 아마도 그들견해가 호주사람들의 취향에 들어맞기 때문이라고 생각된다. 얼마 전 호주의 오지에서 선출된 초선(初選)의 여성 국회의원이 반동양적 발언을 공개적으로 했다. 이것이 언론에 연일 크게 보도되면서 대다수 호주 국민이 지지를 보내는 듯하여 이 나라가 다시 인종차별주의 국가로 돌아가는 것 같았으나 아직 그 귀추는 두고볼 일이다.

한 한국인이 아파트에 세를 살다가 아이들 문제로 아랫집과 자주 마찰을 빚었다. 이 한국인은 정부가 무료로 운영하는 법률자문서비스 사무실(legal service)을 찾아가 의논했다. 그러나 변호사는 베트남사람들이 많이 사는 지역으로 이사를 가는 것이 어떠냐고 했을 뿐이었다. 이 변호사의 말은 여러 가지로 해석할 수 있지만, 왜 백인들이 주로 사는 곳에 끼여들어 말썽이냐는 뜻도 된다.

반면 호주 사회가 「그만하면 괜찮고」 호주사람들은 「우리나라 사람보다 더 친절하다」고 느끼게 하는 사례도 많다. 특히 우리나라에서 늘 겪는 사회적 지위에 따른 차별대우를 생각하면, 호주사람들은 양반이라는 생각을 하게 된다. 해외에 나와 본 많은 한국인들이 한국에 사는 화교를 예로 잘 든다. 한국사회가 이들에게 했던 것에 비한다면 백인들은 훨씬 덜 인종차별적이라는 것이다.

시드니 북동부는 바다를 끼고 있는 고급 주택가로, 이곳에 거주하는 홍콩인과 한국인이 눈에 띄게 늘고 있다. 미국의 맨해튼에는 흑인이 많이 사는데, 대도시에서 벌어질 수 있는 온갖 범죄가 다 일어난다. 잘 사는 사람들은 이곳을 피해 강 건너 코네티컷이나 뉴저지 주에 가서 산다. 이 지역에서는 백인들이 흑인에게 집을 팔지 않았기 때문에 그들만이 모여 살았다. 과거 미국인의 이런 태도에 비한다면, 호주와 뉴질랜드 사람들은 「양반」이다. 동양인들에게 집을 팔 수 없다고 고집하는 백인은 드물다.

한국 유학생들은 동양인이기 때문에 집을 얻기가 어렵지 않을까 걱정한다. 그러나 곧 그것이 기우임을 알게 된다. 여기 복덕방은 고객의 인종을 따져 집을 팔거나 세를 주지 않는다. 다른 조건이 같다면 먼저 온 사람 순서대로 집(방)을 주는 것이 관례이다. 다른 조건이란 임대료를 잘 낼 수 있을 것인가, 아이들이 많은가 등이지 인종이 무엇인지 가리는 일은 드물다. 특히 부동산 경기가 침체된 요즘은 부동산업자나 소유주 모두 사람을 빨리 들이고 집을 팔려고 노력하므로 누구인가를 따지는 일은 없다.

이민자나 외국 여행자 길을 물으면 인종에 관계없이 도와주려고 애쓰는 호주인들을 많이 볼 수 있다. 자신이 잘 모르면 지도(street map)를 가져와서까지 가르쳐 준다. 고급 주거지역에서 밤에 자동차가 고장나 서 있으면 도와 줄 것이 없느냐고 물어 오는 사람도 있다. 물건을 살 때나 다른 서비스를 받을 때도 상냥하게 대해 주는 호주인들을 보면 인종차별이란 듣던 것처럼 심각하지 않구나 하고 생각하게 된다.

3. 고급 주택가에 산다면?

사회현상은 참으로 복잡하다. 어떤 인간관계를 지배하는 요인을 따져 보면 한 가지가 아니고 여러 가지가 실타래처럼 엉켜 있다. 짐짓 원인처럼 보이던 것도 실은 그렇지 않은 경우가 많다. 인종차별 현상에 대해서도 같은 말을 할 수 있다. 백인들이 동양인들을 푸대접하는 것이 다만 인종적인 감정 때문만이 아니라는 것을 알게 된다. 반대로 인종적인 이유 때문에 그러는 것이 분명하지만 이를 감추고 엉뚱하게 행동하는 때도 있다.

여기서는 인종차별 감정과 섞이는 제3의 요소들을 찾아 분석해 볼까 한다. 먼저 차별의 요인으로서 인종과 사회·경제적 차이가 어떤 관계를 갖는가 보자.

같은 민족끼리도 차별이 있는데, 대개는 사회·경제적 차이에 따른 것이다. 어느 나라에서나 많이 배우고 좋은 직업을 가져서 부자로 사는 사람들과 그렇지 못한 사람들이 있으며, 이들 상이한 집단 간에 차별감정과 갈등이 있기 마련이다. 부자들, 고학력자들, 고위직에 있는 사람들은 그들대로 동질감을 느끼고 따로 논다.

사회적 계층과 행동양식 간에는 밀접한 관계가 있다고 한다. 예외가 있기 마련이지만 사회·경제적으로 지위가 낮은 노동자 계층 (working class)은 오늘만을 바라보고 산다. 먼 장래를 위해 현재를 희생하고 준비하는 행동양식이나 생활철학이 희박하다. 그렇기 때문에 무책임할 수 있고 공중도덕이 희박하다. 범죄율도 높다. 호주 원

주민인 아보리지니(Aborigine) 가운데는 대낮에도 만취해 길바닥에
쓰러져 있거나 아무데나 침을 뱉는 모습을 쉽게 볼 수 있다. 물론 그
들이 그렇게 된 데는 여러 가지 사회적 이유가 있겠지만, 그것은 이
책에서는 논외의 일이다. 문제는 부유한 사람들은 가난한 사람들을
낮추어보고 이들과 잘 섞이지 않으며 따로 논다는 것이다. 말하자면
인종차별이 아니라 인간차별이다. 인종차별 대우를 받는다(또는 과거
에 받았다)는 미국의 흑인과 호주의 아보리지니를 보면서 자업자득이
라고 평하는 한국인들을 볼 수 있는데, 이 때 서로 다른 피부색과 행
동양식 가운데 어느 쪽이 더 문제인지는 분명치 않다.

이민자 전부가 현지인들보다 더 못 배우거나 가난한 것은 아니다.
그러나 영미국가의 이민 역사를 보면, 나라에 따라 다르기는 하지
만, 대개 자국에서 못사는 사람들이 많이 건너왔고, 그렇지 않은 경
우라도 언어와 문화 차이 때문에 기존의 학력과 전문기술을 인정받지
못함으로써 사회·경제적으로 낮은 계층을 형성하는 것이 사실이다.

원래 게토(gehtto)라는 단어는 미국에서 사회·경제적으로 낮은 생
활을 하는 흑인들이 모여 사는 도시 빈민가를 의미했다. 지금은 비슷
한 처지의 이민자들이 모여 사는 지역을 포함해서 쓰이고 있다. 이러
한 이민자 집단의 사회·경제적 특징 때문에, 인종차별은 현지인들의
고정관념(stereotype)을 낳는다. 중국인은 더럽다, 유태인은 돈밖에
모른다, 이탈리아인과 그리스인은 정직하지 못하다 등 사람들의 마음
속에 뿌리 박힌 관념이다. 그리고 현지 TV 연속극과 같은 것이 사람
들의 이러한 고정관념을 부추기는 것도 사실이다.

서양인들은 동양인들이 일반적으로 법을 잘 안 지킨다는 인식을 갖
고 있는데, 물론 여기에도 일리가 있다. 한국을 포함하여 대개의 아
시아지역의 사회상을 보면 영미국가에 비해 준법정신이 약하다. 아시

아의 대부분 개발도상국에서 모범적인 자동차 운전 매너는 찾아보기 어렵다. 그래도 크게 지탄을 받지 않는 분위기이다. 통행인들에 대한 조심성도 없다. 이런 지역에서 영미지역으로 이민와 살게 되면 처음에는 자기도 모르게 실수를 하기 마련이다. 많은 동양인 이민자들이 이곳에서 운전하면서 지리나 운전법규를 잘 모르거나 또는 준법정신이 약해서 규칙을 어기는 경우를 보게 된다. 그럴 때 아주 상스럽게 욕하는 현지인들이 있다. 이 경우 인종적 편견과 다른 요소가 섞인 것이라고 말할 수 있다.

영미사회에 사는 한국인들은 다른 이민자 그룹에 비해 학벌이 높다. 베트남, 캄보디아, 유럽 이민자 그룹에 비해서는 물론이고 현지 백인에 비해서도 그렇다. 그러나 한국인은 학벌과는 관계없이 영어 때문에 현지사회에 적응하는 것이 늦고 일반적으로 고급 직업을 갖지 못하고 산다. 식당, 청소업 같은 품위 없는 소규모 자기사업이 많다. 사회·경제적으로 낮은 계층을 형성하면서 특정 지역에 모여 사는 경향이 있다. 그럴 때 부당한 차별대우를 받게 될 확률은 커진다.

필자가 한때 살았던 멜버른은 시드니에 비해 최근 들어온 동양 이민자가 적다. 도시는 아직도 전통적인 영국적 기풍이 많이 남아 있다. 여기에서는 신호등이 없는 한산한 거리에서도 차가 사람보다 우선하여 달리는 일은 드물다. 사람이 길을 건너면 차가 서서 기다려 준다. 또는 보행자에게 먼저 지나가라고 손짓한다.

시드니는 이와는 좀 다르다. 운전하다가 약간 실수를 하면 뒤에서 소리를 지르는 사람이 있다. 동양 사람들이 가지고 들어온 국제 운전면허증이 허위로 드러나거나 현지에서 돈을 주고 운전면허시험을 치르는 사건이 발생하여 감독을 강화한 일도 있었다. 동양인에 대한 인종차별이라는 면에서 두 도시를 비교한다면 멜버른이 훨씬 살기 좋다. 이런 예도 한 이민자 집단에 대한 이미지가 인종차별과 얼마나 밀접한가를 알 수 있다.

사회·경제적 차별이 인종차별의 뿌리가 될 수 있다면 역으로 사회·경제적 동질성이나 일체감이 인종적 감정이나 이질감을 극복하게 해 줄 수도 있을 것이다. 백인 전문의가 같은 진료과목을 맡은 동양인 전문의와 직업이 전혀 다른 백인 중 누구와 더 가깝게 지낼 것인가를 예측하기는 어렵지 않다. 역사적으로도 혈통에 관계없이 왕족끼리는 친숙했던 사실을 지적할 수 있다. 이런 예들은 계급 간 동질성과 인종 간 이질성이 어떤 연관을 갖는가를 잘 보여준다.

외국에서 살다 보면 현지 백인들도 자기들 사회에 대해 소외감을 갖고 사는 층이 있음을 알게 된다. 이런 사람들 중 일부는 인종이 다른 이민자와 더 잘 섞인다. 자기 처지와 같은 이민자가 다른 계층 백인들보다 더 친근감을 주는 것이다. 호주에서는 아보리지니 원주민의 인권투쟁이나 반아시아 이민 움직임에 대항하는 운동에 서민층 백인이 늘 끼어 있다. 반대로 서민층 백인 가운데는 돈 있는 이민자들에게 오히려 인종차별(reversed discrimination) 대우를 받는다고 불평하는 사람들도 있다.

인간관계를 결정짓는 요소는 사회가 고도로 산업화되고 다양화됨에 따라 피부색, 외모에서 다른 것으로 확대될 것이다. 각 개인의 취미, 가치관, 이해관계, 주거환경 등이 그것이다. 재벌, 정치인, 스포츠맨, 군인, 문인 등 현재 또는 과거의 직업적 배경이나 또 골프, 요트, 승마, 바둑, 등산 등 취미생활 때문에 다른 나라 사람들과 친교를 맺고 지내는 것이 그 예이다. 직업, 취미, 기호 등의 공통의 관심이 인종을 초월하는 예라고 하겠다.

4. 끼리끼리 모인다

한 나라에 오래 살아도 거기서 경험하는 일들은 제한될 수밖에 없다. 외국에서라면 훨씬 더 그러하다. 일시 방문자가 인종차별 같은 문제에 대해 의견을 갖게 되는 데는 외국에서 누구와 만났고 무엇을 했는가가 중요하다. 그런데 외국에서 누구를 만나 무엇을 하고 어떻게 지냈느냐는 역시 그가 외국에서 누린 사회·경제적 지위와 관계가 있다.

영미사회에서도 잘사는 사람이 주로 모여 살고 따라서 집값이 비싼 고급 주택가가 있다. 이런 지역에 있는 학교는 좋은 학교군에 속한다. 집안이 좋은 아이들이 다니기 때문이다. 물론 그 반대는 나쁜 지역, 나쁜 학교군이 된다. 이렇게 서로 다른 지역에 사는 주민들이 어떤 특징을 갖는가를 짐작하는 것은 어렵지 않다. 괜찮은 지역에 사는 사람들은 대개 정치인, 의사, 변호사, 기업가, 회사 중역 등 전문인과 부자들이며 교양과 여유가 있다. 이들은 인근에 살게 되는 유색인종에 대해도 사회·경제적으로 서로 같다는 정서를 갖고 친절하게 대한다. 그러므로 외교관, 주재 상사, 교환교수 등 자격으로 해외에 나가 이런 지역에서 살다 온 한국사람들은 인종차별에 대한 감각이 다를 수밖에 없다.

외국에 살면 「돈이 역시 좋구나」라고 느낄 때가 많다. 고급 주택과 자동차, 그 밖에 비싼 물건을 살 수 있으면 적어도 일시적으로는 귀빈 대접을 받기 때문이다. 그러므로 부유하여 여가나 즐기는 사람과 호구를 위해 하급 직종에 종사하는 사람이 보는 외국사회는 크게 다를 수밖에 없다. 이민자이기 때문에 자격에 상응하는 전문직종을 외면해야 하거나 이른바 3D업종에 속하는 직장에서 어렵게 지낼 때 자연히 굴욕감을 갖게 되는 것은 어쩔 수 없는 일이다.

인권을 존중한다는 영미사회지만, 이민자가 주로 모여 일하는 공장에 가면 이 사회의 통념으로 봐서는 상상할 수 없는 푸대접을 받는 일이 흔하다. 일부 백인들이 영어가 서툴러서 자기 주장을 제대로 하지 못하고 굴종하는 이민자들을 다루면서 이런 습성에 길이 든 것이다.

영미국가에서는 계장급 공무원, 은행 대리와 그 밖에 기업이나 작업장의 매니저와 수퍼바이저는 우리와 달리 고등학교 출신인 경우가 많다. 이런 사람 가운데는 좋은 사람도 있지만 힘없는 이민자들을 멋대로 부리는 사람도 많이 있다. 컴퓨터 프로그래머, 간호원, 그 외 기능공으로 이민을 와서 일하는 한국인 가운데 불평등으로 보이는 대우(임금, 진급, 작업량 등)와 직장에서의 불편을 견디지 못해 자영업을 시작하거나 그것도 힘들어서 한국으로 돌아간 사례가 적지 않다. 그런 사람들은 틀림없이 이런 나라들이 대단한 인종차별적이라고 주장한다.

5. 이해관계에 따른 인종차별

이해관계가 인종차별주의에 어떤 영향을 미칠까. 이것은 자기 이익에 대한 고려가 어떻게 진심과 다르게 행동하게 만드는가의 문제이다. 인간은 누구나 이기주의적이다. 그리하여 사물과 현상을 자기 이익을 중심으로 보게 되어 있다. 다른 인간집단, 인종에 대한 이해와 감정도 이해관계와 얽혀 있을 수 있다.

호주 노동조합의 지도층은 동양인의 대량 이민을 늘 반대한다. 열악한 작업환경을 마다하지 않는 외국노동자가 들어오면 조합원들의 지위가 약화될 것이기 때문이다. 현재 호주 정부는 동양 지역에서 받는 의사, 간호원, 변호사, 회계사, 약사와 기타 여러 고급 기술직에 대한 자격을 인정하지 않고 있다. 그리하여 자격인정(qualification recognition) 문제가 이민정책의 쟁점으로 남아 있다. 내세우는 이유야 물론 다른 지역에서 받은 교육과 훈련이 자기들의 필요와 수준에 못 미치거나 맞지 않기 때문이라지만, 그 내면에는 일부 해당 분야 종사자의 이해관계가 미묘한 인종감정과 복합되어 있는 것이다. 반면 새로 들어오는 이민자들을 구매력 증가로 보는 기업가는 이민자의 피부색 여하가 그다지 중요하지 않을 것이다. 구매력과 노동생산성이 최대 관심사인 기업주에게 이민은 필요하다. 특히 주택건설업과 자동차생산업계는 이민 숫자에 민감하다.

한국을 드나들면서 비즈니스를 잘 하는 미국인 기업가, 일본말을 잘하는 미국인 기업가가 자기 나라에 있는 한국인, 일본인을 불친절하게 대할 것 같지 않다. 세계 제일의 경제 대국으로 부상한 일본은 요즘 영미 각국에서 찬양과 시기의 대상이 되고 있다.

호주의 이름난 관광지인 골드 코스트(Gold Coast)의 호텔, 위락시설들은 대부분 일본인의 자본으로 개발되었고 또 이곳 경제는 일본인 관광객 때문에 급속히 발전되었다. 이 도시개발에 반발하고 일본인을 미워하는 사람들은 주로 개발의 혜택에서 소외된 현지 노년층과 서민들이다. 이들에게 개발은 집값을 올리고 조용하던 주거환경을 해치는 저주의 대상일 따름이다. 골드 코스트는 호주에서 동양인들이 환영을 받는 곳이다. 이곳 경기가 일본 관광객들의 유입에 크게 힘을 입고 있으며 또 이들 일본인들에 대한 이미지가 좋기 때문에 반사적으로 다른 동양인들도 대접을 받는다는 것이다. 이는 사회·경제적 이유와 자기 이익이 함께 겹쳐진 경우라 할 수 있다.

외국사람들 가운데서도 무역이나 외교, 문화교류를 위해 해외에 자주 나가는 사람이 그렇지 않은 사람들보다 인종적 편견이 적다. 한때는 동양인을 싫어하다가 동양을 드나들며 사업이 번창하게 되자 친동양파로 돌아서는 경우도 있다. 동양인과 결혼하는 백인 남자가 점점 많아지고 있는데, 이런 사람들은 인종차별을 반대하는 쪽으로 행동하게 되는 것이 보통이다. 학자들도 자기 분야가 외국과 관계가 있으면 그 지역 사람들에게 더 관심을 갖고 호의적이다. 외교관, 선교사, 회사 주재원 등으로 동양 지역에 나와 지금도 그 지역에 지식과 경험을 특기로 하는 백인들의 경우도 마찬가지다.

이익이라는 변수가 작용할 때 감정과 실제 행동 간에 괴리가 일어남을 증명하는 고전적 연구가 이미 1930년대 미국에서 있었다. 사회학자 라피에르(LaPier, 1934)는 한 중국인 부부로 하여금 미국 전역에 있는 250개 호텔과 레스토랑을 자동차로 여행하면서 투숙하거나 식사를 하도록 했다. 그 후 그들이 방문한 호텔과 식당의 지배인들을 대상으로 「중국사람들이 찾아오면 고객으로 받겠는가」를 묻는 조사를 했다. 이 질문에 응답자들 전부가 실제 행동과는 다른 대답을 했다. 동양인에 대한 인종차별 감정이 드셌던 시기였지만, 자신들이 내세웠던 의견과는 달리 중국인 손님을 거절하지 않았던 것이다.

6. 에스노클래스

한 소수민족 집단이 커지면 그 안에서도 계층이 생기게 된다. 이민자 집단의 계층화 현상이다. 고든(Gordon, 1964)은 이 계층을 에스노클래스(ethnoclass)라고 불렀다.

큰 집단을 형성하고 있는 미국 L.A 한인사회 안에서도 여러 배경이나 유사성을 중심으로 사람들이 모이고 갈라진다. 인구가 적은 시드니 한인사회와 비슷한 규모의 해외 한인사회에서는 덜하지만 그래도 그런 경향이 있다. 오래 전에 이민온 교포와 최근 다소 많은 재산을 가지고 들어온 교포가 잘 섞이지 않는다든가 주재 상사원과 공관원들이 현지 한인들과 잘 어울리지 않는 것이 그것이다.

한 집단 안에 사회·경제적 차이가 인간차별로 이어짐은 어느 사회에서나 같지만, 지위의식이 특별히 강한 한국사람한테 그런 경향이 더하다. 미국으로 이민을 한 어떤 한국인은 영미사회의 인종차별 얘기가 나오자 한국에는 차별이 없느냐고 흥분한다. 옷을 말쑥하게 차려입고 관청을 방문했을 때와 그렇지 않을 때 받는 대접이 크게 다르지 않느냐는 것이다. 이런 사회에서 자란 한국인이라면 해외에 나와서도 마찬가지다.

지난번 L.A에서 있었던 흑인 폭동은 참으로 큰 사건이었다. 이 사건은 미국의 인종적 분쟁의 극치로 묘사되었지만, 과연 순수한 인종적 갈등인가 사회·경제적 갈등인가 하는 의문을 남겼다. 순전히 인종문제라면 왜 백인끼리 약탈을 해야 하는가? 이 난장판에 약탈에 가담한 사람은 흑인뿐만 아니라 라틴계 백인들도 상당수다. 이 남미계 백인들도 백인종에 대해 불만이란 말인가? 미국에 「WASP (White Anglo Saxon Protestants)」로 불리는 백인 상류층이 있다. L.A 흑인폭동은 인종보다 사회·경제적 계층의 격차가 더 원인일 것이다.

7. 인종차별은 받아들이기에 달렸다

어떤 경우에는 인종차별을 실제 당해서 그런 것이 아니라 당사자가 속으로 그렇게 느끼는 때도 있다. 이것은 인종차별 감정이 주관적일 수 있다는 말이다. 유유상종이란 말은 이미 했지만, 백인과 동양인은 생김새가 크게 다르다. 이러한 선입견 때문에 동양인은 지나치게 백인에게 거리감이나 이질감을 느낄 수 있다.

영미사회에 처음 온 우리나라 사람들은 백인만이 탄 버스에 올라타면서 또는 백인들만이 모인 술집에 들어설 때 시선이 집중되는 것을 심히 의식하게 된다. 생김새가 다르기 때문에 처다보는 것 같아 마음이 편치 않다. 그러나 몇 년을 이런 환경에서 살다 보면 그런 느낌도 없어진다. 이런 사실로 미루어 당사자가 느끼는 주관적인 인종차별의식도 크다는 것을 알게 된다. 약 30년 전에 호주를 다녀간 동료들이 한 말이 기억난다. 호주에서는 가는 데마다 동양사람을 신기한 눈으로 처다보더라고 하면서, 그런 곳에서 어떻게 살 수 있느냐는 것이었다. 이는 스스로 느끼는 기분을 말한 것이다.

언어와 문화, 생김새가 다른 사람들과 섞일 때 마음이 편치 못하고 고립감을 느끼는 것은 사실이다. 상대방이 자신을 다르게 본다는 생각, 상대방이 어떤 말을 걸어왔을 때 충분히 설명할 수 없다는 불안이 엇갈리기 때문이다. 이런 사정을 굳이 인종차별 차원에서 해석해야 할지 모르겠다.

이런 예도 있다. 한국학생이 호주인 가정에 하숙생으로 묵고 있었다. 하루는 주인이 친구들을 초청해서 파티를 여는데 참석하지 않겠느냐고 물어 왔다. 학생은 겸양을 보이는 우리식 예절 또 언어에서 오는 어려움 때문에 애매한 태도를 보였다. 그랬더니 하숙집 주인은 한국학생이 별로 좋아하지 않는 것으로 받아들였는지 더 권하지 않았다. 그날 밤 호주사람들 여럿이 저녁을 먹으며 즐기는데, 그는 혼자 방에 틀어박혀 심한 인종적 소외감을 견뎌야 했다.

호주의 거리에 지나다 보면, 성인이건 아이건 간에 쳐다보고 무어라고 장난기 섞인 어조로 말을 던지거나 흉내를 내는 현지인을 더러 만나게 된다. 이럴 때 모욕을 당한 것이 아닌가 당황하게 된다. 그러나 알고 보면 친근하게 지내자는 뜻일 때가 많으므로 편하게 호응해 주는 아량도 필요하다.

인종차별이 주관적일 수 있는 것처럼 개인에 따라서는 인종차별이 전혀 없다고 느끼는 경우도 있다. 이민자들에게 인종차별이 어느 정도냐고 물어 보면, 그 사람의 성격에 따라 서로 다른 대답을 한다. 일반적으로 언어장벽을 못 느끼고 성격이 외향적이며 외국인과 잘 어울려서 현지사회에 사회·경제적 진출을 잘 한 이민자들은 인종차별은 없고 오히려 우리쪽에 문제가 있다고 말하는 경우가 있다. 이런 이유 때문에 현지인과의 비슷한 마찰을 겪었을 때도 어떤 사람에게는 인종차별, 다른 사람에게는 다른 것으로 받아들여진다.

한 개인이나 집단이 다른 개인과 집단을 어떻게 대하느냐는 상대적인 시각으로 봐야 할 것이다. 상대방이 완벽하여 얕볼 수 없으면 이쪽에서도 조심하고 잘하게 되는 것이 일반적인 인간관계이다. 서로 다른 인종 간에도 마찬가지다. 차별을 받는다고 느끼는 쪽이 어떤 노력과 자세로 임하느냐에 따라 상황이 많이 달라진다.

영미인들은 역사적으로 유색인종에 대해 차별을 해 온 민족이지만, 개인으로만 보면 우리보다 합리적이다. 특히 상대방이 정당한 이론을 가지고 점잖게 사리를 따지면 묵살하지 않고 듣는다. 대부분의 동양인들이 언어나 태도면에서 그런 자신감을 갖지 못하는 것이 아쉽다.

8. 유학생과 인종차별

지금까지 유학의 성패에 영향을 끼치는 환경의 일부로서 영미사회의 인종차별에 대해 이모저모를 살펴봤다. 인종차별 같은 매우 유동적이고 형체가 없는 사회현상을 몇 마디로 단정하지 않기 위해서였다. 또 이 때까지의 애기는 영미사회의 전반적 사회 분위기에 관한 것이었다. 유학생 같은 특수집단의 입장에서 말한 것은 아니었다. 아래에서는 지금까지의 전반적인 관찰을 토대로 이 지역으로 가는 한국 유학생들에게 도움이 될 만한 몇 가지를 요약해 보고자 한다.

(가) 사회·경제적 요건과 이해관계가 인종차별적 요소와 복합된다는 점은 한국 유학생에게 중대한 의미를 갖는다. 학생들은 이민자와 달라서 현지에 살러 온 사람이 아니라 배우러 온 사람이다. 따라서 정상적 상황에서는 손님 대접을 받으며 인종차별의 경험을 덜 하게 될 공산이 크다.

많은 현지인들은 유학생들이 자국의 경제에 이익이 되는 것을 안다. 이들 때문에 운영되는 어학학교에서 가르치는 교사, 홈스테이(현지 가정에서 하는 하숙) 주인들은 유학생들을 환영한다. 또 학생 쪽에서 보아도 그렇다. 외국에 살러 온 것이 아니고 공부를 마치고 돌아갈 사람이어서 관광객처럼 모든 것이 신선하게 느껴질 수도 있다.

그러나 매일 같은 집에서 주인 가족과 대하게 되는 홈스테이의 경우 서로의 문화적 차이 때문에 여간 조심하지 않으면 갈등이 생기는 것도 사실이다. 저녁 늦게 돌아오는 일, 전화 사용, 친구들을 데려오는 일, 청소 등 집안일을 전혀 돕지 않는 따위가 문제가 된다. 학비를 벌기 위해 일을 해야 하는 유학생이라면 이와 다른 경험을 하게 된다. 여기저기 직장을 찾아다니면서 몇 번이고 거절을 당하면서 차디찬 대접을 받아야 하는 유학생의 경우 「과연 내가 동양사람이어서 안 되는 것인가」 하는 의문이 생기며 생김새가 다른 자신을 의식하는 것이 정상이다.

　대부분 돈을 아껴야 하는 유학생들의 경우 방값이 싼 지역에 살게 되며, 그 결과 불쾌한 경험을 더 자주 하게 된다. 미국, 캐나다, 호주 인구의 20~30%가 비영국계 이민자들인데, 대개 이탈리아, 그리스, 남미, 중동, 동양 사람 순이다. 뉴욕, L.A, 시드니 등 대도시의 특정 지역에는 이들 이민자 집단이 모여 상가를 이루는 지역이 있으며 여기에 교양 없는 사람들이 많이 섞여 있다.

　제2차 세계대전 후 고국을 떠난 동양인이 아닌 비영국계 사람들은 대개 사회·경제적으로 어려운 층이며, 1세들은 지금도 대도시에서 비교적 집값이 싼 지역을 찾아 레스토랑이나 간이음식점 등 소규모 가게를 운영하며 산다. 이들은 처음 이민을 와서 몸소 인종차별을 경험하고 고생한 사람들이지만 동양 이민자들에게 친절하지는 않다. 시집살이를 한 시어머니가 며느리에게 더 가혹한 것과 비슷하다. 처음 외국에 와 이런 지역에서 푸대접을 받은 동양인은 틀림없이 그런 경험을 전체 사회로 확대해서 생각하게 된다.

　이렇게 볼 때 인종문제에 대한 경험과 관련하여 유학생들도 두 그룹으로 나뉜다. 학비 걱정 없이 지내다가 온 사람과 그렇지 못한 학생이다. 귀국 유학생들의 유학 국가에 대한 인상은 틀림없이 이에 따라 크게 달라질 것이다.

　(나) 앵글로 색슨 백인사회에서 인종분쟁의 대상은 원래 동양인이 아니었다. 미국에서는 주로 백인과 흑인 간의 갈등이었다. 제2차

세계대전 이후 남유럽계 이민자들이 미국, 호주, 캐나다 등지에 대거 이민해 와서 이들과 현지 백인들 간의 갈등이 인종문제에 추가되었다.

그러나 미국 흑인의 경우 수가 많고 몇 세대를 거치는 동안 미국화가 이루어졌다. 그리고 정치적 투쟁의 결과, 인종마찰이 분명 있지만 괄시받는 소수민족 집단은 이미 아니다. 영미국가로의 비영국계 백인들의 이민은 끝나고 있으며, 이들의 후손들은 현지 사회에 동화, 흡수되고 있다.

이에 비해 수적으로 열세인 동양인들은 생김새가 달라서 몇 세대가 지나더라도 현지화가 느린 것이 특징이다. 미국, 호주, 캐나다 등 영미 대부분 지역에 큰 규모의 「차이나타운」이 존재하는 것은 좋은 증거이다.

동양인들은 도시에 집중되어 있고 생김새가 달라서 쉽게 눈에 띄기 때문에 많아 보이지만 인구 비율(5% 이내)로 봐서는 미미했었다. 그러나 금년 중국으로 귀속된 홍콩, 문이 열리고 있는 중국, 이미 많이 유입된 베트남 이민자와 한국, 대만, 홍콩, 일본 등지로부터 오는 유학생이 급격히 늘어나 백인사회의 얼굴은 빨리 바뀌고 있다. 시드니에 있는 뉴사우스웰즈대학과 UTS대학 캠퍼스에 가 보면 여기가 과연 호주의 대학인가 하는 생각이 든다. 그만큼 동양계 학생들이 많기 때문이다.

지난 10여 년간 영어권 사회에 일어난 가장 큰 변화를 들라면 먼저 동양인의 급격한 증가 그리고 그에 따라 달라진 백인들의 유색인종에 대한 시각을 들어야 할 것이다.

동양사람들이 현저히 많아진 결과로 이들이 더 심한 인종차별을 받을지는 한 마디로 말하기 어렵다. 이민 초기에 한때 한인사회 식자들은 현지인으로부터 배척을 받지 않기 위해 그들 속에서 조용히 움직여야 한다는 이론을 폈다. 이들은 1년에 한 번 있는 한인회 총회를 개최느라 한인들이 거리에 모인 것을 보고 질색하곤 했다. 이런 감정은 해외에 사는 한국인 자녀들의 태도에서도 엿볼 수 있었다. 이들은 부모들이 모여 현지인들 앞에서 우리말로 우리식으로 말하고 행동하면 매우 창피하게 생각했다. 그러기에 이민사회학의 문헌을 보면 미국인들이 주위에 사는 한국인을 「invisible Koreans」── 잘 나타나지 않는 한국인, 보이지 않는 한국인, 조용한 한국인, 수줍은 한국인 정도로 해석할 수 있다 ── 이라고 표현한 것을 볼 수 있다. 이런 관점에서 본다면 동양인들이 늘어 어디서나 만원을 이룬다면 반동양인 이민 정서는 높아질 것으로 예측할 수 있다.

반대일 수도 있다. 20여 년 전에 영미국가에 이민와서 국민학교 또는 고등학교에 다닌 한국인 자녀들은 백인 급우들로부터 괴롭힘을 당하는 일이 흔했다. 같은 반은 물론이고 전교에도 한국인 친구가 거의 없어서 혼자 다니기 때문이었다. 요즘은 상황이 크게 바뀌었다. 큰 도시의 웬만한 학교에 가면 한 반에도 한국학생들이 몇 명씩 된다. 그들이 집단을 이루니 고독하지 않고 다른 인종 아이들이 짓궂게 굴지도 않는다.

영미사회의 한국사람을 포함한 동양인들의 위치도 똑같다. 집단의 힘으로 자신들의 지위를 굳건히 한다면 인종적 편견을 극복하고 어깨를 펴고 사는 것이 가능할 것이다. 영미인들은 정당한 이론을 펴고 따지는 사람에게는 귀를 기울인다. 앞서 말한 주관적으로 느끼는 인종적 감정도 알고 보면 「나처럼」 생긴 사람이 너무 적은 데서 오는 자신감의 상실이라고 할 수 있다. 그 문제는 비슷한 생김새를 가진 사람이 많아질 때 자연스럽게 해소된다. 사실 오늘 영미사회(적어도 도시)에 동양인들이 많아짐에 따라 「나만 다르다」는 느낌은 거의 없다.

(다) 미국, 호주, 캐나다, 영국 등지의 대학 캠퍼스에는 한국계를 포함하여 동양인 학생이 현저하게 늘어났지만, 이들을 표적으로 하는 인종마찰은 별로 없었다. 시드니에 있는 뉴사우스웰즈대학은 학교도 크고 동양 학생 비율이 많기로 유명하다. 호주인들의 눈에는 동양계 학생은 유학생이건 현지 거주자이건 같다. 한때 MBA, 회계학, 컴퓨터 등 인기 있는 학과에 동양학생의 비율이 많다는 현지 학생들의 불평이 보도되기도 했다. 몇 년 전 호주 정부가 유학생 전액 자비제도를 실시하여 학과의 인기도에 따라 높은 등록금을 받고 있어서 이 학교는 재정이 튼튼해졌는데, 이런 사유도 상당히 작용한 듯 그런 불평은 사라졌다.

영주자의 자녀들은 현지인과 같은 조건으로 대학에 들어간다. 동양계라고 해서 차별을 받는 일은 없다. 사립대학제도를 위주로 하는 미국에서는 타민족의 비율을 규제하기 위한 내부 쿼터가 있다는 애기가 있었다. 호주의 경우, 대학 입학은 각 주의 주관 아래 국가연합고시(뉴사우스웰즈 주에서는 HSC라고 부름)를 치러서 받은 점수와 지원한 대학과 학과의 커트라인을 중심으로 결정된다. 아직까지 동양계라고 해서 입학에 손해를 보았다는 사례는 없다.

유학생과 영주자를 막론하고 한국학생이 교수로부터 동양인이기 때문에 소홀한 대접을 받았다고 느끼는 사례가 종종 있다. 학생들은 교수가 내준 과제에 대해 자세히 물어 본다든가 하기 위해 찾아가야 하는데, 교수가 시간을 잘 내주지 않거나 별로 성의가 없다면 인종적인 차원으로 받아들일 수 있는 것이다. 시드니대학에서 경제학을 전공한 한 한국 교포학생은 이렇게 말한다. 『일부 교수들 가운데는 호주학생들에게 주로 신경 쓰고 동양학생은 약간 싫어하는 사람이 있어요.』
그러나 이런 감각 역시 주관적일 수 있다.

영미대학에서는 학기말에 학생들로 하여금 담당교수의 강의방법,
강의내용에 대한 평을 종이에 써서 내게 한다. 이런 공식적인 평가가
아니더라도 교수의 인기는 학급을 좌지우지하는 현지 백인학생들의
태도에 따라 정해질 것이므로, 교수들은 조용한 동양학생들을 소홀히
하고 백인 학생들에게 더 신경을 쓸 가능성은 크다.

유학생이 아니라 현지에서 자란 교포 대학생들도 학교 안과 밖에서
자기들끼리가 아니면 다른 동양계끼리 또는 비앵글로 색슨 백인학생
들과 친구가 되는 경우가 많다. 또 같은 백인끼리도 앵글로 색슨, 북
구, 남구, 슬라브계, 레바논계 등이 따로 노는 것을 알게 된다. 이런
현상을 굳이 인종차별 차원에서 말할 수는 없지만, 앞서 말한 것처럼
여기에도 피부색과 생김새에 따라 보이지 않는 선이 그어져 있음을
알게 된다.

그러나 이들 학생들은 생김새는 다르지만 젊음과 학문이라고 하는
공통점이 있기에 이 선이 뚜렷하다고 할 수는 없다. 이쪽에서 적극성
을 보인다면 상당 부분 극복될 수 있다. 여기서 적극적이라는 것은
그들과 같이 생각하고 행동하며, 그들에게 의식적으로 접근한다는 말
이다. 사람은 비슷해야 서로 좋아한다는 점은 이미 되풀이해서 말했
지만, 생김새는 다르더라도 행동과 사고방식이 비슷하다면 그것도 가
까워지는 길이다.

친구집단 압력(peer group pressure)이 바로 그런 것이다. 담배를
피워 물고 머리 염색을 하거나 무릎이 해진 바지를 입고 셔츠 뒷자락
을 엉덩이 뒤로 뺀 채 긴 머리를 휘날리며 다니는 동양계 유학생들의
모습을 생각해 보자. 고국에서라면 일탈로 받아들여지는 이런 행태는

청소년들의 세계적 추세를 반영한다고 할 수도 있고, 한편 젊은이로서 일체감을 갖고 또래로서 대접을 받고 싶어서 그러는 것일 수도 있다.

(라) 영미사회 안에서 동양인의 계속적인 증가는 우연한 일이 아니다. 지난 20여 년간 크게 바뀐 국제경제의 구조에 따른 결과이다. 첫째로 비영어권 유럽국가의 경제적 향상이 있었다. 이에 비해 영미국가들의 경제가 상대적으로 낙후됨으로써 과거 오래 지속된 비영국계, 유럽계 백인 이민에 의한 영미국가의 인구증가(또는 현상유지)가 어렵게 되었다. 동시에 일본과 「네 마리의 용」으로 불리는 아시아 국가들의 경제성장으로 이 지역에 대한 영미국가들의 인식이 크게 바뀌었다. 엄청난 인구와 땅을 가진 중국은 오랜 폐쇄주의에서 탈피하여 자본주의적 경제개발정책을 추진하고 있어 장래 큰 시장으로 떠오르고 있다. 불황의 늪을 헤매는 영미국가들은 성장지역으로 꼽히는 아시아와 유대를 강화하여 시장을 개발해야 살 수 있음을 잘 알고 있다. 놀라운 사실은 호주에서 보기에 먼 나라인 한국이 호주의 2대 수출시장으로 부상했다는 것이다.

영미국가 입장에서 보면 행인지 불행인지 몰라도, 아시아지역으로부터의 이민 희망자가 아직도 많아서 국익에 따라 선별적으로 받아들이고 있는 것이다. 여기서 국익이란 주로 경제적 이익이다. 이들 국가의 이민정책은 재력이 있는 자본가와 자국이 필요로 하는 전문인력을 우선적으로 받는 데 있다.

호주 정부가 호주국립대학의 가나 교수(Ross Garnaut)에게 의뢰하여 작성한 「가나 보고서」는 2000년대 호주와 아시아지역 국가들과의 관계를 전망한 중요한 문헌이다. 이에 따르면, 금세기가 끝날 때까지 한국, 대만, 홍콩, 싱가포르로부터의 이민도 그나마 줄고 주로 중국

174

대륙의 이민이 많아질 것이라고 한다. 그리고 호주는 아시아지역과의 교역을 강화하기 위해 호주로 유학하려는 이 지역의 학생들을 많이 받아야 한다는 것이다. 이러한 건의는 틀림없이 호주정부의 이민정책에 반영될 것이다. 앞으로 경기가 회복되면 영미국가에서 공부한 젊고 영어를 잘 구사하는 아시아인들의 이민을 많이 받아들일 것이다.

국제경제의 환경이 이렇게 바뀌었으므로, 영미국가에 사는 아시아인은 과거처럼 가난한 나라에서 잘 살아보자고 이민온 사람들도 아니고 또 현지인들의 눈치를 보고 살아야 하는 존재도 아니다.

그러나 현지 사정은 그렇게 단순한 것이 아니다. 아시아와의 유대를 강화할 필요성, 그러기 때문에 아시아 이민에 대한 반대감정을 억제해야 한다는 점을 모든 국민이 수긍하는 것은 아니기 때문이다. 발전에서 소외된 대중, 연금 등 사회보장기금에 의지하여 살면서 경제를 잘 이해하지 못하고 걱정할 필요도 없는 노인층과 서민층에게는 아시아의 이민을 받아들이는 정부의 정책은 매우 잘못된 것이다.

그러므로 각 정권은 이 두 가지 상반된 요청에 대응하여 이민정책을 슬기롭게 짜 나가야 한다. 미국, 캐나다, 호주의 이민과 인종에 대한 정책과 실상이 늘 야누스의 얼굴이 되는 것은 이런 까닭이다. 호주에서 1996년 자유 - 국민당 연합의 집권 이후 갑자기 백호주의가 고개를 든 것도 이런 맥락에서 이해해야 한다. 그렇게 볼 때 어느 영미국가에서도 동양인이 인구의 10%를 넘어 지금의 인종 균형을 깨도록 놓아두지 않을 것이다.

그러나 장기적으로 이들 국가의 동양인에 대한 태도와 인종적 감정은 크게 개선될 것이다. 경제적 필요성 외에도 서로 다른 인종이 상호 의존관계를 맺고 평화적으로 사는 것이 서로에게 도움이 된다는 생각이 지배적일 것이기 때문이다. 동양인의 숫적 증가에 따른 정치적 기반의 형성도 그런 쪽으로 작용할 것이다.

(마) 영미국가 중 한국 유학생이 많은 곳은 미국, 영국, 호주, 캐나다, 뉴질랜드 순이다. 이 가운데 어느 나라에서 인종차별이 더하거나 덜하다고 할 수는 없다. 다만 한국사람들이 호주는 과거 백호주의 때문에 인종차별이 더 심하다는 느낌을 가질 수 있지만, 이는 사실이 아니라고 생각한다.

필자가 직접 살아 봤고 여행해 본 경험을 토대로 판단한다면, 이들 지역은 모두 같은 앵글로 색슨 인종과 문화가 지배하는 사회로서 한국사람의 입장에서 보면 차이점을 찾기가 어렵다. 다만 앞서 언급한 사회·경제적 여건과 요소가 작용하여 미국사람이 더 그럴 때가 있고 호주사람이 더 그럴 때가 있을 뿐이다.

농촌지역보다 대도시에서 인종마찰이 더하고, 시드니보다 뉴욕이나 런던에서 동양인들에게 불친절한 사람을 많이 보게 되는 것은 사회·경제적 여건 때문이라고 봐야 할 것이다. 미국, 호주, 캐나다, 영국, 뉴질랜드 어디를 막론하고 정원도시(garden cities)라고 불리는 아름답고 조용한 도시에 가면 사람들은 누구에게나 한결같이 순진하고 친절하다. 그렇지만 그들은 외국사람들과 접촉이 많지 않았고 해외에서 생활한 적이 없기 때문에 외국인과 그리 쉽게 섞이지 않는 사례도 많다. 보수적인 노인층이라면 더욱 그러하다.

호주는 미국, 영국, 캐나다에 비해 지리적으로 세계의 중심지에서 멀리 떨어져 있어서 같은 앵글로 색슨이면서도 때가 덜 묻었고, 조금 덜 국제적이거나 더 지역적이라고 보는 사람이 많다. 이것을 인종차별과 동일시할 수는 없을 것이다.

제6장

동과 서, 그렇게 다른가? ─ 문화충격

1. 문화적응은 왜 필요한가

비슷하게 생긴 사람끼리 잘 섞이고 그렇지 않은 사람끼리는 서로 배척하는 인간의 본능이 인종차별의 원인이라면, 마찬가지로 비슷하게 행동하는 사람끼리 잘 섞이고 그렇지 않은 사람끼리는 서로 배척하게 될 것이다. 인종은 타고난 대로이나 행동은 노력에 따라 달라질 수가 있다. 그렇다면 인종적으로 다른 사회에서도 문화적으로 비슷해진다면 차별대우를 받을 확률이 줄 수 있다는 예측을 할 수 있다.

다른 문화에 속한 사람들은 서로 달리 행동한다. 각 문화는 서로 다른 가치관을 갖는 것이 보통이며, 따라서 사람들은 문화권에 따라 서로 다르게 행동하기 마련이다. 그러므로 사람이 다른 문화권으로 옮겨가서 살 때, 새로운 사회의 가치관과 행동양식을 배워 적응해야지 그렇지 않으면 문화적 마찰(cultural clashes)을 겪는다. 이런 문화적 적응과정에서 느끼는 불편과 정신적 스트레스 또는 좌절이 문화충격(culture shock)이다. 앞장에서 언급한 공부충격은 문화충격의 개념을 빌려서 쓴 말이다.

문화충격의 강도는 한 사람이 경험하는 두 문화 간의 차이에 비례한다고 할 수 있다. 인간은 똑같은 본능과 필요를 갖고 있으므로 생활양식에서 어떤 보편성을 찾을 수 있다. 의식주 문화가 그렇다. 그럼에도 세부적인 면에서는 상당한 차이가 있는 것이 사실이다. 학자들에 따르면 그런 차이가 영어를 사용하는 지역과 극동 아시아 지역 간에 특별히 크다고 한다.

많은 한국사람들이 한국에서나 해외에서 미국 가정에 초대되어 저녁을 같이한 경험이 있을 것이다. 식탁에 마주앉게 될 때부터 몸을 가누기 힘들다. 무슨 말을 어떻게 해야 할지, 무엇부터 어떻게 먹어야 할지 불안하다. 미국식 식탁예절(table manners)에서 벗어나는 게 큰 실수라고 생각하면 더 그렇다. 식탁문화의 차이는 비근한 예일 뿐이다. 문화의 차이는 이런 작은 것에서부터 거의 모든 생활영역에 적용된다.

이민자로 구성된 다민족 사회인 호주 등 영미국가는 다문화주의(multiculturalism) 정책을 표방하고 있다. 다문화주의란, 한 사회가 단일문화이기를 고집하지 않고 문화의 다양성을 존중하는 것이다. 이런 정책 덕분에 미국, 캐나다, 호주에 사는 한국사람이 한국음식을 먹고 한국말만을 쓰며, 관혼상제를 한국식으로 지내고, 한국사람끼리만 어울려도 누가 뭐라고 하지 않는다. 이들 나라의 법과 시책에 위배되지 않으면 된다.

그러나 여기서 명심할 것이 있다. 현지 한국인이 그렇게 한국식으로만 살면 어떻게 될까? 아직까지는 소수의 이질적인 문화집단인 한국인의 출셋길은 막힌다. 좋은 직업을 잡을 수 없으며, 현지 사회의 상류층은 물론이고 중류층으로의 진입도 어렵다. 이들 사회에는 앵글로 색슨 문화라는 지배 또는 주류문화(the dominant culture, core culture)가 엄연히 존재하며, 여기에 따르지 않으면 불이익을 당하는 것이 현실이다.

해외에서 뿌리를 내려 살아야 하는 한국인 이민자의 경우 문화적 적응의 실패 또는 태만은 주류사회로의 신분상승 같은 장기적인 문제는 고사하고, 당장 이웃으로부터 배척을 받는다. 잔디를 제때 깎지 않는 일, 개를 학대하는 일, 소음을 내는 일, 냄새를 풍기는 일, 정원에서 쓰레기를 태우는 일 등 한국에서라면 문제가 아닌 것이 문제가 된다.

직장에서도 마찬가지다. 교환을 통해 외부로 전화를 걸 때를 예로 들면, 영미식으로는 자기 이름을 먼저 대고 웃음도 섞어 가며 부드럽게 접근해야 한다. 우리식으로 목에 힘을 주고 말한다면 교환양은 외국인이라고 너그럽게 봐주지 않으며 비협조적으로 나오므로 당장 불편하다.

유학생활도 예외가 아니다. 영미학생들은 가끔 방과 후에 친구들을 아파트로 초청해서 포도주 몇 병과 과자를 안주로 파티를 연다. 이때 외국인 학생 가운데서도 자기들과 달리 행동하는 외국인 친구는 초청하지 않는다.

손해는 여기에서 끝나지 않는다. 자기들과 다르다고 생각하면 원래 친하던 현지인들도 소원해진다. 요즘 한국학생들이 외국인 가정에 하숙을 하는 사례가 많아졌다. 이들은 대개 주인과 한두 번 문화적 마찰을 겪는데, 그 결과 집을 옮겨 다니는 것이 보통이고 그렇지 않은 경우는 오히려 예외다. 부엌과 화장실 사용, 밤에 연락 없이 늦게 들어오는 일, 친구를 데려오는 일, 담배피우기 등 서로 다른 생활양식 때문에 그런 것이다. 그러기에 「로마에 살면 로마인처럼 행하라 (When in Rome do as the Romans do)」는 말은 유학생에게도 그대로 적용된다. 조사에 따르면, 유학생은 현지 적응에 어려움을 느낄수록 그만큼 공부에 환멸을 느끼게 된다.

문화적 적응(cultural adjustment)과 동화(assimilation)는 다르다. 동화는 이민자(또는 외국사람)가 현지인과 모든 분야에서 같게 되는 과정이다. 학자들에 따르면 그런 과정은 문화적, 사회적, 심리적의 세 가지 차원으로 이루어지는 것이다.

이민자가 (a) 현지 문화를 배우고 행동으로 잘 실천할 수 있으면 문화적으로 동화가 되는 것이며, (b) 현지 사람들과 잘 섞이고 주류 사회에 파고 들어갔으면 사회적으로 동화가 되는 것이고 (c) 현지 문화와 사람을 좋아하고 「나도 현지 사람이다」는 정서, 말하자면 일체감 또는 소속감을 갖게 되면 심리적으로 동화가 된 것이다. 이 세 가지 차원에서 모두 변화가 있으면 그 사람은 이미 그 사회에 동화된 사람이다. 그 나라 사람이 됐다는 말이다.

문화적 적응은 필요에 따라 그 한도 내에서 다른 나라의 문화에 익숙해지고 그 나라 사람처럼 행동하는 것이다. 대개 유학생은 공부를 마치고 돌아오며, 그 나라 사람이 되려는 것이 아니다. 공부하는 동안은 필요에 따라 현지 문화와 행동양식을 이해하고 배워서 그들처럼 행동하는 것이다. 그런 의미에서 유학과 관련하여 여기서 언급하는 적응은 동화가 아니고 문화적응의 문제이다.

유학생을 상대로 한 여러 조사에 따르면, 이들이 외국에서 느끼는 어려움 중 하나가 「현지 학생들과 섞이기 어렵다(difficulty in mixing with local students)」는 것인데, 언어 외에도 행동양식의 차이가 알게 모르게 상당히 작용한 때문이다. 그리고 유학생들의 고독감도 알고 보면 현지인과 잘 섞이지 못하는 문제와 밀접한 관계가 있다. 필자가 실시한 한국 유학생 조사에도 그렇게 나타났다.

2. 서양인과 우리는 서로 완전히 이해할 수 있는가

「동은 동, 서는 서. 둘은 서로 합하지 못하리(East is East, West is West. The twin shall never meet).」 영국이 세계 여러 지역을 식민지로 지배하던 시기, 그러니까 「대영제국의 해가 지지 않는다」던 19세기에 키플링(R. Kipling, 1865~1936)이 쓴 시의 한 구절이다. 근래 동양사람과 서양사람, 동양문화와 서양문화가 서로 밀접하게 교류하고 양자의 차이가 점점 모호해지는 것을 보면 이 말은 시대착오일지 모른다.

민족과 사회는 나라마다 인종, 언어, 문화가 다르기 때문에 서로 구별된다. 인종과 언어에 대해서는 이미 언급했다. 언어와 문화는 전혀 별개가 아니다. 언어는 문화의 주요한 내용이고 또 언어를 통한 인간교류가 문화를 만들어 나가지만, 분석의 편의상 여기서는 문화를 따로 떼어놓고 보기로 한다.

문화는 크게 물질문화와 정신문화로 나누는 것이 보통이다. 물질문화는 주택이나 산업시설, 그 밖에 여러 문명의 이기처럼 형체가 있어 눈으로 볼 수 있는 문화다. 음식, 주택, 기계, 생산수단과 조직, 교통수단, 은행제도, 보험제도, 의료제도, 교육제도는 여기에 속한다. 정신문화는 그 사회에 사는 사람들의 가치관, 의식구조, 태도 등 밖으로 잘 보이지 않는 내면의 문화이다.

두 문화는 동전의 양면 같은 관계이다. 가령 한 나라의 교육제도는 학교, 교재, 교육시설 등 물질적 측면이지만, 이런 시설과 제도는 정신문화가 결정하는 것이다. 가령 학교시설과 교재의 내용은 당대의 가치와 교육철학이 결정한다. 반면 물질문화가 가치와 교육철학을 변화시키기도 한다. 예컨대 컴퓨터, 비디오, 인터넷 등의 도입이 교육철학과 방법에 변화를 가져오고 있다. 그래도 이러한 양분법은 문화를 이해하는 데 큰 도움이 된다.

오늘 우리의 세계를 물질문화 측면에서 본다면 키플링의 생각은 크게 시대착오인 것이다. 지금 세계는 서양의 물질문화로 일원화되고 있다. 거기에는 그만한 이유가 있다. 일반적으로 서양의 물질문화가 더 실용적이어서 어느 나라에서나 환영받기 때문이다. 한국의 대부분 도시인들이 전통 한옥보다 난방, 수세식 화장실 등 시설 면에서 편리한 아파트를 선호한다. 개발도상국에서도 서양의 대표적인 생활수단이었던 자동차를 필요 없다고 말하는 사람은 없다.

그러나 정신문화에 대해 묻는다면 대답은 그리 간단하지 않다. 유교의 영향을 많이 받은 동양권, 특히 한국이 위치한 동북아시아 지역 사람들의 가치와 태도는 지금도 서양과 다른 면이 많다. 가령 한국의 학교 건물과 시설은 서양의 것과 같다고 해도 학교 운영, 교육의 내용은 서로 다른 철학과 가치관을 반영한 탓에 크게 차이가 난다.

요즘 한국사람을 보면 겉으로는 서양인이고 안으로는 역시 한국사람이라는 생각을 하게 된다. 그러므로 서양사람과 동양사람, 서양사람과 한국사람 간에 문화적 마찰이 지금도 문제가 된다면 이는 내면문화인 가치관과 사고방식 때문이다. 이런 관점에서 본다면 문화적 적응도 용이한 것부터 어려운 것까지 여러 차원이 있음을 알 수 있다. 첫째로 다른 문화지만 형체가 있고 간단해서 눈으로 보고 쉽게 이해하여 배울 수 있는 것, 둘째로 배우기는 어렵지 않으나 이미 굳어진 가치관과 습관, 정서와 맞지 않아서 체득하지 못하는 것, 셋째로 배우거나 체득하기 힘든 것 등으로 나눠 볼 수 있다.

우리가 받아들인 대부분의 서양 물질문화가 첫째에 속한다. 식사할 때 포크와 나이프를 쓴 다거나 말할 때 제스처를 쓰는 것은 보고 배워 그대로 실생활에 적용하는 것이 그리 어렵지 않다. 그럴 필요가 충분히 있어서 노력을 한다면 곧 할 수 있다. 식탁문화, 주거문화, 자동차 문화나 크레디트 카드, 슈퍼마켓 등 현대문명의 이기를 이용하는 것이 그런 것들이다.

서방의 정신문화 가운데서도 배워 실천할 수 있는 것들이 많다. 그러나 그럴 필요가 없거나 특별한 이익이 없으면 수용하지 않게 된다. 동양인은 서양인에 비해 권위를 따르고 어린이를 대하는 것도 영미사람들처럼 민주적이거나 상냥하지 않은 편이다. 그러나 필요에 따라서는 얼마든지 그렇게 할 수 있다. 가령 대통령의 자녀들을 대할 때라면 서양인보다 더 민주적이고 상냥하게 행동하는 것은 어렵지 않을 것이다.

둘째의 예는 남녀관계에서 찾아 볼 수 있다. 많은 한국남자들이 여성에게 권위적으로 대하는 태도를 배우면서 자라는 것이 사실이다. 웬만한 서구식 문화를 받아들인 한국남자들도 「여자 먼저(lady first)」식 서양 매너는 배우기 어려워서라기보다 정서적인 이유로 실천하지 못하는 것이 보통이다. 영미국가에서는 아버지가 오랜만에 만난 딸을 자연스럽게 껴안거나 볼에 입을 맞추기도 한다. 자녀에게 이런 식으로 애정 표현을 하는 서양식 행동양식도 익히기 어려운 예이다.

마지막으로, 외국 정신문화의 일부로서 이해하거나 실천하기 어려운 것은 외국사람의 마음을 충분히 헤아리고 이에 자연스럽게 대응하는 능력을 갖는 일이다. 고급의 대인관계 능력이다. 남의 깊은 마음 속을 헤아리는 것을 영어로 「emphatize(공감대 형성, 감정이입)」한다고 한다. 그것은 남의 마음 속에 내가 들어가 본다, 남의 입장에서 나를 본다는 뜻이다. 이것이 가능하려면 비슷한 성장과정을 거쳐야 한다. 죽마지우(竹馬之友)와 교류하기는 아주 편하다. 그의 마음 속을 훤히 들여다보고 쉽게 대응할 수 있기 때문이다. 이 점을 이해하려면 자아(self-concept)에 대한 고전적 사회심리학자(Mead, 1936)들의 설명을 참고해야 한다. 자아는 「다른 사람들이 나를 어떻게 보는가에 대한 나의 판단」이다. 이 판단이 바로 나의 행동기준이 되는 것이다.

많은 한국사람들이 한국이나 외국에서 외국인 친구를 사귀며 또 국제결혼한 사람도 많다. 이들은 흔히 외국인을 이해했다고 생각하고 각자 나름대로의 판단을 하게 되지만, 오래 지내 본 후에 넘지 못할 큰 간격이 있음을 알게 되는 경우도 허다하다. 물론 한국에서 오래 살면서 한국인을 잘 안다고 생각하는 외국인도 많지만, 이들도 한국인의 깊은 마음을 모르기는 마찬가지다. 이것은 성장과정이 다른 두 집단의 자아(self-concept) 사이의 차이 때문이다. 한국인은 한국인들 가운데서 나서 자랐기 때문에 한국인 나름의 자아와 행동기준을 갖고 있으며 서양사람들도 마찬가지다. 백인이 인종적 편견이나 우월감을 가졌다면 이것 또한 그들 사회에서 습득한 자아 속에서 나온 것이다. 한국인이 잘 알고 지내던 서양인에게 야속하다는 느낌을 받거나 오해를 하는 것도 같은 경우다. 동과 서가 아직도 서로 합치지 못하는 영역이 여기다. 유학생, 이민자들 모두 현지 사회에 적응하면서 이런 갖가지 장벽에 부딪치는 것이 현실이다.

3. 김치와 가라오케 없는 곳은 없다

요즘 한국사람들이 영미국가에 와서 경험하는 문화충격은 1950,
60년대에 비해 훨씬 덜한 것 같다. 그 이유로서 두 가지를 들 수 있
다. 하나는 한국사회가 겪은 급속한 서양화(Westernization), 더 정
확하게는 미국화(Americanization) 과정 때문인데, 한국인에게 서방
의 문화와 미국문화가 별로 이질적이 아니라는 것이다. 앞서 언급한
대로 특히 물질문화가 그러하다. 요즘 한국사람이 호주, 미국, 영
국, 캐나다 등 어느 나라에서든 자동차를 타거나 쇼핑을 하고, 서양
식 레스토랑에서 식사를 즐기거나 크레디트 카드를 이용하며 사는 데
별로 어려움이 없다.

다른 하나는 앞서 본 대로 영미지역의 웬만한 도시에는 한인사회를
포함한 아시아 인구가 급격히 늘어나 그 사회가 그렇게 낯설지만은
않다는 것이다. 따라서 아시아인들이 영미사회에서 느끼는 인종감정
과 문화충격의 강도도 많이 줄었다고 봐야 한다. 여기서는 후자, 즉
이 지역에 유학 가는 학생이라면 멀리할 수 없는 해외 한인사회에 대
해 알아보고자 한다.

한국전쟁 직후 미국으로 간 한국 남자 유학생이 한국에서 여학생이
유학왔다는 소식을 듣고 1,000킬로미터를 마다하지 않고 찾아갔다든
가 김치를 먹지 못해 고생했다는 얘기는 이미 전설이다. 1990년대의
유학생이나 이민자는 그럴 필요가 없다. 로스앤젤레스와 뉴욕은 물론
이고 웬만한 영미와 남미의 중소도시까지 한인사회가 형성되지 않은
곳은 드물기 때문이다. 로스앤젤레스에만 한인이 거의 100만명에 육
박하고, 뉴욕, 워싱턴, 시카고를 비롯해서 캐나다의 토론토, 호주의
시드니 등 각 도시에는 각각 3~10만명의 한인이 살고 있다. 한국식

당, 식품점, 김치, 비디오 숍, 다방, 당구장, 가라오케는 물론이고 그 밖에 한국에 있는 상품과 서비스가 대부분 있다. 한국에 있을 때보다 더 좋은 쌀과 배추와 김치를 구할 수 있다. 한국적 환경의 재현 또는 재구성(reconstruction)이라고 할 수 있다.

한국적 환경의 재현을 실감하게 하는 또 하나의 두드러진 현상은 해외 한인사회 어디에나 밀집해 있는 한인교회이다. 한국에도 교회가 많지만, 해외에서도 한국사람이 몇 명만 모이면 교회가 생긴다. 교회는 신앙과 함께 친교(socializing)의 장과 정보센터(information centre) 역할을 한다. 이질적인 사회 속에서 사회적 기능을 수행하는 전문기구가 없어서 그런 역할을 대신하는 교회가 급속히 성장하는 것 같다. 새로 온 이민자는 교회의 신자가 되어 주일예배나 구역예배 등을 통해 이민온 지 오래된 교포를 사귀게 되며 주택매입, 융자, 자동차 구입, 복지혜택 등에 대한 급한 정보를 얻는다. 또 유학생을 언제나 따뜻하게 환영해 주는 중요한 조직이 교회이며, 유학생들은 이러한 친교망(social network, friendship network) 속에 흡수되기 마련이다.

해외의 한국 유학생들에게 동족 사회집단은 어떤 의미를 갖는가? 분명 외로움을 달래 주는 고향 같은 곳이다. 너무나 다른 문화 속에 갑자기 던져진 유학생들은 큰 충격을 받을 수도 있고 적응을 시도하기도 전에 좌절할 수 있다. 따라서 한인사회는 막 도착한 유학생들에게는 달팽이의 집과 같다. 그는 먼저 동족사회에 몸을 의탁하고, 그 다음 서서히 바깥사회로 진출을 시도할 수 있다.

그러나 이민자는 물론 유학생도 현지사회를 배우고 한동안이라도 현지문화에 깊이 동화되어 보는 것이 바람직한 일이라면, 동족 사회집단의 존재는 그런 시도에 장애물이 될 수 있다. 특히 이민자나 유학생이 해외에 나와서도 자기 문화만을 고집 한다면 그럴 것이다. 이

문제는 장래 사회학자들의 연구에 맡기기로 하자. 다만 실제를 본다면 로스앤젤레스, 시드니, 뉴욕, 토론토 등의 한인사회는 유학생들한테 분명히 낯선 사회에 도전하기 위한 전진기지이며 휴식처이다. 그들은 여기서 오래 산 교포들을 먼저 찾아가 급한 대로 거처를 정한 다음 원하는 음식을 먹고 필요한 정보와 도움을 얻어 서서히 밖을 향해 발걸음을 내딛는 것이다.

1970년대 초 필자가 유학을 했을 때, 뉴욕에 도착하여 처음 보낸 10여 일이 생각난다. 학교를 나가기 시작하면서 거처를 알아보러 다니는데, 일이 여의치 않아 마음고생을 크게 했고, 결국 병이 났다. 지금 같았으면 동포의 하숙집을 찾아가 여장을 풀고 정신을 가다듬으면서 차차 정착할 곳을 찾았을 것이다. 이와 관련해서 생각해 볼 것이 요즘 유학생들이 많이 이용하는 현지 외국인 가정하숙이 말대로 효과적인가 하는 점이다. 홈스테이는 유학생들이 외국인 가정에서 같이 지내며 숙식을 해결함으로써 현지 문화와 생생한 외국어를 배울 수 있는 절호의 기회가 될 수 있다. 그런 취지에서 유학생을 많이 받는 어학학교들이 홈스테이를 원하는 외국인 가정의 리스트를 만들어 놓고 알선하는 일을 사업으로 겸하고 있다.

외국에 처음 나온 유학생들은 외국어 공부를 위해 한국인이 많지 않은 곳, 그리고 한국인 하숙보다 외국인 홈스테이를 선호하는 편이지만, 앞서의 이유 때문에 어느 때 누구에게나 좋은가는 의문이다. 외국인과의 경험이 전혀 없었던 학생이 오자마자 외국인 집에 들어가 살게 되면, 본인이 겪는 불편이 너무 클 뿐만 아니라 거의 예외없이 실수를 하게 되어 있다. 그리하여 주인과 마찰을 빚고 거처를 옮기게 되는 것이 보통이다. 다른 유학생과 방을 얻어 나가든가 한국인 가정을 찾는 경우도 많다. 그럴려면 처음 얼마간 한국 가정에 있다가 서서히 홈스테이로 옮기는 편이 길게 봐서 더 좋을 것이다.

유학생들은 부모와 친척의 사전 소개로 현지에 사는 한국인 가족과 알게 된다. 또 이들은 학교, 교회, 기타 야유회 등 모임에서 같은 나이 또래의 교포학생들과 사귀게 된다. 이들은 같은 세대이며 외모도 비슷하지만 언제나 잘 융화하는 것은 아니다. 때로 서로 편을 갈라 반목하는 경우도 많은데, 이는 유학생과 교포학생이 서로 다른 문화적 배경에서 성장한 것 말고도 편가르기에 익숙한 한국인의 행태가 그렇게 만드는 것이 아닌가 한다. 학연, 지연, 나이, 전직(前職) 등 조그마한 연(緣)만 있으면 끼리끼리 똘똘 뭉치는 그런 행태 말이다. 그런 사회와 부모로부터 영향을 받은 자녀들도 해외에 나와 유학생과 교포의 자녀들로 나뉘어 따로 노는 것은 어쩔 수 없는 일인가 보다.

해외의 한인들은 한 도시에 거리를 두고 흩어져 살지만 서로 밀착하여 지내는 것이 보통이다. 생활해 나가기 어려운 외국에서 긴밀히 교류하기 위한 것이다. 서로 긴밀히 교류하고 접촉하게 되면 친목을 도모할 수도 있으나 자칫 반목하는 일도 생긴다. 학생들도 이런 한인 사회의 갈등에 휘말리는 것이 보통이다.

호주 같은 나라에는 현지 교포학생과 유학생 간의 융화를 어렵게 만드는 요인이 한 가지 더 있다. 호주의 대학은 모두 국립이며 영주권자는 거의 무료로 공부한다. 영주권자, 시민권이 있는 학생은 「AUSTUDY」라는 이름으로 부모의 소득이 일정 액수 이하면 학자금을 보조받기까지 한다(주 : 약 80호주달러, 23세 이상이면 약 140호주달러). 미국의 대학은 학비가 면제되지 않더라도 여러 가지 장학금이 있다. 이에 비해 경제적으로 여유가 없는 유학생들은 공부를 하면서 비싼 학비와 생활비를 걱정해야 한다. 새벽청소 등 힘든 일을 해야 하고, 한편으로 귀국해서 할 일을 걱정해야 한다.

그런가 하면 교포학생들이 유학생을 보는 시각도 곱지 않을 수 있
다. 부유층 유학생들은 현지 교포학생들과 비교가 안 되게 큰돈을 쓰
며 호화판 생활을 해서 눈살을 찌푸리게 만들기 때문이다. 고급차를
타고 다니며 서너 명이 하루 술값으로 1,500달러도 쉽게 쓴다는 식의
애기도 흔하다. 이러한 두 집단의 학생들이 서로 느끼는 정서와 장래
전망, 학업에 대한 태도는 다를 수밖에 없다.

호주 울릉공대학의 서중석 교수에 따르면, 유학생과 현지 교포학생
과는 아무래도 장래에 대한 전망이 다르기 때문에 같이 움직이지 않
는다고 한다. 일반적으로 제대로 공부하는 정규 유학생의 경우, 일차
적 관심은 공부를 빨리 마치고 돌아가는 일이다. 이런 점에서 오늘의
해외유학 환경은 천차만별이다.

4. 예절과 커뮤니케이션

문화적 차이와 그에 따른 문화적 마찰은 물론 이질집단 간의 교류
를 전제로 한다. 교류가 없으면 마찰도 충격도 없다. 그런데 인간의
교류란 알고 보면 커뮤니케이션 과정이다. 커뮤니케이션은 말과 글,
그 밖에 어떤 방법으로든 서로의 생각과 감정을 나타내고 나누는 과
정이다. 그러므로 커뮤니케이션 과정이 없으면 교류는 없다.

다른 사람과 마찰이나 갈등이 있은 연후에「실제 내 마음은 그런
게 아니었다」는 소리를 종종 하게 된다. 내 마음이 다른 사람에게 전
달되고 해석되는 것은 커뮤니케이션 과정을 통해서인데, 그 과정이
잘못되면 속마음과는 관계 없이 마찰과 갈등이 빚어지는 것이다. 이
러한 커뮤니케이션 과정을 결정하는 조건은 말과 글, 제스처 및 문화

이다. 언어의 의미는 문화 속에서 정해지기 때문이다. 그런 문화 가운데 예의(ettiquetes, manners)도 빼놓을 수 없다. 저마다 사회에는 지켜야 할 각기 다른 예의가 있다. 그렇다면 예의란 무엇인가?

영미사람들은 「Thank you」라는 말을 우리보다 훨씬 자주 쓴다. 진정으로 감사를 표시하기 위한 때가 보통이지만, 「No, thank you」라고 했을 때는 상황이 다르다. 이 때의 「thank you」는 꼭 고마워서가 아니라 그 반대일 수도 있다. 「I am sorry」 또한 마찬가지다. 영미사회와 우리나라를 막론하고 상대방에게 미안한 짓을 했을 때는 물론 이 말을 해야 한다. 그러나 영미사회에서는 불쾌한 감정을 나타낼 때, 자기 잘못이 아닌 때도 미안하다고 한다. 위의 경우, 「감사하다」「미안하다」는 두 문화에서 의미가 다르다고 할 수 있다.

서양사람들은 동양사람들보다 제스처를 더 잘 쓴다. 이런 비기호적 메시지의 구체적 의미는 역시 문화 속에서 찾아야 한다. 한국사람은 미안하다는 뜻으로 웃지만, 서양사람들은 그 반대로 받아들일 수 있다. 이처럼 말과 제스처에 얽힌 문화를 모르면 언어를 제대로 구사할 수 없으며 문화적 적응을 제대로 할 수 없다.

「커뮤니케이션이 문화이고 문화가 커뮤니케이션이다(Communication is culture, culture is communication)」라고 한 학자(Hall, 1959)의 말은 이런 맥락에서 이해할 수 있다. 이 유명한 말은 한국어의 경어와 반말의 사용법을 생각하면 납득하기 쉽다. 한국어에서는 상대의 나이, 성별, 계층에 따라 쓰는 말투가 다르다. 존칭도 그렇다. 이 문화를 잘 모르고 말을 하면 아무리 좋은 말을 해도 예의에 어긋나며 상대의 기분을 거스르게 된다. 영미사회에서는 남녀노소와 상하의 구별 없이 상대방은 「you」이다. 한국에서는 「당신」이라는 한 마디가 상황에 따라 상대방에게 엄청난 결례의 말이 될 수 있다.

민주주의가 가장 안정되게 자리잡은 곳이 영미국가들이다. 많은 영어의 표현이 이런 가치관을 반영하여 상대의 의사를 존중하고 독단적인 말은 피하게 되어 있다. 일상생활에서 남에게 어떤 충고나 자문을 해 줄 때, 그 표현방법은 여러 가지가 있을 수 있다. 상대방의 인격을 존중하여 조심스럽게 말하는 것으로부터 권위적이며 일방적으로 하는 것까지 많다. 「여봐, 이렇게 하지 그래」라면, 영어에서는 「내가 당신이라면 이렇게 하겠는데…(If I were you, I would…)」라고 하면서 상대에게 생각해 볼 것을 권한다. 「내가 당신의 입장이라면……이렇게 하겠어요(If I were in your shoes…)」도 마찬가지 말이다.

「그럴 리 없다」라는 뜻의 영어는 여러 가지가 있지만 「I would be surprised if…」를 들 수 있다. 「그렇게 되면 나는 놀랄 수밖에 없다」는 식으로 조심스럽게 말하는 것이다.

「Believe it or not」이라는 말이 언제부터인지 우리나라에서는 「믿거나 말거나」라는 뜻으로 쓰이게 되었다. 필자가 알기에 잘못된 번역이다. 「믿으실지 안 믿으실지 모르지만(또는 못 믿어 하시겠지만), 실은 사실입니다」라고 말할 때 쓰는 말이다. 지각 있는 영미사람들은 상대가 믿거나 말거나 자기가 말하고 싶은 대로 말하지 않는다.

「Would you mind if I…」는 상대방의 의사를 존중하여 무엇을 요구하거나 질문할 때 잘 쓰이는 말이다. 「내가 이렇게… 한다면 괜찮겠습니까」의 뜻이다. 상대방의 의사와는 관계없이 자기 요구를 어차피 관철할 것이면서도 그렇게 묻는 외국사람들이 가끔 없지 않으나 대개는 매우 정중한 표현법이다. 이러한 것들은 모두 민주주의에 바탕을 둔 문화라는 테두리 안에서 이해해야 할 언어사용의 사례라고 할 수 있다.

여러 학자들이 동서양의 정신문화 차이에 따른 커뮤니케이션 패턴을 연구하여 책을 남겼다. 이들의 연구가 매우 과학적이라고 할 수 없지만, 여러 사람이 관찰한 결과 얻어진 결론이며 상당히 타당성이 있다. 이 분야의 문헌은 서양사람, 대부분 미국의 학자들이 일본 또는 중국사회를 자신들의 사회와 비교한 것들이다. 미국사회와 한국사회를 비교한 책을 쓴 사람으로는 크레인(Crane, 1974)과 박명석(Park, 1994)을 들 수 있는데, 이들의 생각도 기존의 동서문화 및 사회의 비교문헌에 기초를 두고 있음을 알 수 있다. 미국인 선교사이며 의사인 크레인은 반평생을 한국에서 살다가 돌아갔다. 전혀 새로운 말이 될 수 없지만, 유학을 갈 사람은 외국어를 찾아갈 국가의 문화와 함께 배워야 한다.

아래 각 장에서는 문화의 차이를 가져오는 가치관의 차이를 몇 가지로 나눠 설명하고, 이런 차이가 유학생에게 어떤 영향을 미치는가를 구체적인 예를 들어 설명해 본다.

5. 권위주의와 평등주의 — 나이, 직위

서양인과는 다른 동양사람들의 대인관계 행태가 유교문화에 뿌리를 두고 있다는 것은 상식이며, 뒤에 소개하는 여러 가지 동서양 간의 가치관 차이가 대부분 그러하다. 그 가운데 먼저 들어야 할 것이 나이와 지위에 대한 태도이다. 동양사회에 있어 나이와 지위는 상대를 어떻게 대할 것인가에 있어서 가장 중요한 지침이 된다.

한국인들은 장유유서(長幼有序)라는 유교의 가르침에 따라 자기보다 나이가 많은 사람과 적은 사람을 확연히 다르게 대한다. 먼저 나이에 따라 상대방에게 쓸 언어와 취해야 할 제스처가 달라진다. 그러므로 사람을 처음 만나면 먼저 나이와 신분을 파악하는 것이 순서이다.

장유유서는 자연히 가정에서는 가부장제도, 일반 사회에서는 직위의 높고 낮음에 따른 계층서열(hierarchy)과 그에 따른 상하 간의 다른 대접으로 이어진다. 나이 많은 「어른」과 신분이 높은 분은 특별한 대접을 받아야 하므로 따로 써야 할 경어(敬語)가 있으며, 이들에 대한 존칭에 세심한 주의를 기울어야 한다. 이는 권위에 대한 두려움과 숭배이며 권위주의 사회의 특성이다.

근래에 와서는 나이보다 직위가 더 중시되는 것처럼 보인다. 나이가 아래인 사람이라도 직위가 높으면 윗사람으로 대하는 것을 얼마든지 볼 수 있다. 한편 이런 사회에서 자란 사람들은 강한 지위의식(status consciousness)을 갖는다. 다른 사람을 평가하면서 그 인격이나 하고 있는 일보다 권력이 있는가 혹은 조직에서 위치가 얼마나 높은가에 더 관심을 갖는다. 이런 의식구조 때문에 동양사회에 있어 민주주의라든가 평등사상이 일찍 발달하지 못한지도 모른다.

어느 사회에서나 나이와 지위가 무시될 수는 없겠으나, 서양사회는 이 점에서 우리와 크게 다르다. 영미사회에서는 직위와 그에 따른 권위는 조직 내 업무관계에서만 나타날 뿐, 우리처럼 사생활의 영역까지 철저하게 연장되지 않는다. 고급관리, 교수, 나이 많은 사람이라고 해서 피크닉, 결혼식장, 파티 등 사석에서까지 경직된 수직관계를 요구하지는 않는다. 한국 유학생들이 서양에 나와 잘 적응하지 못하는 것이 바로 이 점이다. 가장 비근한 예가 「퍼스트 네임(first name)」을 부르는 일이다. 영미사회에서 이름은 친근감의 표시로 사용된다. 거리를 두는 사람은 이름을 부르지 않는다. 오히려 미스터 또는 닥터 아무개라고 성을 부른다. 그러므로 영미사람인 교수가 친해지면 닥

터, 프로페서, 미스터 아무개 대신 이름으로 불러 달라고 부탁하기도
한다. 특히 이성끼리 미스터 또는 미스 아무개라고 부른다면 친근한
사이가 아니라는 뜻이 된다. 그래서인지 서양사람들은 우리보다 주위
사람들의 이름을 잘 기억한다. 그러나 초등학교에서만은 예외다. 초
등학생은 선생님을 미스터 또는 미세스 아무개로 불러야 한다.

우리나라에는 그런 문화가 없다. 젊은이가 나이 든 사람의 이름을
함부로 부르는 것은 금물이다. 부인들은 다른 사람과 애기할 때 남편
의 이름을 직접 지칭하지 않고 직함으로 부르든가 아니면 자녀의 이
름을 대고 돌려서 부르든가 한다. 이런 문화에서 지낸 사람이 영미사
회에 오면 매우 어정쩡한 처세를 하게 되며 불편을 겪게 된다. 유학
생이 몇 년을 같이 지낸 교수나 현지 기관장에게 예의바르게 대하는
것은 좋으나 늘 경직된 자세를 보이는 것은 도움이 안 된다.

호주는 다른 영미국가보다 사회분위기가 더 평등주의(egalitaria-
nism)적이어서 격식이 덜하다고 한다. 브래들리(Bradley 1984)의 조
사에 따르면, 호주 사람들이 다른 영미사람들보다 「퍼스트 네임」을
더 자주 쓴다. 특히 노동자들 사이에서는 그런 정서가 강하다. 친한
직장동료끼리는 물론이고 처음 만난 사람에게 친근함의 표시로 「마이
트(mate, 친구)」라는 말로 이름을 대신하는 경우도 흔하다. 그리하
여 50대, 60대 한국인이 20대 현지 젊은이로부터 「마이트」란 호칭를
듣는 일이 흔하다. 그럴 때 몹시 불쾌하거나 불편하게 느껴지는 것이
사실이다. 시드니에 사는 어떤 한국인 여성은 아이의 친구가 놀러와
서 자기 이름을 부르는 바람에 큰 충격을 받았다고 토로했다.

한국에서 직책을 가진 사람은 동료나 연하의 사람에 전화할 때 「나
어디 무슨 국장인데……」 또는 「아무개 소장인데요」 정도로 신분을
밝힌다. 이름을 먼저 대는 경우가 드물다. 교포들도 전화를 받았을

때 자기 이름은 대지 않고 상대방이 누구인가만을 묻는 일이 흔하다. 자기 이름을 부르는 것이 싫은 것이다. 영미사회에서 그렇게 하면 큰 실례다. 필자는 한국인이 영미문화에 얼마나 잘 적응되었나를 전화로 자기 이름을 대는 데 아무렇지 않은가, 심지어 궁지를 느끼는가를 살피는 것으로 판단할 수 있다. 현지인(또는 교포)이 자기 이름을 직함을 빼고(또는 아무개 씨라고) 불렀을 때 거부감을 느낀다면 아직도 한국사람이다. 필자는 안면이 별로 없는 교포의 집에 전화할 때 난감함을 느낀다. 손자 같은 아이가 전화를 받아「누구시냐」고 물을 때 대답하기 곤란해지기 때문이다. 김 아무개라고 말해 주면「김 아무개 씨요?」하고 되물어 올 때 아직도 약간의 거부감을 느끼는 것이 솔직한 심정이다.

동양사람들은 대개 체구가 작아서 영미사람들에게는 나이보다 어리게 보인다. 거기다가 영미사람들은 나이를 의식하지 않고 대하는 것이 보통이므로 그런 습관에 익숙하지 않은 동양인들은 적응하기가 힘들다. 나이와 품위에 대한 강한 의식이 이민자, 유학생들 모두가 현지에 적응하는 데 어려움을 느끼게 한다.

학위를 받으러 오는 한국 유학생들은 군대를 마치고 사회생활까지 하다가 오는 경우가 많아서 현지 학생들에 비해 나이가 많은 것이 보통이다. 30대의 나이로 현지인 20대 학생들과 섞여야 하는 것이 보통이다. 나이에 맞게 근엄하게 행동해야 한다는 한국적 관념 때문에 자연스럽지 못하고 현지 학생들과도 융화가 잘 되지 않는다. 나이 어린 사람들이 많이 모이는 파티나 다른 모임에서도 자연스럽지 못한 것이다.

한국사회는 겉으로는 서양화, 미국화가 폭넓게 이루어졌으나 지위나 나이에 대한 의식은 한결 더 심해진 것 같다. 신세대들도 해외에 나와서는 나이에 따라 선후배 구별을 뚜렷이 하고 지내는 것을 볼 수 있다. 한국에서 야간대학을 다니는 한 여학생은 학교에 친구가 많으냐고 묻자, 모두 동생들이라고 대답했다. 이 학생이 말하는 동생들은 그녀와 두세 살 차이인데도 서로 친구가 될 수 없다는 것이다. 영미사회의 젊은이 가운데 이런 의식을 가진 사람은 거의 없다.

나이에 대한 차별이 거의 없는 영미사회에서의 인사(人事)제도는 나이 우대(seniority system)보다 실적 우선(merit system)이다. 직장에서도 나이가 많다거나 오래 근무했다고 해서 그에 상응하는 진급, 지위가 보장되지는 않는다. 이것도 해외에 나간 한국인이 극복해야 하는 문화충격이다. 해외 한국인들은 동창회나 그 밖의 여러 조직을 운영하는 데서도 연장자를 장(長)으로 추대하는 등 연령의식이 강하다.

6. 남존여비 사상

한국에서는 나이나 직위에 못지 않게 남녀의 성이 인간관계에 차등을 두는 데 한몫 한다. 한국인의 남존여비 의식 역시 오랜 세월 동안 굳어진 의식구조여서 쉽게 바뀌지 않는다. 물론 여성이 존중되어야 한다는 의식이 우리 사회에 없었던 것은 아니지만, 영미사회와는 차원이 좀 다르다. 그보다 한국에서는 「여필종부」라는 말처럼 여자가 남자에 예속된 존재라는 점이 더 강조돼 왔다. 「암탉이 울면 집안이 망한다」는 말도 그런 맥락인데, 여자는 남자보다 우세한 것은 물론이고 동등해서도 안 되며 늘 양보해야 한다고 강조되었다. 그런데 이런 풍조가 점차 사라지고 있다. 한국도 영미사회의 영향을 받아 「여권운동(women's liberation)」 또는 「여성운동(feminist movement)」의 목소리가 점점 커지고 있다. 「성희롱(sexual harrassment)」 같은 전에 없던 서양식 개념도 도입되었다. 또 교육받은 인구의 저변이 확대되면서 과거와 같은 심한 남존여비의 사례는 줄고 있다.

그러나 한국사람들이 해외에 나왔을 때 어색할 수밖에 없는 것이 남녀관계의 행태이다. 서양남자들에게 익숙한 「여자 먼저」원칙의 실천이 어려운 것이다. 한국남자가 이를 실천하는 데도 쉬운 것부터 아주 어려운 것까지 여러 가지가 있을 것이다. 여자를 자동차로 안내하면서 문을 열어 주는 것은 어려운 쪽에 속한다. 커피를 타서 대접하는 것도 상황에 따라서는 그러하다. 특히 나이든 사람, 직위가 높은 사람이 그 반대 입장에 있는 여성에게 그렇게 하는 것은 어렵다. 한국에서는 그런 행동이 아직까지도 비정상으로 받아들여지기 때문이다. 한국에서는 연설을 아직도 「Ladies and gentlemen」이 아니라 「신사 숙녀 여러분」으로 시작한다.

서양여성들은 한국남자들의 매너를 보고 금방 남존여비적이라는 인상을 갖는다. 30여 명의 한국 유학생이 다니는 시드니 서부에 있는 커버데일고등학교(Christian Coverdale School)의 제프 클라크 교장의 관찰은 재미있다. 「한국 남학생들은 동료 여학생들이 의당 그들을 위해 잔심부름을 해 주기를 바라며 실제로 강요하는 경향이 있다」는 것이다. 또 남학생들은 한국인 남자 어른이 무엇을 시키면 잘 따르지만, 여자 어른의 지시는 잘 따르지 않는 경향이 있다고 했다. 외국에 나와 공부하는 신세대라고 해도 한국식 남녀관을 알게 모르게 그대로 반영한 사례라고 하겠다.

영미사람들 앞에서 여자를 깔보는 발언을 하거나 같은 한국인이라고 해서 여자에게 거칠게 대하는 일, 여자 앞에서 오해받을 수 있는 농담을 한다면 아무리 다른 일을 서양식으로 잘 해도 그들에게 나쁜 인상을 줄 뿐이다. 아직 젊은 유학생들은 현지 학생들과 섞여 지내면서 먼저 간단한 것부터 조금씩 태도를 바꾸도록 노력해 볼 일이다.

7. 기분

크레인의 저서 『Korean Patterns』에는 기분에 대한 서술이 여러 군데 나온다. 한국사람들은 기분에 죽고 살기 때문에 한국에서 무슨 일을 잘 하자면 상대방의 기분을 살려주어야 한다는 것이 요점이다. 크레인의 저서 이후 여러 문헌에서 한국인의 특징으로 이 문제를 다루고 있다.

그러나 생각해 보자. 사람은 인간으로서 제대로 대접을 받지 못하거나 무례한 대접을 받았을 때 참담함과 분노를 느낀다. 그런 면에서 기분은 한국사람에게만 특이한 속성은 아니다. 남의 기분을 좋게 해 준다는 뜻의 영어로 「make him(her) important(상대방으로 하여금 자기가 중요한 사람으로 느끼도록 해 준다)」가 있다.

한국인은 원래 예의가 바르고 친절한(또는 인심이 후한) 민족이다. 이는 예의를 지킴으로써 다른 사람의 기분을 상하지 않게 한다는 말이다. 동방예의지국이라는 말도 그런 데서 나왔다. 그렇지만 예의지국도 권위주의가 지배한다면, 그 예의는 일방적으로만 지켜질 수밖에 없다. 예의는 힘없는 사람, 하급자, 아쉬운 처지의 사람이 힘센 사람, 상급자, 도움을 주는 사람과의 관계에서만 깍듯하게 지켜질 뿐 그 반대의 경우는 일정치 않다. 이런 행태가 외국사람의 눈에는 별나게 보여서 한국사람과 「기분」을 연관지어 운운하는 말이 나온 것은 아닌가 한다.

영어에도 「Police is always right. The customer is always right」라는 재미있는 말이 있다. 권력을 가진 경찰은 민간인과의 관계에서, 물건을 사는 고객은 장사꾼과의 관계에서 언제나 옳다는 말이다. 즉 이들 사이의 관계는 일방적일 수 있다는 뜻이다. 민간인이 경찰 앞에서 기가 죽을 수밖에 없는 것은 만국 공통이다. 그러나 소비자가 왕이라고 해도, 영미사회에서 실제로 고객이 장사꾼을 깔보는 일은 거의 없다. 영미사람들은 식당에서 음식을 사 먹을 때 주인이나 웨이트레스 앞에서 『음식이 왜 이렇게 짠가』 『맛이 없다』 같은 불평을 잘 하지 않는다. 맛이 있으면 물론 감탄사를 연발하면서 칭찬을 하지만, 맛이 없다고 하더라도 다음에 가지 않으면 그뿐이다. 장사꾼 앞에서도 물건값이 왜 이렇게 비싸냐고 말하지 않는다. 물건값이 비싸면 사지 않을 뿐이고 값을 깎자고는 하지 않는다. 사지 않더라도 물건이 마음에 들면 칭찬을 아끼지 않는다. 몇 개를 더 살 테니 값을 깎아 줄 수 없느냐는 식의 제의를 하면, 「여기는 홍콩이 아니다」라는 식의 싸늘한 대답이 돌아온다.

한국에서는 식당에 들어가 손님이 마음대로 아무 식탁에나 앉아도 된다. 떠들며 들어와도 된다. 영미의 식당은 이와 다르다. 종업원이 안내할 때까지 입구에 조용히 서서 기다려야 한다. 영미사회에서는 종업원이 물건을 포장하거나 잔돈을 거슬러 줄 때, 그밖에 어떤 서비스를 해 주면 밝은 웃음과 함께 「thank you」라는 인사를 잊지 않는다. 한국에서 그런 것처럼 상대가 장사꾼이라고 해서 서비스를 받을 때도 무표정하거나 시큰둥한 얼굴을 하고 그냥 나오는 사람은 드물다. 유학생들은 이런 면에서 자기도 모르게 실수를 한다. 현지 사람들이 하는 것을 잘 봐 두었다가 실천해 볼 일이다.

8. 실용주의와 격식

권위주의의 폐단은 또 있다. 비생산적인 형식과 격식을 중요시한다는 것이다. 권위주의는 인격보다 신분을 기반으로 하는 특권을 강조하는 것이며 따라서 평등보다 불평등을 의미한다. 그런 제도를 유지하기 위해서는 여러 형식과 격식이 필요하다. 군대가 가장 좋은 예이다. 군대는 상급자가 하급자를 권위로 지배하는 사회이며, 그런 지배질서를 효과적으로 유지하기 위해 계급장, 훈장, 제복, 예식, 사열 등의 의식과 격식을 필요로 한다.

권위주의의 상대적인 개념은 자유주의다. 자유주의의 본질은 불필요한 구속을 받지 않는 것이다. 그런 사회에서는 개인의 생활은 존중되며 남의 이익을 해치지 않는 한 「나」에게 편한 것은 선(善)으로 인정된다. 바로 실용주의 철학이다.

격식은 대개 다른 사람을 의식하여 체면을 차리기 위한 행위와 직결되며, 그만큼 생활은 불편해진다. 한국에서 체면 때문에 생겨난 대부분의 허례허식이 그러하다.

서양문화와 생활양식은 동양의 그것보다 실용주의에 입각하고 있음이 틀림없다. 모든 제품이 그런 필요에 맞게 고안되고 개발되었는데, 한국도 물질문화 분야는 그런 쪽으로 바뀌었다. 영미사회가 일반적으로 격식을 덜 차리지만 호주는 특히 그러하다. 여름에는 짧은 바지에 슬리퍼를 신은 채 강의를 하는 교수도 있고 맨발로 나다니는 학생도 있다. 한국에서도 공식적인 모임이라도 정장 대신 편한 옷(casual)을 입는 경향이 뚜렷해졌으나 아직은 호주 정도로 격식을 가볍게 여기지는 않는다.

그러나 한편으로 한국은 관혼상제에서만은 시류를 거스르고 있는 듯하다. 호화판 결혼식, 고가화된 결혼예물이 그것이다. 서양사람들은 결혼식도 남을 의식하기보다는 자기들 편한 대로 한다. 외국에서 오래 산 어떤 한국인은 딸을 현지에서 사귄 외국인과 결혼을 시켰는데, 결혼비용으로 총 1500달러를 썼을 뿐이라고 했다.

유학생들의 경우에는 현지인 친구나 교수를 집으로 저녁초대할 때 실용적인지 아닌지가 판가름이 난다. 아직까지 한국의 여성들은 다른 사람을 집으로 초대할 때는 차린 음식이 거창해야 한다고 생각한다. 서양사람들처럼 한두 가지 간단한 메뉴로 한다면 훨씬 편하고 자주 자리를 마련할 수 있을 텐데 그러지 못한다. 외국인 손님을 초대해 차 한잔 나누며 대화를 가질 수 있다면 매우 실용적일 테지만 격식과 체면에 얽매여서 그렇게 못한다.

한국사람이 영미국가에서 살면서도 잘 적응하지 못하는 습관 중 하나가 이른바 「더치 페이(Dutch pay)」이다. 몇 사람이 자신이 먹은 것을 각자 지불하는 이 관습은 매우 실용적이다. 한국에서도 이런 공동지불 방식은 늘어나고 있지만 식당에 가 보면 누군가 자진해서 내고 있거나 서로 내겠다고 실랑이가 벌어지는 것을 보게 된다. 어느 경우든 자기가 먹은 것만 계산하고 다른 사람이 제 몫을 계산할 때까지 기다리는 일은 드물다. 물론 경우에 따라 다르기는 하다.

외국에서는 현지인 친구가 주말에 저녁을 같이 나가서 먹자고 하더라도 언제나 그가 한턱 내는 것으로 착각하면 큰일이다. 같이 내고 먹자는 뜻인 경우가 허다하다. 학생들의 경우 더 그렇다. 필자가 외국사람들과 같이 일했던 직장에서 여러 번 경험한 일이다. 누군가 동료의 생일을 축하해 준다면서 점심을 나가 먹자고 제안한다. 그러나 그 점심값은 함께 먹고 각자가 분담하는 것이었다.

외국에서는 학생들끼리나 학생과 교수 간 할 것 없이 금전에 철저하다. 학생이 교수에게 돈을 꾸어 주었는데, 그 교수가 갚는 것을 잊어버렸다고 하자. 한국에서라면 액수가 크지 않다면 따로 이야기해서 돈을 받아 내는 학생은 드물다. 이런 경우 서양의 학생들은 서슴지 않고, 그러나 부드럽게 말을 한다. 우리에게는 매우 박절하게 보이지만 알고 보면 실용적인 태도라고 할 수 있다.

실용적인 것과 격식을 차리는 것은 커뮤니케이션 방식도 다르게 만든다. 서양사람들은 사람을 만날 때 용건부터 말한다(business-like). 우리는 인사를 포함해서 용건과 상관없는 애기를 한참 늘어놓다가 실제 필요한 일은 나중에 이야기하거나 상대방이 알아서 해 주기를 기다리는 경우가 많다. 우리네 방식에서는 용건을 너무 확실하게 하면 역효과가 난다. 상대방이 알아서 해 주도록 유도하는 것이 더 좋다. 이런 커뮤니케이션 방식에 익숙한 한국 유학생이 어렵게 약속을 잡아서 찾아간 외국인 교수로부터 만나자마자 「무슨 용건인가요(What can I do for you)?」라는 단도직입적인 질문을 받으면 당황하기 마련이다. 학생이 모처럼 찾아가도 이렇게 말문을 여는 교수가 흔하다. 이럴 때 어떻게 대답을 할 것인가 미리 생각해 둘 필요가 있다. 영미사회에서도 비즈니스에 따라서는 우리와 비슷한 전략을 쓰는 경우가 있으나 대체적으로 우리보다는 용건 중심이다.

한국사람들이 연설이나 좌담회에서 발언하는 내용과 스타일 또한 비슷하다. 전반부는 알맹이 없고 형식적이고 의례적인 말로 채운다. 토론을 위해 발언을 시작할 때 「먼저 이런 자리를 마련해 주신 주최자에게 감사를 드리며」 등의 인사말을 건네는 그것이다. 국회의 청문회장이나 기자회견장에서 나오는 질문도 진짜 내용보다는 서론이 더 긴 것이 특징이다.

일본사람들은 다른 사람과 거북하고 불편한 문제를 해결할 때는 간접적인 방법으로 대개 중간에 사람을 두는 방식을 잘 이용한다. 한국 사람도 대개 마찬가지다. 이 때 중간에 있는 사람은 양쪽을 모두 잘 아는 사람인 것이 보통이며, 그는 곧바로가 아니라 시간을 두고 뜸을 들여 분위기를 조성한 다음 문제를 해결한다. 이런 우리식의 문제해결 방법도 같은 맥락에서 생각해 봐야 한다.

권위주의가 실용주의와 상대적인 개념이라는 점은 이미 지적했다. 권위주의 사회에서 자란 한국의 유학생들은 해외에 나와 학교, 교수 또는 관청과의 관계에서 비실용적이고 비능률적이 되기 쉽다.

영미대학의 학장이나 관공서의 장(長)에게 전화했을 때, 본인이 부재중일 경우 비서는 대개 전화번호를 남겨 놓으라고 한다. 나중에 찾는 사람이 돌아오면 회답을 하도록 해 주겠다는 것이다. 이것이 우리 학생들에게는 좀 신기한 일이다. 우리 문화에서는 이런 경우 학생이 전화번호를 남기기보다는 전화를 다시 거는 것을 예의로 안다. 학생은 전화번호를 남기기보다 『알겠습니다. 나중에 다시 하겠습니다』라고 대답하는 쪽을 택한다.

한국사회에서 직위가 높은 자가 보통사람에게 전화로 회답을 해 주는 일은 드물다. 본인이 있어도 직접 바꾸어 달라고 하지 못하고 비서에게 용건을 말하거나 찾아가는 것이 예의다. 비슷한 직위에 있는 사람이 아니라면 전화로 용건을 해결할 수도 없다. 영미국가에서라면 일반적으로 될 일은 전화로 하든 찾아가든 해결되고 안 될 일은 어차피 안 된다. 유학생이 이런 차이를 극복하는 데도 시간이 걸린다.

영미사회에서 관청이나 학교, 그 밖의 단체는 거의 모두 자세한 안내서를 구비하고 있는데, 민원을 내기에 앞서 먼저 읽어 봐야 한다. 이 경우 전화를 해서 안내서를 보내 달라고 하면 예외 없이 우편으로 보내 준다. 이를 잘 이용하면 직접 가지 않고 시간을 절약할 수 있다.

한국 유학생과 학부형은 외국학교 교직원이나 교수들에게 특별한 이유 없이 호의를 베푸는 것으로 이름나 있다. 이것도 격식을 차리는 한국인의 태도와 관계가 있다. 귀국했다가 돌아오면 상당한 선물을 마련해 와서 교사나 교수에게 준다. 주어서 기분이 나쁠 사람은 없겠지만, 서양사람들은 동양사람들이 왜 그렇게 푼푼한가 하고 의아하게 생각한다.

순박한 한국 농촌사람들의 대접을 잘 받은 크레인 씨도 한국인에 관한 저서에서 친절하게 접근하는 한국인에 대해 몇 마디 썼다. 그는 선물을 가져오고 후하게 대접해 주는 한국사람들은 대부분 나중에 부탁을 해 온다고 경고한다. 어느 정도 맞는 말이기도 하지만 전부가 그런 것은 아니다. 필자가 과거 외국인과 함께 농촌을 돌아봤을 때 생각이 난다. 외국에서 귀한 손님이 왔다고 닭을 잡고 음식을 잘 차려 대접을 하는데, 나중에 어떤 대가를 바라고 그런 것은 아니었다. 먼데서 찾아온 외국인에 대한 단순한 예의였다.

해외에서 우리가 외국사람들에게 특별한 이유없이 비싼 선물을 하는 일은 잘 생각해 봐야 한다. 또 결코 넉넉한 형편일 수 없는 유학생의 경우, 우리식 미덕도 좋지만 서양식의 실용적인 생활양식에 빨리 적응하는 것이 학업의 성공을 위해서도 필요하다. 영미사회에서 물질로 교수의 환심을 사려고 한다면 바보짓이다.

9. 계약사회

산업화가 상당히 진전됐음에도 한국인의 행태에는 아직도 농경사회의 흔적을 역력히 볼 수 있다. 거래할 때 계산을 꼼꼼히 하는 것은 아직도 예의 없는 행동으로 받아들여진다. 인간관계에서도 정과 의리가 강조된다. 한국인의 아름다운 성품을 묘사하는 「정(情)」 같은 말이 오래 전부터 있어 온 것도 같은 맥락이다. 이런 가치와 태도는 서양인의 계약중심적인 사고와는 배치된다. 서양사회에서 모든 거래는 문서에 적힌 약속대로 이행되어야 하며, 액수는 크든 적든 철저히 따져서 수수되어야 한다.

영미사회에서는 늘 조건이 깨알처럼 적힌 용지를 읽고 「서명」을 함으로써 무슨 일이든 하게 된다. 이들 대부분이 계약서인 셈이다. 방을 하나 얻는데도 세입자와 집주인의 권리 및 의무가 임대계약서에 아주 세밀하게 명시된다. 사람을 고용할 때도 마찬가지다. 일처리를 할 때 주고받은 편지도 계약의 효과가 있다. 영미사회에서는 도장을 찍는 대신 서명을 하게 되는데, 이 때는 매우 조심스럽게 해야 한다. 액수가 큰 사항은 변호사를 통해 하는 것이 보통이다. 한 번 서명함으로써 어떤 계약의 당사자가 되면 잘 몰랐다든가 정황을 참작하여 봐 달라고 해도 통하지 않는다.

부동산 거래를 할 때도 소유자는 나타나지 않고 부동산 중개인과 변호사가 대신 일하며 서류로만 처리한다. 부동산 문제, 자동차 사고 등 분쟁이 생기면 당사자는 변호사에게 일을 맡기고 빠져 버리기 때문에 한국에서 그런 것처럼 직접 만나 동정을 구한다든가 타협을 보기 어렵다.

서양인들의 이런 타산적이고 메마른 생활태도는 희곡 「베니스의 상인」에서도 잘 풍자되었지만, 이를 좋다 나쁘다 단정해서 말하기는 어렵다. 정과 의리를 내세우며 적당히 하는 거래나 인간관계에서 나중에 더 큰 분쟁이 생길 수도 있는 것이다. 또 한국인은 「운용의 묘」를

살린다거나 「신축성 있게 운용」하는 것을 미덕으로 알지만, 사실 이
것은 말로만 가능하지 실제에 있어서는 불가능한 때가 많다. 많은 한
국 유학생들이 거래에 있어 서양인과 우리의 이런 차이점을 모르거나
알아도 습관적으로 소홀히 함으로써 손해를 본다.

영미사회에서 주택을 임대할 때는 전세금은 없고 매주 또는 매월
임대료를 지불하게 되는데, 처음 1개월분 정도를 보증금(bond)으로
기탁하게 된다(호주에서 이 돈은 법에 따라 주인이 아니라 ental
Board라는 공기관에 기탁하게 된다). 이 돈은 임대료를 내지 못하게
되었을 때나 집을 비울 때 파손된 것이 있으면 변제하기 위한 것이
다. 많은 한국 유학생들이 이 돈을 억울하게 떼었다고 하소연하는
데, 입주 전에 서류를 잘 살펴서 절차를 확실하게 하지 않았기 때문
에 그런 것이다. 계약서류에는 주택과 내부에 이상 여부를 사전에 확
인하는 체크 리스트가 들어 있다. 이것을 미리 확실히 해 두면 이런
분쟁을 대부분 막을 수 있다. 하숙 주인과의 견해차도 이런 데서 생긴
다. 한 학생은 여러 주를 살다가 나오면서 사정상 이틀을 더 있게 되
었는데, 그 추가분을 계산해서 돈을 받더라고 혀를 내둘렀다. 서양인
들에게는 당연한 일이지만 그런 정도면 대개 봐 주는 한국식에 익숙
한 사람에게는 야박하게 생각되는 것이다. 넓은 집에 자녀 없이 사는
노부부가 빈방을 세놓는 일이 있지만, 이들도 생계 때문에 그러는 것
이 아니라도 돈계산은 역시 철저하다. 유학생 말고도 파견을 나온 한
국 상사들도 현지인 고용과 동산, 부동산, 물품 및 용역 구입 과정에
서 현지의 법규정에 무지하거나 계약서 작성을 소홀히 하여 손해를
보는 경우가 자주 있다.

해방 후 원조물자를 퍼다 주고 어려운 사람을 돌봐 준 「좋은 사마
리아인」 같은 미국사람에 대해 듣고 자란 한국인들은 서양인은 부자

이며 인정 있고 후하다는 막연한 감각을 갖고 있다. 그러나 한국인이 현지에 나와 보면 그런 감각은 싹 달라진다. 이것도 일종의 문화충격이다. 그렇다면「좋은 사마리아인」같은 서양인과 현지에서 맞닥뜨리는 야박한 서양인의 차이는 어떻게 이해해야 하는가? 서양인들은 재산을 자손에게 물려주겠다는 집념이 우리처럼 강하지 않으며, 공익을 위해 기부하는 사례가 많다. 「야박하게」모아진 돈이 종교단체를 비롯한 각종 공공단체를 통해 한때 한국 같은 나라에 선심으로 작용한 것이 사실이다. 그러나 서양인들에게 전통이 되다시피 한 공공성을 띤 자선사업과 개인 간의 거래에서 따지는 계산은 차원이 다른 것이다.

10. 집단주의 속성을 버려라

한국사람들은 집단 속에서 일하기를 좋아한다. 혼자서 하는 일은 고독한 것으로 여긴다. 이는 한국에서 살아본 서양인들이 하는 말이다. 사실 우리들의 성장과정을 생각하면, 가정 밖의 활동 중 개인이 독립적으로 하는 것은 거의 없다. 「나」개인보다도「우리나라」「우리 학교」「우리 모임」을 위해 일한다는 말이 귀에 익다. 그리하여 전체의 이익을 위해 개인을 희생한다거나 구성원들에게 획일적인 사고와 행동을 강요하는 것에 익숙했다.

집단주의(collectivism)와 개인주의(individualism)는 서로 상대되는 개념이다. 개인주의는 가능한 한 개인의 자유와 이익을 최대로 옹호하자는 사상이다. 개인주의는 남이야 어떻게 되든 자기 이익만을 챙기는 이기주의와는 다르다. 전체를 위해서는 개인의 이익도 희생할 수 있다는 그 사상 자체는 틀리지 않을지도 모른다. 그러나 역사적으로 볼 때 집단주의는 전체를 위한다는 구실 아래 전체주의(totali-tarianism), 독재주의로 변질되었던 것도 사실이다.

집단주의 풍토와 인구 과밀이 복합된 결과, 한국에서는 사람 사이의 교류(interaction)의 밀도가 아주 높다. 서울의 한 샐러리맨의 하루를 상상해 보자. 그는 조기 축구회(또는 다른 모임) 회원으로 새벽 일찍 다른 회원들과 근처 공원에서 어울리는 것으로 교류를 시작한다. 자가용 또는 전철로 출근할 때도 근처에 사는 직장동료와 함께 간다. 점심때가 되면 동료들과 함께 식사하고, 찻집에서 30분 정도 잡담을 즐기는 게 보통이다. 퇴근 후에도 들러야 할 모임이 동창회, 종친회, 동호인 모임, 계, 강연회, 파티 등 한두 건은 꼭 있다. 가령 국회의원 정도라면 주말에 결혼식만 십여 군데를 들러야 하는 것이 통례라고 하며, 가정주부도 거미줄처럼 얽힌 인간관계 속에서 하루를 보낸다. 이것이 한국사람들의 실상이다. 이런 문화에서는 각종 명목의 단체가 만들어지기 쉽고, 또 사람들은 고립되지 않기 위해 어딘가에 끼여야 한다. 혼자 있는 것은 매우 고독하고 불행한 것으로 받아들여진다.

영미국가의 중년남자들이 주말을 보내는 것을 보면 우리와 아주 다르다. 이들은 대개 집에서 부인과 정원을 손질하거나 집을 수리하는 일을 하면서 같이 보낸다. 한국남자들은 친구들과 등산, 낚시, 골프를 하려고 밖으로 나간다. 해외에 나온 한국사람들이 외로워 하고 적응에 어려움을 겪는 데는 여기에 상당한 이유가 있다. 한국의 부모들이 자녀와 같이 살기를 원하는 것은 경제적인 이유 외에도 혼자 사는 것을 고독으로 여기기 때문이다. 서양의 부모들이 될 수 있는 한 자식과 떨어져 독자적으로 생활을 하기를 희망하는 것과는 대조적이다.

이런 영미사회의 한산한 분위기가 한국 유학생들의 외로움을 더해
준다. 그래서인지 이들은 예외없이 유학생회를 조직하고 동료 한국인
들과 어울리곤 하지만, 이것이 한국에서 그랬던 것과 같을 수는 없
다. 이런 상황에서 이따금 실수를 하게 된다. 식당에서 늦도록 술을
마시다가 싸움을 벌여 경찰의 신세를 진다든가 카지노에서 생활비를
날리는 것이 그것이다. 영미지역으로 유학을 떠나는 학생들이 외로움
을 덜 느끼려면 한국에서 익숙해진 집단주의적인 생활습성에 대한 미
련을 버려야 한다.

11. 사생활 존중은 상식이다

집단주의에 익숙해진 사람은 자연히 다른 사람의 사생활(privacy)
에 대한 관념이 희박할 수밖에 없다. 다른 사람을 늘 의식하면서 동
시에 나 아닌 사람의 일에 큰 호기심을 보인다. 한국사람들이 모여서
남의 말을 많이 하는 것, 좁은 해외 한인사회에서는 남의 집 숟가락
이 몇 개인지도 안다는 얘기가 나오는 것은 모두 그런 사례이다. 서
양사람들은 가까운 친구나 가족에게도 개인적인 것은 깊이 묻거나 거
론하지 않는 것을 예의로 안다.

사생활을 존중하는 것이 서양에서 더 철저하다는 것은 널리 알려진
사실이지만, 이를 실제 생활에서 실천하기란 쉽지 않은 일이다. 사생
활 문제가 워낙 미묘한데다가 언어장벽까지 겹쳐 섬세한 대화가 불가
능한 외국인과의 관계에서는 늘 어려운 숙제로 남게 되는 것이다.

문제는 어느 쪽이 상대를 더 필요로 하는가에 있다. 상대가 특별히
필요한 사람이 아니라면, 저쪽에서 사생활에 대한 간섭을 원치 않을

경우에 그렇게 해 주면 된다. 그러나 유학생은 대체로 그런 편한 입장에 있지 않다.

한국사람이나 외국사람을 불문하고 개방적인 성격이어서 무슨 얘기든 남과 쉽게 할 수 있는 사람이 있다. 이런 개방적인 외국인과는 사생활 문제의 벽을 쉽게 허물 수 있다. 외향적인 한국사람이 반대의 외국사람에게 농담 섞인 말을 함부로 한다면 실수할 가능성이 크다. 이런 경우도 있다. 한 젊은 외국여성이 중년의 한국남자에게 영어를 개인교습해 주게 되었다. 이 외국여성은 시드니에서 밤에 남자들이 놀러 갈 만한 곳이 어디냐는 등 농담 섞인 화제를 꺼냈다가 큰 오해를 샀다.

일반적으로 외국사람에게 개인적인 사항을 묻더라도 너무 직접적이고 구체적이지 않게 무난하고 완곡하게 질문한다면 대체로 무난하다. 사생활에 대한 사고방식의 차이로 보이는데, 영미학생들은 일반적으로 자기들끼리도 우리들처럼 속속들이 알고 지내지 않는다는 점을 유학생들은 유의할 필요가 있다.

12. 편지를 하면 답장은 꼭 온다

한국에서는 친척은 물론이고 고향사람, 같은 학교를 다닌 사람까지도 그렇지 않은 사람들과 다르게 대한다. 이런 특별관계가 개인 간의 친목으로 끝나지 않고 공적 영역으로 확대되면 부정이 생기기 쉽다. 특별한 관계나 연고를 찾다 보면 인사, 입찰, 선거에서의 부정이나 탈세 등 대개 금전수수 혹은 이권을 주고받는 것으로 발전할 수 있다. 파벌이 생기는 것도 이렇듯 이권이 걸려 있을 때 심하다. 그렇지 않다면 좋아하는 사람끼리 똘똘 뭉치는 것을 욕할 이유도 없는 것이다.

파벌이 중심이 되어 움직이는 사회여서 거기에 끼지 못해 손해를 본다면, 사람들은 아무리 작은 인연이라도 찾아 움직여야 한다. 그런 인연으로는 혈연, 학연, 지연 외에도 직장, 계모임, 친목회나 산악회 같은 동호회 등 여러 가지가 있다. 또 가까운 친척은 물론이고 종친회 같은 엉성한 단체를 통해서라도 실력자와 줄을 댈 수 있다면 유리하다고 할 수 있다.

서양사람들이 한국사람보다 더 인정이 있고 친절하다고 말할 수는 없다. 인정 있고 인심 좋기로 말하면 한국인 만한 민족도 없을지 모른다. 다만 한국인의 인정, 친절, 의리, 인심은 파벌처럼 보편 타당성이 없는 것이 문제다. 한국인들은 대개 특정한 관계에 있거나 친한 사람에게는 친절하고 관대하지만, 그 밖에 다른 사람에게는 그럴 수도 있고 그렇지 않을 수도 있다.

서양사람들의 인간관계는 이에 비해 훨씬 보편성을 띤다. 상대가 누구이든 원래 잘 알고 있었거나 그렇지 않거나를 따지지 않고 기본적인 예의는 모든 사람에게 지키려고 한다. 서양사람들이 한적한 길거리에서 초면인 사람을 마주치더라도 가벼운 인사를 하거나 아니면 미소라도 짓는 것을 봐도 그렇다. 서로 잘 아는 사람하고는 지나치게 수다스럽고 그렇지 않은 사람은 일체 모른 척하는 문화에서 자란 우리에게 이러한 친절은 힘든 문제다. 이런 차이는 리셉션, 피크닉, 파티에 참석하거나 단체여행을 해 보면 쉽게 알 수 있다. 영미사람들은 초면인지 구면인지를 가리지 않고 대화를 나눈다. 우리는 원래 잘 알던 사람끼리만 어울려서 그렇지 못한 참석자는 「개밥의 도토리」가 되기 쉽다. 따라서 모임에 가기 전에 누가 참석하는지 알아봐야 한다.

　영미사회에서는 누가 잠깐이라도 자리를 함께 하면, 안면 있는 사람이 다른 사람들에게 예외없이 인사를 시킨다. 모르는 사람끼리도 먼저 자신을 소개하고 접근한다. 이런 서양의 관행도 보편타당한 인간관계에서 나온 것이 아닌가 한다. 한국에서도 그런 관행은 점차 늘고 있지만, 아직도 별로 중요하지 않은 사람, 모르는 사람은 내버려 두기 일쑤이다.

　여성도 모르는 남자에게 먼저 말을 하거나 친절하게 대하면 오해를 받을 것이므로 일부러 냉담한 체한다. 상대가 말을 걸어도 처음에는 적극성을 보이지 않는 사람이 많다. 영미사회의 인간관계는 이와 다르다. 누구든 소개를 받아 알게 되었거나 말을 걸어오면 예의상 잘 알던 사람처럼 친근하게 잠깐이라도 대화를 나눈다. 상대방이 무어라고 하면「아, 그래요(Is that so)！」같은 말로 관심과 성의를 보이는 것이다. 그러므로 해외에 나갔을 때, 모르는 사람이라고 아는 체하지 않으며 끼리끼리만 어울리거나 별볼일 없는 사람이라고 해서 우두커니 남겨 두면 외국사람들에게 좋지 않은 인상을 주게 된다.

　영미사회의 에티켓 안내서에 따르면, 두 사람의 가운데에 자리한 사람이 먼저 연장자 또는 여자에게 상대를 소개하는 것이 예의다. 예컨대 국회의원과 유학생이 한 자리에 있다고 하면, 중간에 있는 사람이 국회의원에게「이 사람은 학생인 아무개입니다」하고 소개해야 한다.

　단체장이든 개인이든 영미사람들은 정당한 편지에 대해서는 상대의 지위를 따지지 않고 거의 예외없이 회답을 해 준다. 단체장의 비서들은 외부에서 온 편지에 답장하는 일을 먼저 한다. 유학생들은 문제해결을 위해 이 점을 잘 이용해야 한다.

13. 감정에 솔직해져라

한국사람들은 감정을 억제하고 영미사람들은 감정을 자연스럽게 나타낸다. 물론 이런 관찰에는 일리가 있으나 일반론을 펴는 것은 역시 위험하다.

영미사람들은 기쁨, 사랑, 놀라움 등의 감정을 다른 사람 앞에서 솔직하게 내보이는 편이다. 자녀나 친한 친구를 만날 때는 껴안으며 기쁨을 표시한다. 선물을 받으면 그 내용물을 사람들이 보는 앞에서 열어보이며 호들갑에 가까운 반응을 보인다. 또 남의 집에서 음식 대접을 받으면 맛이 있다고 극구 칭찬을 한다. 동양사회에서는 이런 감정표현은 미덕이 아니다. 한국에서는 아직도 약혼식, 결혼식 때 여자가 손님들 앞에서 심각한 표정을 짓는 것이 보통이다. 너무 웃는다든가 행복감을 나타내는 것은 삼가해야 한다.

그러나 한국사람들은 영미인들에 비해 분노나 불쾌감, 슬픔을 공개적으로 잘 표출한다. 관공서에서 일이 마음대로 안 될 때나 기차가 연착할 때 아우성을 치는 것이 좋은 예이다. 영미사회에서도 기차가 늦어서 30~40분씩 기다리는 일은 흔하지만, 그럴 때도 사람들은 신기하리 만치 조용하다. 영미사회에서 다른 사람에게 쉽사리 화를 내는 것은 금물이다. 필자는 영미사람들의 장례식에 갔을 때, 상주측이 손님들 앞에서 소리내고 우는 장면을 보지 못했다. 죽은 사람의 어머니가 문상을 온 손님들을 침착하게 맞이하는 것도 보통이었다. 그렇다고 슬픔이 덜 하다는 얘기는 아니다. 결국 영미사람들은 긍정적인 일에, 한국사람들은 부정적인 일에 더 감정을 표출하는 것은 아닌가.

다른 사람의 아이나 하물며 개를 보고도 예뻐한다면 호감을 표시하고 예의를 차리는 일이 된다. 침묵에 익숙한 동양인에게 이런 일은 어려운 일이며, 대개는 무표정한 채로 있기 쉽다. 감정 표현이 어색하면 서양사람들과 가까워지기 어렵다.

유학생을 많이 접해 본 한 교포의 말은 새겨들을 만하다. 유학생들이 영미사람들 집에 민박을 하면서 어려움을 겪는 일이 많다고 한다. 주인집 아이들과 놀아 주는 정도의 성의만 보인다면 돈으로는 얻을 수 없는 호의를 받을 수도 있는데, 대부분의 한국학생들은 그러지 못하더라는 것이다.

14. 침묵은 금이 아니다

웃음과 침묵은 때때로 말보다 더 중요하고 효과적인 비기호적 커뮤니케이션 수단이다. 웃음은 어느 나라 문화에서나 친근과 양보의 표시이므로 호응을 얻는다. 그러나 침묵의 의미는 웃음과 미소만큼 확실하지 않다.

우리 문화에서는 대부분 대화를 하면서 힘주어 말하기보다 부드럽고 점잖게 말하며 웃는 것이 더 좋은 인상을 남긴다. 자기 생각을 명백히 밝혀야 하는 상황에서도 이런다면 손해를 보기 마련이다.

여러 연구에 따르면, 동양문화는 수다보다 과묵한 것을 더 낫다고 본다. 「침묵은 금」이라는 말대로 말은 될수록 적은 것이 좋은 것이다. 윗사람이 아랫사람에게 직접 말하지 않고 중간에 있는 사람을 통해 이러저러하게 지시하는 것도 같은 이치다. 서양에서는 좀 다르다. 침묵은 적극적인 가치가 되지 못하고 부정적이며 비협조적인 것으로 받아들여지는 편이다. 수줍은 것은 때로 무례가 된다. 서양사람

들은 자리를 함께 할 경우, 서로 대화를 이끌려고 노력하고 잘 모르
는 사람이라도 참여시키려고 노력한다.

필자가 대학시절 외부강사로 만났던 미국인 할머니가 생각난다. 그
녀는 첫날 강의를 시작하면서 100여 명쯤 되는 학생들에게 열심히 질
문하면서 참여를 유도했다. 그런데 한국학생들이 모두 쥐죽은 듯 가
만히 앉아만 있자 당황했다. 「제발 호응을 해 주세요(Please cooperate
with me)」를 연발하더니 그 다음 강의부터는 나오지 않았다. 학생들
은 한국의 대학 강의실이나 모임에서 하던 그대로였는데, 이 미국인
할머니는 그들이 비협조적인 것으로 오해했던 것이다.

영미사회에서는 자기 생각을 뚜렷하게 밝히는 사람을 일반적으로
더 낫게 본다. 영어로 「articulation」은 말을 조리 있고 확실하게 한다
는 뜻이다. 「articulate」한 사람은 바로 그렇게 말을 잘 하는 사람이
며, 서양사회에서는 대개 소신 있는 인격자로 대접을 받는다.

침묵을 중시하는 문화에서는 말도 두루뭉실하게 하는 것이 유리하
다. 한국에서는 직장에서나 가정에서 자기 입장을 명백히 하는 사람
은 입바른 사람이라고 해서 미움을 산다. 한 조사(Ishi외 1991)에 따
르면, 같은 조건에서라면 미국인이 일본인보다 대화를 두 배나 더 나
누는 것으로 나타났다. 영미국가에 유학한 사람이라면 현지인과 명랑
한 대화를 많이 나눈다고 해서 손해 볼 일이 전혀 없다. 그들은 그런
사람을 좋아한다. 한국 유학생들은 너무 말을 하지 않고 참여의식이
저조하기 때문에 현지인과의 관계에서 서먹서먹해지는 경우가 많다.

물론 웃음은 어느 나라에서나 친근감의 표시지만, 웃어야 할 때와
그러지 말아야 할 때는 분명히 가려야 한다. 한국사람들 중에는 현지
인이 어떤 설명을 바라고 있는데도 정작 설명은 않고 웃기만 하는 경
우가 많다. 조심해야 할 일이다. 또 웃거나 밝은 표정을 보여야 할

때 묵묵히 앉아 있는 경우도 많다.

한국사람들은 보통 다른 사람 앞에서 잘 웃지 않지만, 직장상사 같은 사람을 대할 때는 웃음이 헤픈 경우가 많다. 이것은 서양사람들의 관찰이다. 권위주의적인 계층사회에서 약자는 강자의 기분을 상하지 않게 배려해야 하기 때문에 그렇게 되는 것이라는 해석까지 덧붙여서.

15. 댕큐, 굿모닝

상대방을 호의로 대하면 그도 내게 호의를 보이므로 대화가 잘 이루어진다. 그러므로 「고맙다(thank you)」「미안하다(I am sorry」「좋다(very good)」 등이나 그 밖에 상대에게 호감을 보이는 말과 제스처는 일상생활에서 많이 쓸수록 좋다. 그런데 영미사람들에 비해서 한국사람들은 이런 표현에 인색하다. 그 이유는 이미 언급한 대로 권위와 위엄을 중시하는 우리의 문화 때문이지만, 언어적인 것도 크게 작용한다. 우선 인사로 쓰이는 우리말은 영어보다 길다. 영어의 「How are you ?」는 음절(syllables)이 세 개일 뿐이다. 「안녕하세요」는 다섯 음절이다.

1950년 말에 필자는 공군에서 근무했다. 그 때 동료들끼리 아침인사를 「굿모닝」 또는 「굿모닝, 서(good morning, sir」로 대신하는 것을 보고 놀랐다. 당시 우리 공군은 미국의 원조를 받아 조종사와 요원들 대부분이 미국에서 훈련을 받고 돌아온 것 말고도 영어로 인사하기가 간편해서 그랬던 것이 아닌가 생각한다. 영미사람들은 웬만한 사이일 경우, 「hello」 또는 「hi」 정도로도 정중한 인사가 가능하다.

우리나라에서 어른에게는 물론이고 동료끼리도 「안녕」은 사뭇 어색하고 곤란하다.

영미사람들이 「thank you」라고 할 때, 이 말이 진정 고마움을 의미하느냐를 따지는 것은 무의미하다. 어떤 연극의 한 장면이 생각난다. 대답하면서 말끝마다 매번 「thank you, thank you」를 연발하다가 「Your are fired(당신 해고야)!」라는 말을 듣고도 자동적으로 「thank you」라고 하는 것이었다. 「thank you」라는 말이 얼마나 형식적으로 쓰이는가를 잘 말해 주는 사례다.

「thank you」는 두 음절이지만, 우리말 「고맙습니다」는 다섯 음절이다. 그렇다고 줄여서 「감사」라고 할 수도 없는 노릇이다. 「thank you」「excuse me」「sorry」「no worry」「please」「all right」처럼 예의와 관계되는 영어표현이 모두 짧은 말로 되어 있다. 「excuse me」의 「excuse」는 두 음절이지만 액센트가 있는 「-cu-」를 힘주어 발음할 때는 한 음절로 들린다. 예컨대 「cuse me」가 된다.

어쨌든 영미사람들은 다른 사람과 몸이 닿으면 자기 잘못이 아니어도 「I am sorry」라고 하며, 어떤 서비스를 받으면 「thank you」라는 말을 의례적으로 꼭 한다. 중요한 사실은 「thank you」라고 해야 할 때 하지 않으면 예의에 어긋나고 오해를 사기 쉽다는 것이다. 그런 예는 「very good」 또는 「fine」「all right」「right」 같은 말에도 그대로 적용된다. 「delicious」는 영어로 맛있다는 말이지만, 영미사람들은 그 대신 「um!」 같은 감탄사와 함께 표정으로 짓을 하는 것이 보통이다. 한국에서라면 음식을 대접받고 어떤 반응을 보이려면 「어이구, 맛이 있네요. 음식 솜씨가 보통이 아닙니다」또는 「맛이 기가 막힙니다」정도로 장황해지기 십상이다.

영미사람들은 만족, 호감, 선의나 그 밖에 감정을 표시하려고 할 때 말에 못지 않게 제스처를 많이 사용한다. 짧은 말로 인사를 하는 것, 제스처로 인사를 대신하는 것은 이들의 실용주의와 관계가 있을 듯하다.

앞장(제2장)에서 격식이 없기로 유명한 호주사람들이 말을 줄여 쓰는 예를 들었다. 이는 다른 영미국가 사람들도 마찬가지다. 영어의 단체명, 특정 단어를 앞머리 대문자만으로 생략해서 쓰는 관례도 그렇다.

물론 이들도 예식과 행사에 있어서 우리보다 더 까다로운 격식과 표현방법이 있기는 하다. 그러나 일반적으로 우리 문화에는 짧고 편리하게 수시로 호의를 표시하는 적극적인 커뮤니케이션 방법이 잘 발달되어 있지 않다. 이 지역에 나가는 유학생들은 현지에서 하는 대로 짧은 인사말이나 제스처를 자주 쓰고, 또 현지인들이 줄여 쓰는 일상어 정도는 배워서 쓰는 것이 그들과 잘 융합하는 데 절대 필요하다.

16. 토끼문화, 거북이문화

한국사람들의 보기에 호주는 느슨한 사회이다. 호주에 살다가 한국에 가보면 사회가 참으로 빨리 돌아가는 것을 느낀다. 한국사회, 한국인들의 특징은 「빨리빨리」에 있다. 호주에 온 한국사람들의 공통적인 애기 중에 하나는 호주 관공서의 서류처리가 너무 늦다는 것이다. 무슨 일이건 서두르면 실수를 하기 쉽고, 그렇다고 천천히를 강조하면 진전이 느리다. 빨리빨리가 좋으냐 천천히가 나으냐는 여기서는 논외의 문제이다. 문제는 한국식의 「빨리빨리」 습관을 영미국가에 와서도 고치지 않으면 곤란하다는 것이다.

호주는 물론이고 다른 영미국가에서는 관공서나 기업체의 서비스는 순서대로 일을 보는 이른바 「First come, first served」 원칙이 잘 지켜진다. 그러기 때문에 시간이 좀 걸린다고 하더라도 요구한 것에 대한 회답은 반드시 온다. 한국 유학생들은 자기 차례를 기다리는 인내심을 배워야 한다.

영미사람들의 가게를 보면 우리와 많이 다르다는 것을 알 수 있다. 가게 주인은 한 손님을 상대하는 일이 끝날 때까지 다른 손님을 거들떠보지도 않는 경우가 흔하다. 뿐만 아니라 다른 손님이 기다리고 있다 하더라도 지금 상대하는 고객의 요구에 끝까지 응한다. 물론 그 손님도 기다리는 다른 손님을 아랑곳하지 않고 주인과 일을 다 본다. 이런 태도에 익숙지 않은 우리가 기다리는 손님의 처지라면 은근히 화가 치밀어 오를지도 모르겠다.

필자가 미국에 간 지 얼마 되지 않아서 햄버거를 파는 간이식당에 들렀을 때의 일이다. 카운터 앞에 손님들이 앉아 있고 그 안쪽으로 몇 사람의 종업원이 시중을 드는데, 새로 온 손님인 필자를 이들은 쳐다보지도 않는 것이었다. 필자는 내가 동양인이라서 그런가 하고 은근히 부아가 났지만 어쨌든 기다렸다. 그런데 얼마쯤 지나자 종업원이 무엇을 주문하겠느냐고 물었다. 그 때까지는 내 차례가 아니었던 것이다. 지금 상대하는 손님에 대한 서비스를 완전히 마친 다음에야 다른 손님에게 응대하는 것이 영미사람들의 관행이다. 한국의 가게주인이라면, 다른 손님이 들어왔을 때 상대하던 손님을 제쳐놓고서 그 사람에게 말을 건다.

관공서나 은행에서 차례를 기다릴 때도 그렇다. 앞사람의 일이 완전히 끝날 때까지는 좀 떨어져서 기다려야 하고, 또 앞사람이 일을 마쳤어도 직원이 그 일을 마무리 중이면 그대로 기다려야 한다. 가서 말을 걸면 「무식한 외국인」을 경멸하는 태도로 기다려 달라고 냉랭하게 대꾸한다. 이와는 반대의 경우도 있다. 우리나라 관공서나 가게에서는 손님을 상대하고 있을 때 외부의 손님이 전화를 해 오면 빨리 통화를 끝내야 한다. 그런데 영미사회에서는 그렇지 않은 것이다. 전화로 충분히 용건을 보도록 한다. 이들 사회에서는 외부인이 전화로 길게 어떤 문의를 하는 것이 조금도 이상한 일이 아니다.

영미사회에서는 물건의 주문이건 서비스건 간에 당일에 이루어질 것을 기대하면 낭패를 보기 쉽다. 시간이 걸리므로 미리미리 준비해야 한다.

그러나 이런 영미사회라도 자동차만은 대개 급하게 몰고다닌다. 느리게 운전하거나 규칙을 위반하면 참아 주지 않는다. 유학을 나가는 사람은 천천히 돌아가는 사회에 적응해야 하고, 자동차는 규칙에 맞게 빠르게 몰아야 한다.

17. 친절해도 까다로운 영미사람들

한국에서는 까다롭고 모난 것보다는 소탈하고 둥글둥글한 것을 더 낫게 본다. 그러나 실제로 사람이 언제나 소탈하고 둥글둥글하게 처세할 수는 없다. 더구나 이해관계가 얽히게 되면 날카로워지게 마련이다.

예의를 우리보다 더 잘 차리고 또 예의상 친절하기는 해도 상대방의 무례에 대해서는 한없이 까다로운 것이 영미사람들이다. 영미식의 행동양식이나 예의를 벗어났을 때는 좋은 게 좋다는 식으로 너그럽게 봐 주는 법이 없다.

220

영미사람들은 우리보다 감정이 예민한 편인데, 교육수준이 높고 여자(할머니)일수록 더 그렇다고 보면 된다. 또 영미사회에서는 자기 집 마당의 풀을 깎지 않아도 이웃의 불평을 듣게 된다. 이들은 직접 대놓고 불평하지 않으며 예컨대 「카운실(Council, 우리나라 구청이나 동사무소에 해당됨)」에 알리는데, 그렇게 되면 경고편지를 받는다. 우리들 관점으로 보아서는 매우 박절한 일이지만 거의 예외가 없다. 그러므로 집을 임대하면서 그런 잔일을 할 시간이 없는 사람은 아파트나 마당이 없는 집을 택하는 것이 좋다.

어느 나라든 일찍 자고 일찍 일어나는 사람(morning person)이 있는가 하면 늦게 자고 늦게 일어나는 사람(night person)이 있다. 일부 지식산업에 종사하는 사람을 빼고는 대부분의 영미사람들은 일찍 잠자리에 든다. 저녁 9시 정도면 주택가는 완전히 조용해진다. 때문에 밤늦게 떠들거나 텔레비전 소리를 크게 내면 불평을 듣게 마련이다. 그러나 현지인들 중에도 휴일이 시작되는 금요일 밤이 되면 파티를 열고 늦게까지 떠들어대는 사람이 더러 있다. 이 때는 이웃들도 뭐라고 하지 않는다. 이 점은 유학생들이 알아두어야 할 사항이다.

그러나 모든 분야에서 생활습관을 그네들 식으로 바꿔야 하는 것은 아니다. 사정이 있어서 굳이 폐를 끼쳐야 할 경우가 있다면 미리 설명을 하고 양해를 구하면 된다. 거기도 사람이 사는 곳이다.

18. 자기 주장을 확실하게!

영미사람들이 예의를 지키지 않는 것에 민감한 것은 자신의 권리를 보호하는 데 민감하기 때문이라고 할 수 있다. 마찬가지 이유로 이들은 필요할 때 자기 주장을 충분히 말할 수 있는 능력을 미덕으로 친다. 자기 주장을 확실하게 펼치는 능력도 문화와 관계가 있다. 동양계 유학생을 언급한 서양의 책이나 영미교수들의 지적에 따르면, 동양학생은 대부분 서양학생에 비해 자기 생각을 나타내는 데 소극적이라고 한다. 앞서 언급한 대로 동양사회의 권위주의적 교육, 감정억제와 양보를 미덕으로 치는 문화가 그렇게 만든 것이다.

영어로 「Speak up!」하면 잘 들리지 않으니 목소리를 높이라는 뜻도 되고 자기 주장을 확실하게 펴라는 뜻도 된다. 영미대학의 강의실에서 누군가가 우물쭈물 발표하거나 불평이라도 할라치면 동료들이 「Speak up!」 하고 소리친다.

권위주의가 배척되고 감정의 표현이 자연스럽게 받아들여지는 영미사회에서 정당한 자기 주장이나 의견을 말하는 것은 미덕이 된다. 자신의 정당한 주장을 잘 펼치면 손해를 보지 않을 뿐더러 존경을 받고 관심의 대상이 된다. 또 다른 사람과 문제가 있다고 하더라도 말을 터놓고 분명히 하게 되면 애매하던 사항이 분명해져서 잘 해결될 수 있다. 물론 예외는 있다. 근래 불황인 영미국가에서는 입바른 소리를 하다가 직장을 잃는 사례가 늘고 있다고 한다. 심지어 대학 같은 지식인 사회에서도 상급자의 이론이나 생각에 정면으로 도전하다가는 그대로 붙어 있지 못한다는 얘기도 나오고 있다. 어쨌든 대체적으로 자기 주장을 점잖게 펼 수 있는 능력과 기술은 장점이 된다.

일부 영미대학에서는 이런 능력을 훈련시키는 과외활동도 있다. 「assertive training(자기 주장 훈련)」이라고 부르는데, 어떻게 하면 상대방을 공격하지 않고 자기 주장을 여유 있게 펼칠 수 있는가를 배우는 것이다. 자기 주장을 내세우는 것은 자기 이익을 보호하기 위해서 필요한 일이다. 그러나 자기 주장을 펴는 일이 남을 공격하거나 자신에게 필요 이상으로 스트레스가 된다면 백해무익이다. 그러므로 이 자기 주장 훈련은 남에게 포악하게 보이지 않고 스스로 갈등을 느끼지 않으면서 자연스럽게 자기 주장을 펴는 기술을 가르치고 배우는 것이다. 이 훈련은 「공격하지 않으면서 자기 주장을 내세워라(Be assertive without being aggressive)」는 모토를 갖고 있다.

상대방과 시시비비를 따지는 일을 냉정하고 품위 있게 하느냐 또는 흥분해서 공격적으로 하느냐는 역시 부모형제나 친척, 친구들을 통해 배운다. 한국사람들은 토론에 관한 한 별로 모범적이지 않다. 한국에서 토론은 자칫 싸움으로 번지는 경우가 많지 않은가. 하물며 금전이 오고가는 문제라면 더 그렇다. 어려서부터 점잖고 자연스럽게 토론하는 훈련과 기회도 적었다.

영미사회에서 자동차 접촉사고가 나면 먼저 운전면허, 보험회사 등 기본적인 정보를 서로 조용히 교환한 다음 한쪽이 실수를 인정하면 좋고 그렇지 않으면 일단 헤어진다. 자동차가 보험에 가입되어 있으면 보험회사에 처리를 일임한다. 길에 서서 소리를 지르며 시비를 가리는 일이 드물다.

외국사람과 어떤 문제를 냉정하고 품위 있게 해결하려면 의사표시를 자유로이 할 수 있어야 하는데, 이것이 언어 때문에 힘들다. 억울한 일을 당했더라도 말로 제대로 나타낼 수 없다면 인상부터 험해질 수밖에 없다. 이민을 온 지 얼마 되지 않은 한국의 초, 중·고등학생들이 현지인 친구를 때리는 일이 자주 일어나서 한국아이들은 특별히 난폭한가라고 문제가 제기된 적이 있었다. 알고 보니 이들은 약을 올리는 현지 아이들에게 말로 대꾸할 수가 없어서 주먹질을 했던 것이었다.

노이(Noi, 1990)와 스미스(Smith)라는 학자가 유학생활과 관련하여 자기 주장을 펴는 문제에 대해 재미있는 분석을 했다. 그에 따르면 자기 주장을 밝히는 것은 공격과는 다른데, 전자는 상대방의 인격과 의사를 존중하면서 할 말을 하는 것이다. 공격은 상대방의 인격을 무시해 버리고 기분을 상하게 만드는 행위다. 아래 도식에 따르면, 두 극단에 공격적 태도와 묵묵히 따르는 묵종(submissiveness)이 있다. 자기 주장을 정당하고 경우에 맞게 내세우는 행위는 그 중간에 있다.

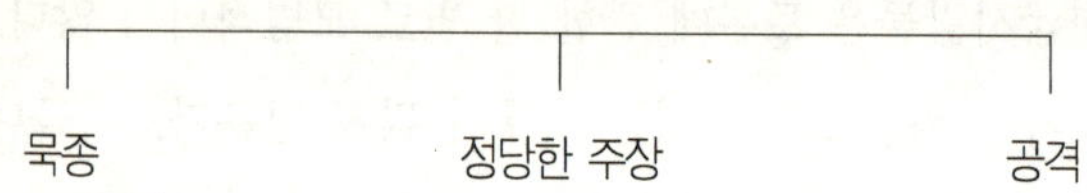

이들은 정당한 주장을 펴지 못하는 일반적인 배경으로 성격, 교육, 배경이 되는 문화를 들었고, 직접적인 이유로는 다음 7가지를 들고 있다. (a) 보복을 받을까 봐 두려워서, (b) 상대방이 불경하게 받아들일까 봐, (c) 무식이 탄로 날까 봐, (d) 부끄러워서, (e) 자신의 의견이 대단치 않다고 과소평가하여, (f) 의견 발표에 자신감이 없어서, (g) 무관심, 무감각 등이다.

이 가운데 (d)와 (e)는 타고난 개성이라고 할 수 있다. (a)의 경우는 한국에서 자주 경험하게 된다. 직장의 간부회가 좋은 예이다. 다른 사람들이 모두 침묵을 지키는 가운데 혼자서 회사의 정책에 배치되는 발언을 하기란 어려운 일이다. 보복을 받을까 두렵기 때문이다.

유학생에게 학교 안팎에서 자기 주장을 잘 전개하는 능력과 기술은 절실한 것이다. 고국에 있을 때라면 본인이 나서지 않아도 누가 대신해 줄 수도 있고, 직접 나서더라도 아는 사람들을 통하면 손쉽게 처리할 수 있다. 그러나 해외에서는 사정이 다르다. 모든 것을 내가 혼자서 해 나가야 하기 때문이다. 더욱이 언어의 불편을 고려할 때, 평소 특별한 마음의 대비와 훈련 없이는 좌절하기 마련이다.

아래는 한국과 해외를 불문하고 영미사람과의 관계에서 한국학생이 경험한 일로써, 태도를 확실하게 하지 못해 실수한 사례를 필자가 직접 보고 들어 옮긴 것이다.

- 호주에서 운전교습은 큰길에서 받는다. 교관이 영업용인 자기 차의 운전석에 교습생을 앉히고 같이 타고 다니면서 교습을 한다. 매번 교습이 끝나면 시간을 따져 돈을 받고 다음 약속을 한다. 한 한국 유학생은 교관의 태도가 무례해서 그만두고 싶었다. 이럴 때 그는 점잖게 그러나 당당하게 그 점을 지적하고 다음 교습은 취소하겠다고 정확하게 말했어야 했다. 그런데 이 학생은 그렇게 말하지 못하고 다음에 연락하겠다고만 말했다. 이 교관은 나중에 다시 연락을 해 왔는데, 이런저런 사정을 말하며 취소시키느라 서로 시간을 낭비했다.

- 사업차 한국을 다녀온 영미사람들의 말을 들어보면 재미있다. 한국에서 「예스」라는 대답을 듣고 돌아온 후 그 일을 구체화시키려고 편지를 보내면 묵묵부답이라는 것이다. 한국사람들은 서양사람들 앞에서 「노」라는 말을 잘 하지 못한다. 웃으면서 어물어물하거나 애매하게 「예스」라고 대답한다. 여운을 남겨 놓고 빠지는 식은 좋지 않다. 얼마 전 일본 정치인이 『노라고 대답할 수 있는 일본(Japan That Can say No)』이라는 책을 내서 관심을 끈 적이 있다. 우리도 하루바삐 「노」라고 해야 할 때는 할 수 있어야 한다.

  서양에서도 세일즈맨은 끈덕지다. 특히 태도를 확실히 못하는 동양인들이 이들의 표적이 되기 쉽다. 길거리에서 만나는 젊은 미국 모르몬 선교사는 참으로 끈질기다. 이들은 우유부단한 동양 젊은이들에게 잘 접근하는데, 이 때 어떻게 대응할 것인가? 한국 유학생들은 단호하게 거절하지 못하고 애매한 태도를 취함으로써 공연히 낭패를 당할 수 있다.

- 대부분의 한국사람들이 외국인과 영어로 대화할 때, 잘 알아듣지 못해도 고개를 끄덕이거나 웃어 보인다. 잠깐은 예우가 되고 잘 넘어갈지 모르지만 조심해야 할 일이다. 오해를 빚기 쉽다. 잘 알아듣지 못한 것은 재차 묻는 편이 훨씬 낫다. 그래야 대화가 더 잘 진행되고 나중에 얼굴을 붉히는 일을 막을 수 있다.

- 영미사람들은 식사할 때 테이블 건너편에 있는 양념 같은 것이 필요하면 건너편 사람이나 옆사람에게 건네 달라고 요구한다. 대개의 한국사람들은 친구나 아랫사람에게는 그렇게 해도 윗사람과 손님에게는 그렇게 하기 어렵다. 그래서 한국사람들은 영미사람들과 식사를 하게 되면 편치 않은 것이다. 작은 일이지만, 이것 또한 자기 의사를 표시하지 못하는 태도에 포함시킬 수 있다.

외국인 동료학생이 어려운 요청을 해 왔을 때 어떻게 할 것인가? 확실하게 마음의 결정이 돼 있지 않거나 또는 박절한 대답이 힘들 때 어떻게 해야 하는가. 노이와 스미스 팀의 자문을 들어보자.

(a) 부탁을 받았지만 마음이 확실히 결정되지 않았거나 받아들일 수 없을 때는 빨리 명백하게 대답을 해 주어야 한다. 마음을 결정하기까지 시간이 필요할 때는 그렇게 말해 주되, 시간이 갈수록 거절하기 어려워진다는 사실도 알아야 한다.

(b) 중요한 사항은 상대방의 얼굴을 마주보고 자기 생각을 확실히 전달해야 한다. 중얼거리다가 웃거나 애매한 대답을 하면 상대

방에게 혼동을 줄 뿐이다.

(c) 조건을 바꾸어 수락할 수 있는 것이라면 그렇게 말하라. 그럼으로써 서로에게 유리한 절충이 가능할 것이다.

유학 카운셀링과 컨설팅

1. 유학 컨설팅과 유학원

　대부분의 호주, 미국, 영국, 캐나다의 학교는 적어도 한두 사람의 교육상담원(educational counsellors)을 두고 있다. 이들의 역할은 교사나 학부모와 긴밀히 협의하면서 문제가 있는 학생들을 개인적으로 상담하고 돕는 것이다. 상담할 문제는 광범위하겠지만, 학교생활에의 적응, 가정문제, 불량학생 문제, 교사와의 갈등, 상급학교 진학이나 장래 취업에 대한 것을 빼놓을 수 없다.

　교육상담은 모든 수준의 학교에서 필요하다. 그러나 보통 카운셀링이라고 하는, 학교생활 적응에 관련된 상담은 어릴수록 더 필요한 것이므로 초등학교나 중·고등학교에서 더 중요하다. 대학 수준에서는 학사문제 상담(academic counsellors)과 취업, 졸업 후 진로지도(career advisors)를 전문으로 하는 인원을 두는 것이 보통이다.

유학생들은 나이에 관계없이 현지 학생들보다 더 많은 어려움을 겪는 것이 보통이다. 유학생을 많이 받는 영미대학들은 이들을 담당하는 전문가들을 두고 있다. 보통 외국학생 카운셀러(overseas student counsellors) 또는 외국학생 지도담당관(overseas student advisors)으로 불린다. 대학 안에 국제교육 담당관실(International Education Service) 같은 기구를 두는 데도 있다.

대부분의 영미 초등학교와 중·고등학교는 유학생을 받지 않거나 받아도 그 비율은 아직 대학만큼 높지 않다. 따라서 유학생을 위한 카운셀링 담당자를 따로 두지 않거나, 호주의 경우 일부 학교가 이중 언어를 구사하는 사람을 비상임으로 채용하고 있다. 그러나 대학 수준 이하의 학교들도 재정을 충당하려는 정책의 일환으로 유학생 수를 늘리는 데 적극적으로 나선다면 사정은 달라질 것이다. 그러나 아직은 그런 단계가 아니다.

외국학생 카운셀러나 지도담당관의 역할은 학생들이 고국을 떠나와서 겪는 문제들을 생각해 보면 자명해진다. 새로운 사회와 학교환경, 공부환경에 적응하는 문제, 학교행정과 관련하여 일어나는 문제, 교수와의 관계에서 벌어지는 문제 등이 그것인데, 이 책에서 다룬 상당 부분이 여기에 포함된다.

현지 학교들은 유학생들이 이용할 수 있는 학교 카운셀링 및 자문 서비스에 대해 늘 홍보를 하고 있다. 그러나 필자의 조사에 따르면, 한국학생들은 대학의 이러한 자문 서비스를 많이 이용하지 않는다. 한국학생들은 알리고 싶지 않은 개인 신상문제에 대해 상의하려고 언어와 문화가 다른 사람들을 잘 찾아가지 않는다. 학업에 관련된 문제는 자칫 약점을 드러낼 뿐 해결에 도움이 되지 않을 것으로 생각해서 더 그렇다. 또 대부분의 학생들이 재정적 어려움을 겪고 있지만, 이 분야만큼은 카운셀러도 별로 도움을 주지 못한다. 그런 의미에서 대학 수준에 유학하고 있는 한국학생들은 혼자서 혹은 친한 동료들과 의논해서 문제를 해결해 나가는 것이 보통이다.

반면 한국학생들은 유학을 나가기 전에는 한국의 유학원, 그 후는 현지에서 한국인이 경영하는 유학원을 적극 이용하는 편이다. 유학을 하거나 유학 후에도 학교를 옮기는 데 필요한 정보와 도움을 이런 데서 구하는 것이다. 이들 유학원은 상담비를 받지 않으며, 한국말을 하는 직원이 안내와 상담을 해 주므로 접근이 쉽다. 또 유학원은 국내외 어디에나 있어서 쉽게 찾아갈 수 있다.

유학원이 제공하는 것은 주로 유학을 가려는 나라와 학교, 과정의 선정을 위한 정보일 것이므로 개인의 신상문제에 대한 상담보다는 다른 정보의 제공이 주가 될 것이다. 따라서 이들 유학원이 하는 일은 카운셀링보다 컨설팅(education consulting)이라고 불러야 맞다.

1989년 한국정부의 「유학 자유화 조치」 이후 한국인 유학과 관련해서 여러 가지 새로운 풍속도가 생겨났다. 그 가운데 하나가 바로 한국과 해외 한인사회에 수없이 생겨난 유학원이다. 한인사회가 있는 곳에는 교포가 운영하는 유학원과 함께 유학생을 대상으로 하는 셋집과 하숙, 그리고 한인교회의 선교활동이 늘어났다.

한국과 해외에서 유학원이 급성장한 과정과 그 현황을 살펴보면, 유학 분야의 큰 당면문제가 무엇인가에 대해 더 깊이 알 수 있다. 그리고 유학과 관련하여 다음에 살펴볼 문제와 그 해결방안들은 절차의 문제 같지만, 한국 유학생의 장래와 직결되고 있음을 알게 된다.

한국전쟁 직후 시작된 영미지역으로의 유학은 1989년 유학 자유화 조치 실시까지는 대개 국내에서 대학을 마친 사람들이 석박사 학위를 얻으려는 것이었으며 유학생 수도 적었다. 초기에 이들은 유학을 가려는 나라의 한국 주재 대사관이나 또는 해외 친지들을 통해 원하는 대학의 안내책자를 얻고 그 학교에 직접 편지를 썼다. 그러므로 이때는 학생을 대신하여 학교를 찾아보고 수속을 밟아 주는 유학원이라는 개념이 없었고, 또 있었다고 하더라도 상업적인 시장이 될 수 없었다.

유학 자유화 조치는 그때까지 유학과 관련되었던 규제를 완화했을 뿐만 아니라 그 범위를 사실상 중·고등학교와 대학의 학부과정까지 확대함으로써 유학생이 대폭 늘어나게 되었다. 이는 유학생의 숫적 증가뿐 아니라 유학 대상국의 다양화, 유학생의 저연령화 현상을 불러왔다. 그 결과로 이들에게 유학할 학교를 찾아 주고 수속을 대행해 주는 유학원이 등장하게 된 것이다.

소위 조기유학이라는 초등학교, 중·고등학교 유학은 1990년대에 들어와 일부 상류층 또는 일부 지역(예컨대 서울 압구정동)을 중심으로 성행했다. 대체로 우리나라에서 대학교에 진학하는 데 문제가 있거나 이왕 유학을 갈 것이면 일찍 시작할수록 좋다는 부모의 판단에 따른 경우가 보통이었다. 대학의 학부 수준 유학도 한국에서 좋은 대학으로의 진학에 실패한 경우에 그 대안으로 부모가 추진한 것이 많았다. 이런 식의 유학을 시도하는 부모와 학생들은 유학 알선업자의 도움을 필요로 하게 되어 있었다. 또 그 밖에도 전체 유학생 가운데 가장 큰 비중을 차지하는 어학연수를 포함한 각종 해외연수도 대체로 본인들이 직접 수속을 하지 않고 유학원을 통하게 된다.

2. 유학원에 관련된 문제들

(가) 교육 에이전트(education agent)로 불리는 유학원들이 내거는

간판은 국제교육원, 해외교육원, 교육자문(education advisors), 교육 컨설턴트(education consultants), 교육센터, 유학센터, 유학정보센터(education information center) 등 다양하다. 그런 간판이나 이들의 스스로 하고 있는 일에 대해 광고하는 것을 보면, 유학원은 유학안내와 수속의 대행만이 전부인 유학 대서소나 복덕방일 수 없다. 그러나 현실은 거기에서 한 치도 벗어나지 않고 있다. 그 이유는 간단하다. 무엇보다도 한국에는 외국에서 그런 것처럼 돈을 내고 자문을 받는 전통이 취약하다. 거액의 금전적 이해가 얽힌 법률문제나 조세관계의 자문도 아닌, 외국학교 입학과 학업에 대한 안내를 해 주고 돈을 받기도 어렵고 낼 사람도 없다. 현재 유학원의 수입은 유학에 필요한 일을 대행해 주고 고객(학생 또는 학부모)으로부터 받는 수수료와 학생이 입학한 일부 외국 학교가 제공하는 커미션이 주이다.

유학원은 모두 영리를 추구하는 기업이며 공익기관이 아니다. 또 한국에 있는 몇몇 유학원을 제외하고는 모두 영세하다. 이런 형편에 있는 유학원들의 영업전략을 짐작하는 것은 어렵지 않다.

유학원은 무엇보다도 한 사람의 학생이라도 유학을 할 수 있도록 유도하여 수익을 올리려고 하지 아무런 이익도 없는 교육 자문에 열을 올릴 리가 없다. 앞서 언급한 대로 자문은 어떤 학교를 택해 어떻게 갈 것인가 하는 문제만이 아니라 가서 어떻게 공부할 것인가까지 포함해야 한다. 그러므로 그런 문제에 대해서도 풍부한 정보와 지식을 제공할 수 있도록 자료수집도 하고 전문인력을 구비해야겠지만, 대부분 유학원들의 실정은 그렇지 않은 것이다.

또 이런 상황에서는 책임 있고 정직한 유학안내를 기대하기도 어려운 것이다. 책임 있는 교육자문이라면, 유학을 할 만한 자격이 없거나 나가서도 성공할 가능성이 없는 학생에게 다른 길을 찾도록 해야

겠지만 그렇게 하기가 어려운 것이다. 그리고 「가면 다 됩니다」 하는 식의 무책임한 자문을 해 줄 수도 있다.

유학생을 받는 나라에서 본다면 자비로 오는 유학생이 많아져서 좋을지 모르지만 꼭 그렇지도 않다. 공부에 소질과 열의가 없는 학생은 유학에 실패할 확률이 크며, 이렇게 실패한 학생들은 돌아가서 엉뚱한 소리를 하는 것이 보통이다. 가령 어느 나라에 가 보니 학교의 질이 낮아 실망스러워 돌아왔노라고 떠들어댄다면 어떻겠는가.

유학원이 고객의 요구에만 영합한다면 어떻게 될까. 가령, 자격 없는 학생을 자격이 있는 것처럼 허위로 꾸며 입학을 성사시키거나 받을 수 없는 유학생 비자를 받게(또는 연장하게) 하는 일에 나선다면?

미국, 호주, 캐나다 등 아시아 유학생을 받는 나라에서는 한국에서 위조해 온 고등학교 성적증명서가 나중에 들통나는 사례가 생겨 한국인에 대한 신뢰를 실추시키는 일도 있다. 호주 문교성의 직원으로부터 들은 말인데, 이런 류의 비리가 가장 흔한 것이 한국이라는 것이다. 유학생들이 해외에서 말썽을 일으키는 원인 중 일부는 유학원에 책임이 있다는 비난은 일리가 있다.

(나) 현재 유학원의 설립은 국내외에서 모두 자유이며 아무도 자격을 따지지 않는다. 사무실과 전화 한 대, 그리고 직원 한두 사람만 둘 수 있는 재력과 사업 수완만 있으면 되는 것이다. 이 같은 상황에서 어떤 일이 벌어질지 예측하는 것은 어렵지 않다. 과당경쟁에 무자격자가 판을 치는 것은 너무도 당연하다.

서울과 주요 도시에 유명한 유학원만 해도 300여 개가 넘는다. 필자가 사는 시드니만 해도 광고를 내서 알려진 것이 1996년 8월 현재

234

47개로서, 지난 5년간 6.7배의 증가율을 보였다(한국일보 호주판 1996년 9월 8일 보도). 물론 그 후에도 여러 개가 더 늘었다. 그 외에 광고 없이 개인적인 친분을 이용해서 유학을 주선하는 비공식 유학원도 있다. 호주로 유학을 오려는 학생들이 계속 늘고 있어 이런 추세는 더 번질 것 같다.

시장이 잠재력을 갖고 있을 때 또는 상품의 질을 향상시킴으로써 경쟁이 이루어지고 발전할 수 있다. 그러나 유학 자문 서비스 분야는 그럴 수 없다. 유학 자문 서비스가 고급인력과 풍부한 리서치, 그리고 책임을 전제로 해야 하는 것이라고 할 때, 영세성이 문제가 된다면 과당경쟁은 상황을 더 악화시킬 뿐이다(유학원의 실정이 이렇다면, 이 분야에 대한 인식이 좋을 리 없다. 한국에서나 해외 한인사회에서 유학원을 바라보는 시각은 과외보다 낫지 않은 듯하다. 이런 상황이라면 우수한 인력이 이 분야로 올 리가 없다. 재능 있는 사람들이 모이지 않으니 유학원, 유학 자문 서비스 분야의 질이 계속 떨어지는 것이다).

교육은 가르치는 사람의 노력만으로는 개혁할 수 없다. 유학도 마찬가지다. 교육을 맡을 외국학교, 유학을 하려는 학생, 이들을 사전에 준비시키는 국내 대학의 프로그램, 유학생과 외국학교를 연결해 주는 유학원 등이 모두 잘 해야만 유학이 성공할 수 있고, 그런 유학을 통해 길러진 인재가 길게는 국가에 도움이 되는 것이다. 이렇듯 교육에 있어서 중요한 분야가 오로지 영세하고 무책임한 사람들에게 전적으로 맡겨져 있다면 큰일이라고 할 수밖에 없다.

필자가 운영하는 호주지역연구소가 최근 주최한 유학문제에 대한 워크숍과 그 외 몇몇 자리에서 거론된 대책은 유학원 인허가(accreditation)제도를 호주정부에 건의하는 것이었다. 유학원의 자격요건을 따지고 일정한 자격시험을 거쳐 인허가를 내주는 제도이다. 현재 호주는 이민 대행업자들에게 이 제도를 실시하고 있는데, 몇 가지 자격요건을 기준으로 이민성의 허가를 받은 사람에게만 사업을 승인하고 있다.

유학원의 자격요건으로서는 한국과 현지에서의 대학 교육, 현지 거주기간, 현지어 구사력, 신원조사 등이 포함되어야 할 것이다. 그리고 유학에 대한 자문은 그 성격상 국내외에서 모두 교육받은 경험이 있고, 현지의 교육 및 사회 실정에 밝은 전문가라야지만 제대로 할 수 있다.

(다) 한국에서든 다른 나라에서든 학교의 경영에는 사업적인 측면이 꼭 포함된다. 물론 영미학교들도 외국학생을 받으면서 영리적인 측면을 고려한다. 반면 이들은 우리에 비해 상품으로서 교육의 질과 그 책임을 잊지 않는 것도 사실이다.

영미학교들이 유학생을 유치하느라 안간힘을 쓴다고 해서 돈밖에 모른다거나 돈만 있으면 마음대로 할 수 있을 것으로 생각하면 큰 오산이다. 많은 한국의 유학원이나 학부형이 외국의 학교나 기관과 이런 식으로 일을 처리하려다가 알게 모르게 마찰을 빚는 일이 있다. 그리고 여기에 문화적인 시각차(perception gaps)가 존재하는 것도 사실이다.

필자가 살고 있는 호주를 예로 든다면, 이곳의 학교들은 유학원이나 한국학생들을 대체로 의심스러운 눈으로 보는 편이다. 이들 학교들이 한국에 대해 갖는 부정적인 감정은 상당 부분 이유가 있지만, 어떤 경우는 언어장벽과 문화적 차이 때문에 우리쪽의 입장이 충분히 전달되지 않아서 생긴 것이다. 마찬가지로 학부형이나 유학생들의 입장에서 보면 상황을 잘 몰라서 학교가 무책임하다고 믿는 사례도 많다. 이러한 시각차를 좁히기 위해서는 유학을 받는 학교와 유학을 알선하는 유학원 대표자가 정기적으로 협의할 수 있는 통로가 필요할 것이다. 따라서 먼저 국내와 해외에 있는 유학원들이 협의체를 만드는 것이 필요하다.

한국에는 유학원 협의체가 있지만, 외국학교들과 교섭하는 것보다는 회원들 간의 이익을 조정하는 데 더 초점을 두지 않나 하는 생각이 든다. 해외에는 아직 그런 협의체가 드물다. 협의체는 회원 간의 친목과 이익을 증진하는 것뿐만 아니라 외국학교를 상대로 일어날 수 있는 여러 가지 오해와 불미스러운 일들을 조사하고 해결하는 데 기여할 수 있어야 할 것이다. 외국학교와의 협의는 문서로써 체계화시켜야 하는데, 이런 일을 하기 위해서라도 단체의 구성이 필요하다. 또 협의체가 있으므로써 유학원의 기능에 대한 좀더 확실한 기준과 유학원 운영자들이 지켜야 할 윤리 및 행동강령(code of conducts)의 제정도 가능할 것이다. 그런 강령의 제정이 꼭 실천을 보장하는 것은 아니지만, 그마저 없다면 무엇이 잘못된 것인지도 모르고 지나칠 수 있다.

(라) 문제해결을 위해 새로운 기구를 설립하고 재정을 지원하자는 건의는 한국에서 너무 흔해 신선한 맛이 없다. 그러나 건의 자체는 타당하다. 문제는 그런 지원책이 대개 공정하게 운영되지 않은 게 사실이라는 점이다.

국제교육 분야에서도 필요한 조사와 연구를 재정적으로 지원하는 「유학정책 연구진흥기금」을 마련하는 것이 필요하다. 이 기금으로 개별 유학원이나 협의체가 추진하는 조사업무, 시범사업, 교섭을 위한 보고서 작성 같은 사업을 지원할 수 있다.

앞서 윤리강령의 제정, 외국학교와의 협의와 교섭 등 개선책을 예시했다. 그러나 개별 기업이나 협의체는 그런 이상적인 일을 실천에 옮길 만한 재정적 기반이 없는 것이 보통이다. 또 지원의 공정성을 말했지만, 이를 위해서 지원기관은 각 주체로부터 자금지원 신청을 공개적으로 받아서 면밀하게 검토한 다음 구체적 조건을 부과하여 지원하는 제도가 확립되어야 한다. 한국교류재단(Korea Foundation)과 학술진흥재단 같은 기구가 다른 학술분야에서 그런 일을 해 왔다. 유학 분야에도 이런 지원제도가 절실하다고 본다.

3. 유학원과 커미션

유학원의 고객은 물론 유학하려는 학생과 유학생을 받아들이는 외국학교들이다. 유학원은 특정 학교와 단독으로 계약을 맺거나 여러 학교와 업무상 유대관계를 갖고 그들을 위해 국내에서 학생을 모집하고 유학을 알선하는 업무를 대행한다.

외국학교들은 상대국에 나가 유학생을 모집할 때, 이런 업무관계에 있는 유학원을 통해 도움을 받게 된다. 이들 외국학교들은 자국이 주최하는 교육상품 전시에 참가하기도 하지만 유학원이 주최하는 설명회를 갖기도 한다. 가령 모 대학의 학장이 와서 학교 소개를 한다는 신문광고도 그런 예인데, 관련 유학원이 행사의 기획과 진행을 맡는 것이 보통이다. 이러한 외국학교들의 유학 마케팅과 이를 대행하는 국내 유학원들의 난립은 외국학교들의 상업주의적 타락과 교육의 질 저하라는 이미지를 주기 십상이다. 특히 교육은 돈과 거리가 먼 상아

탑으로 보는 비현실적인 태도 때문에 그렇다. 우리가 알아야 할 것은, 유학 판촉이 유학을 많이 와 달라는 것일 뿐 학위를 쉽게 주겠다는 것이 아니라는 점이다.

호주의 한국 유학생에 대한 몇 가지 통계를 제시해 보겠다. 호주 대사관은 1996년 6월말로 끝나는 1995~96 회계년도 동안 7,956명의 한국인에게 유학비자를 발급했다. 호주로 유학을 보내는 나라 중 한국이 인도네시아, 말레이시아, 싱가포르, 홍콩을 제치고 1위가 되었다.

그러나 정규 대학 재학생 수는 이들 나라에 훨씬 뒤진다. 호주 문교성 통계에 나타난 1997년도 호주의 대학 수준 학교에 등록한 한국 유학생은 1,065명이었다. 〈재호한국 유학생회〉가 조사한 것을 보면 대학에서 제대로 공부하는 유학생 수는 이보다 훨씬 적다. 이 가운데 상당수가 전문학교나 파운데이션 코스(foundation course) 등 대학 준비과정에 있기 때문인 것으로 추정된다. 이런 수치들이 시사하는 바는 널리 알려진 대학의 정규과정에 입학이 허가된 학생이나 학업을 계속하는 학생이 많지 않다는 것이다. 호주로 오는 대부분의 한국 유학생들이 단기 어학연수생이기는 하다.

호주의 대학이 운영하는 파운데이션 코스는 자격요건이 떨어지는 유학생을 1년간의 보충수업을 잘 마칠 것을 조건으로 입학을 허가해 주는 제도이다. 파운데이션 코스의 이수나 영어연수를 조건으로 입학을 허락하는 호주의 대학 정책이 한국에서는 오해를 받고 있다. 이 같은 제도는 한국학생의 학업능력을 단계적으로 높여서 호주의 대학 교육 과정에서 더 잘 적응하도록 하는 것이지 결코 입학이나 졸업을 보장하는 것은 아님을 알아야 한다.

국가와 학교에 따라 차이가 있으나 호주의 대부분의 어학학교, 비즈니스 학교와 상당수의 대학들이 한국학생이 낸 수업료의 일정 비율을 유학을 주선한 유학원에 커미션으로 지불한다. 이 커미션 제도에 대해서는 유학원 경영자들만이 안다. 일반사람은 대부분 모르는데, 알게 되면 이것 또한 교육사업의 타락으로 받아들인다.

그러나 커미션 제도는 비리가 아니다. 한 명의 유학생을 책임지고 외국학교에 입학시키려면 자료참조, 수송대행, 통신비 등 상당한 비용과 시간이 소모된다. 커미션은 이것을 보전하기 위한 것이다. 이 분야의 비리는 커미션의 수수 그 자체가 아니라 교육에 대해 잘 알지 못하고 책임 있게 상담해 주지 못하는 사람들이 유학원을 쉽게 열어서 유학 알선업을 하는 데서 발생하는 것이다.

유학원은 앞서 말한 대로 그 기능상 끊임없이 조사와 인력의 훈련을 할 수 있어야 하는데, 이는 바로 투자를 의미한다. 수수료 수입에 기대어 재정적으로 넉넉하지 않은 유학원에게 커미션은 긴요한 재원이 된다. 어떤 학교는 계약서에 이 커미션이 유학원으로 하여금 유학생 컨설팅과 카운셀링 서비스를 잘 수행하도록 돕기 위한 것이라고 명시하고 있다.

영미국가에서 커미션으로 운영되는 주요 업종이 부동산 중개업이다. 그 밖에 광고대행업도 있다. 이 경우, 커미션 비율이 업자 간에 거의 일정 수준으로 지켜지며 꼭 지불된다. 그러기 때문에 그들이 사업을 하는 것을 보면 매우 질서 있고 평화스럽다. 그런데 한국인 유학원에서는 이 커미션 제도가 그다지 유용하게 활용되지 않는다. 국내외 할 것 없이 일부 유학원들이 커미션을 받고도 고객에게 과다한 수수료를 받거나, 반대로 등록금을 감해 준다며 커미션 일부를 내주는 덤핑행위를 함으로써 시장질서를 교란시키고 있다. 현지 유학원들 사이에 많이 벌어지는 커미션 덤핑은 유학원 사업의 건전한 발전에

밑거름이 될 수 있는 재원을 포기하는 결과가 되며, 유학생들 사이에도 좋지 않은 관행을 만들고 있다.

4. 유학생 선도 ─ 공부동기와 학교생활

공부동기(study motivation)는 공부에 대한 의욕이며 공부하고 싶은 마음이다. 공부는 일과 같다. 머리를 쓰고 고생을 감수해야 한다는 점에서 그렇다. 일을 즐기는 사람도 있지만, 일이란 보통 쾌락(pleasure)의 상대개념이며 고생을 의미한다. 사람들은 그 고생을 감내할 만한 이유가 있을 때 일하는데, 그 때 돈은 중요한 이유가 된다. 대가 없이 일을 하는 사람은 드물다. 일꾼들은 좋은 보수가 주어질 때 신이 나서 열심히 일한다. 돈이 일에 동기를 부여하는 것이다.

공부의 동기의식은 대개 성취에 대한 의욕에 가깝다. 성취의 대상은 대개 보수, 직위, 명예 등인데, 예외도 있지만 오랜 노력을 기울인 끝에야 얻을 수 있는 것이 보통이다. 동기의식과 성취의식은 모두 장래에 얻을 더 큰 대가를 기대하고 오늘을 희생할 수 있는 용의라고 볼 수 있다. 그것이 바로 학생들로 하여금 오늘의 쾌락을 유보하고 공부에 열의를 내도록 하는 이유이다. 의사가 되려면 어느 나라에서든 7년 정도의 대학 과정을 마쳐야 한다. 영미사회에서는 5년 정도의 대학 과정을 거쳐야 변호사가 된다. 이런 고생을 기꺼이 해낼 수 있는 것은 의사나 법관이 되었을 때의 보상에 대한 기대가 크기 때문이다.

한 개인의 학업적 성공은 적성, 지능, 재력, 공부방법, 건강, 교사의 교육방법 등 여러 가지 요소가 결정하지만, 그 가운데 가장 중요한 것이 동기의식일 것이다. 가령 지능이 높고 건강한 학생도 놀기만 하면 성적이 부실해질 것이다.

유학은 물론 학업의 일종이다. 그러므로 공부의 성공을 결정하는 요소는 유학의 성공에도 그대로 적용된다. 다른 게 있다면 국내가 아니고 외국이라는 여건——예컨대 외국어, 새로운 사회·문화적 환경, 새로운 학업 분위기, 재정 등——을 들 수 있다.

공부동기는 오늘의 한국 유학생들에게 특별한 의미를 갖는다. 1950, 60년대의 유학생들은 가정환경에 관계없이 재정적으로 어려웠다. 공부하면서 접시닦이 한 번 해 보지 않은 사람이 드물다. 그러나 공부에 대한 의욕만큼은 강했고 학위 하나쯤은 꼭 따오려고 노력했다. 그때는 그런 학생만이 유학을 갔다. 물론 지금은 그렇지 않다. 공부에 특별한 열의가 없어도 부모의 권유나 다른 이유로도 유학을 떠나는 사람이 늘었다.

유학에 관련된 문제는 결국 이런 공부동기가 약한 학생들의 문제라고 할 수 있다. 그러므로 오늘의 유학정책은, 어떻게 하면 가급적 많은 유학생들의 공부동기를 높이고 유지시킬 수 있을까 하는 점을 빠트려서는 안 된다. (a) 공부에 열의가 있는 학생들을 많이 유학 보낼 수 있고, (b) 그들이 유학을 하면서도 그런 열의를 계속 간직하고, (c) 공부에 열의가 없었던 학생에게 동기를 부여할 수 있을까 하는 고민이 정책에 반영되어야 한다. 그러한 방편으로 필자가 강조하고 싶은 것은, 공부에 열의가 있는 유학생 집단을 만들고 그 집단을 지원하는 방안이다.

어느 나라, 어떤 학생의 경우도 그가 시간을 보내는 패턴은 잠자는 시간을 뺀다면 공부와 노는 것으로 구분할 수 있다. 공부와 노는 것은 어느 수준까지는 상호 보완적이고 그 수준을 넘으면 상호 배타적이 된다.

공부에 열의가 있는 학생들은 일차적으로 공부한 다음 나머지 시간을 노는 데 쓴다. 늘 공부만 하고 있을 수는 없는 노릇이다. 공부를 더 잘 하기 위해 쉬어야 한다. 리크리에이션(recreation, 재창조)은 그런 뜻을 갖고 있다. 이 때는 공부와 노는 것이 상호 보완적이다. 그러나 노는 것에만 치중하면 공부는 자연히 하기 싫어진다. 이 때는 공부와 노는 것이 상호 배타적이다. 전자의 학생들을 A그룹, 후자를 B그룹으로 구분해 보자.

학생이 A그룹과 B그룹 중 어느 쪽으로 흡수되느냐는 여러 가지 여건에 따라 결정되지만, 친구집단(friendship network)의 힘이 크게 작용한다. 그가 사귀고 지내는 친구집단이 A모델이라면 그도 그런 쪽으로 자극을 받고, 반대로 B모델이라면 노는 쪽으로 휩쓸릴 가능성이 크다.

한국 유학생들에게 동족 친구집단이 미치는 압력과 영향력이 특별히 클 것으로 보는 이유는 다음과 같다.

- 외국에 나와 있으면 누구나 고독감을 심하게 느낀다. 언어장벽, 인종문제나 문화적 이질감 때문에 현지 사람들과 잘 섞일 수 없다면 같은 처지에 있는 유학생, 현지 교포학생들과 밀착할 수밖에 없다. 그 친구집단이 학업에 도움이 되는가 아닌가를 따질 여유가 없는 것이다.
- 언어장벽 때문에 유학은 힘들다. 대부분의 한국학생들은 숙제로 받은 에세이 때문에 못내 마음고생을 한다. 이럴 때 놀기 좋아하는 친구집단이 있다면, 그는 자포자기하고 그 쪽으로 휩쓸릴 수 있다.

• 요즘 유학생 가운데는 사춘기에 있는 청소년들이 많이 끼어 있다. 이들 대부분이 집에서 보내 주는 돈으로 넉넉하게 생활한다. 거기에 부모의 규제나 보호가 일시에 사라진다면 유혹을 뿌리치기가 어렵다.
• 외국에는 유학생들을 고객으로 하는, 교포가 운영하는 유흥시설이 많다.

이러한 상황에서 많은 유학생이 B집단이라면, 그 면학 분위기가 어떨 것인지는 쉽게 짐작이 갈 것이다. 한인사회의 규모가 큰 L. A 같은 곳에서는 가출한 10대 교포자녀들과 동년배의 유학생들이 어울려 마약을 포함한 탈선행위로 빠지는 사례가 보고되고 있다.

이러한 여건을 고려한다면, 유학생에 대한 선도사업은 한국 정부, 현지 한인사회의 각 단체, 교회의 공동 노력 아래 이루어져야 한다. 그 방안으로는 (a) 놀기보다 공부에 더 자극이 될 수 있는 건전한 놀이문화 공간의 제공, (b) 완전한 방임보다는 선도적인 감독기능을 가진 기구의 설치, (c) 학업에 자극을 줄 수 있는 세미나, 강연회, 토론회 등의 장소 제공, (d) 동족 불량학생 집단의 압력으로부터의 보호와 이에 대비한 감시 등을 들 수 있다.

그러나 아직까지 해외 어디에든 그런 수준 높은 유학생 지도체제가 없다. 한인사회가 있는 도시에는 교회가 일부 그런 역할을 하지만 아무래도 신앙의 테두리를 벗어나기 어렵다.

다음은 영미지역 학교생활의 환경을 초, 중·고등학교와 대학으로 나눠 간략히 적어 본 것이다. 개략적이나마 이런 현지 실태보고와 정보가 앞으로 유학생 면학정책에 참고가 되었으면 한다.

(가) 초, 중·고등학교 —— 영미지역 초, 중·고등학교는 공립과 사립 모두 있다. 사립 가운데는 가톨릭 등 종교재단에 소속된 것이 많다. 초등학교를 포함하여 10년 정도는 의무교육이다. 한국에 비해 영미지역의 초, 중·고등학교에서는 공부에 대한 부담이 덜하다. 공립학교라면 공부를 별달리 하지 않는 학생도 대개 졸업할 수 있다. 또 우리식으로 획일적인 규율이나 단체행동이 강요되지 않는다. 그러나 출석은 철저히 단속하는 편이다. 그리고 대학입학은 국가시험 점수나 고등학교 성적에 따라 결정되므로, 공부를 계속할 학생과 그렇지 않은 학생은 여기서 판가름이 난다.

소위 일류 사립 중·고등학교와 공립 중·고등학교 가운데 우수한 학생만을 선발하는 특수학교(selective schools)의 분위기는 좀 다르다. 학업을 따라가지 못하면 낙제를 시키거나 보충수업을 받도록 한다. 원래 과외활동(extra-curriculum activities)이란 서양식 교육에서 나온 개념이므로 영미학교에서 더 활발할 것 같지만 그렇지도 않다. 명문으로 알려진 사립 초, 중·고등학교에는 승마, 운동, 음악, 그 밖에 예능 등 개인의 재능에 따른, 우리에게는 사치스럽게 보이는 다채로운 과외활동이 포함되어 있다. 상류층 자녀들이 모이는 영국의 명문 사립학교를 따른 것이다. 일반 초, 중·고등학교는 그렇지 않다. 각자 취미에 따라 가입하는 스포츠 클럽이나 토론 그룹이 고작이다. 한국처럼 거의 집집마다 피아노가 있고 자녀들을 방과 후에 음악이나 미술 레슨, 과외공부를 위해 사설학원에 보내는 일은 보기 어렵다. 이른바 일류 중·고등학교에 다니는 한국 유학생의 비율은 현지 교포학생에 비해 낮다. 이런 학교들은 높은 수업료를 내고도 들어오려는 현지인 학생들만으로도 자리가 모자라기 때문이다. 아직도 많은 우수한 중·고등학교들이 유학생을 받지 않고 있다.

초, 중·고등학교는 학부모와 긴밀한 연락을 하면서 학생들을 가
르치는 것이 원칙이다. 학생이 결석을 하면 학부모의 설명이 있어야
하고, 초등학생은 대개 부모의 동의를 얻어서 피크닉 등 정기적인 학
교활동에 참여케 한다. 미성년 유학생에 대해서는 학부모를 대신할
현지인 대리인(guardian)을 두게 한다. 대부분의 학교는 상가가 밀집
해 있지 않은 조용한 지역에 위치하고 있으며, 주위에 불건전한 위락
시설이 없다. 조기 유학생들의 경우, 외로움이나 언어와 문화의 차이
로 인한 심적 갈등 말고는 한국보다 학교환경이 좋은 편이다. 현지인
아이들은 한국아이들보다 순진하다는 것이 한국학생들의 평이다. 여
기 학생들은 방과 후 별로 거리에서 나와 몰려다니면서 놀지 않는
다. 그러므로 부모가 옆에 있어 주어 정신적으로 안정감을 가질 수
있다면 공부에 집중하고 잘 적응할 확률은 크다.

(나) 대학—— 영미대학생들은 한국대학생들보다도 자유분방한 생
활을 즐기는 것으로 알려져 있다. 남의 눈치를 보지 않고 자신들이
원하는 방식으로 생활을 영유한다는 점에서는 사실이다. 그러나 대학
에 재학하는 동안 동료 학생 간의 교류나 친목에 보내는 시간을 비교
한다면 우리 쪽이 더 자유분방하다고 볼 수도 있다.

영미대학에서는 한국에서처럼 학생들끼리 미팅이니 동아리 활동이
니 하면서 몰려다니거나 이따금 밤새 술 마시고 노래부르며 감정을
분출하는 그런 밀착된 분위기가 거의 없다. 호주에서 공부해 본 한
한국학생은 외국과 한국의 대학생활 간에 큰 차이를 말하면서「여기
에서는 한국의 대학생활에서 맛볼 수 있는 낭만 같은 것이 없다」고
했다. 그가 말하는 대학의 낭만이란 MT, 대학 축제, 신입생 환영
회, 합숙훈련, 졸업여행, 갖가지 캠프, 농활, 사은회 등이었다. 영미

학생들은 그런 것을 학창시절의 귀한 추억으로 여기는 것 같지 않다. 누가 뭐라고 하든 대학은 학문을 하는 곳이다. 이런 대학생들의 행사와 과외활동은 나름대로 뜻이 있으나 자칫 학업에 대한 집중을 어렵게 만들 수 있다.

서방의 젊은이들에게 「운동」은 일반화되어 있다. 지역마다 고르게 있는 운동장과 그곳을 중심으로 조직된 클럽에 가입함으로써 운동을 생활화한다. 학교에서도 운동 클럽에 가입해서 경기에 참여하여 학교 운동장 또는 체육관(gymnasium)을 이용하여 각종 운동을 한다.

그러나 우리처럼 대학 간의 경기를 위해 선수들을 양성하고, 그런 선수들이 스타 노릇을 하는 그런 분위기는 아니다. 예외가 없지 않으나 대학에서의 운동은 일상생활이지 대학의 홍보수단이 아니다. 따라서 대학이 운동을 잘하는 학생을 별도로 입학시키는 그런 제도가 없다. 그래서 당연한 결과지만, 학생들이 수업을 폐하다시피 하면서 대대적으로 응원에 동원되는 각 대학 간의 경기는 드물다. 학생들의 그룹 활동이 있지만 우리에 비하면 초라하다.

영미대학생들은 집단으로 식당, 다방, 카페, 나이트클럽, 극장, 노래방 등을 1차, 2차 3차순으로 몰려다니는 일이 드물다. 매우 한산한 대학 주변의 분위기가 그것을 말해 준다. 미국, 호주, 캐나다, 영국, 뉴질랜드의 중소도시는 말할 것 없고 뉴욕 같은 대도시의 대학가에도 유흥가가 없다. 물론 동숭동 같은 만남의 장소도 없다.

왜 이들은 우리와 다른가. 다음 몇 가지를 생각할 수 있다. 첫째는 학교가 요구하는 과제를 해내자니 학생들끼리 교류하는 데 많은 시간을 쓸 수 없다는 것이다. 교포학생들의 경우를 봐도 대학에 진학하면서 피아노 레슨, 교회 출석이나 그 밖에 일반 사회활동이 현저히 줄어드는 것은 그런 까닭이다. 둘째로 영미사람들의 개인주의를 들 수

있다. 영미사람들은 우리가 보기에 외롭다고 할 만큼 각자 따로 일한
다. 셋째, 한국은 인구가 과밀하다. 도시는 물론, 어디로 가든 사람
들이 교류하는 빈도가 높으며, 그런 이유로 어디를 가든 유흥시설이
나 편의시설이 가까이에 있다는 것이다. 넷째로 영미대학생들은 용돈
을 자기가 벌어 쓰는 경우가 흔한데, 이런 학생들은 잘 놀러 다니지
않는다. 이런 학생들은 자신들이 인색한 것을 당연한 것으로 여긴
다. 「나는 가난해서 놀러 갈 수 없다(I am so poor…)」든가 돈을 내
서 같이 무엇을 하려고 해도 그런 돈이 없다고 말한다.

　졸업식도 초라하다. 대학 졸업식장이 꽃다발을 든 사람들로 인산인
해를 이루는 장면은 볼 수 없다. 대부분 고등학교에서는 졸업식이 없
거나 있으나마나한 실정이다. 우리처럼 학생들이 교수를 위한다고 고
급 레스토랑으로 모셔 저녁대접을 하지는 않는다. 물론 사은회 같은
것도 없다. 그리고 한국사람들은 유행에 민감하다. 다른 아이들이 과
외를 받는다면 우리 아이도 시켜야 안심이 된다. 이 점에서 영미사람
들은 우리보다 냉정하다.

학사관계 영어 용어해설

ACADEMY

학원, 학술이란 말이 가장 적합할 것이다. 「academician」은 학술인, 학술원 회원이고, 대학교수 등 학자의 뜻이라면 「academic」, 학계는 「academia」가 된다.

ACADEMIC RECORD

성적. 성적표는 보통 「transcript of academic record」가 된다. 성적은 원본에서 복사(transcribe)하게 되는데, 그 복사본이 「transcript」이다.

ACADEMIC STAFF, TEACHING STAFF

교수진(대학 이하라면 교사진)의 총칭. 교수를 부르는 방법 또는 등급(rank, staff hierarchy)은 미국, 영국, 호주, 캐나다 간에 약간의 차이가 있다. 한국의 제도는 미국식이다. 조교수(assistant professor), 부교수(associate professor), 교수(professor)가 그것이다.

캐나다도 미국식과 비슷하다. 그러나 1년제 강사는 「lecturer」라고 부르기도 한다. 그러나 미국, 캐나다 모두 전임으로 대학에 자리잡은 사람은 모두 「professor」로 불린다.

영국, 호주, 뉴질랜드에서 교수진을 부르는 방식은 이와 조금 다르다. 「professor」는 각 과의 교수진에서 몇 안 되는 수석 자리를 가리키며 행정책임을 갖는 경우가 많다. 전임은 「associate lecturer」 「lecturer」 「senior(또는 principal) lecturer」 「associate professor」 「professor」의 순으로 올라간다. 그러므로 이들 나라 대학의 「professor」는 미국과 한국에서와는 의미가 다르며, 그런 뜻에서 「full professor」라는 말도 쓴다.

호주에는 「tutorial」이라고 하는 복습 클래스가 있는데, 여기서 지도하는 조교가 「tutor」였지만 요즘은 전일제 담당일 경우 격을 올려 「associate lecturer」라고 부른다. 그 밖에 박사과정을 하면서 겸하는 대학원 조교는 「graduate assistant」 「teaching assistant」 「research assistant」라고 하며, 1년 계약직 시간강사는 「teaching fellows」 「instructor」 등으로, 시간강사는 「sessional lecturer」라고도 부른다. 「academic staff」가 아닌 일반직 학교직원은 「general staff」이다.

ACADEMIC YEAR

학업과정의 일부로서 1년간이다. 학기제도(semester pattern)는 미국대학에서는 9월, 호주에서는 2월과 3월에 시작하는 2학기제(two-semester system)를 채택하고 있다. 그 밖에도 「three-term」 「four-quarter system」 등이 있다. 가을학기(fall term), 겨울학기(winter term), 봄학기(spring term) 등으로 부른다.

ADMISSION REQUIREMENTS

입학에 필요한 최소한 자격. 「admission」과 같이 쓰이는 말로서 「entry(entry requirements)」 「enrolment(seek enrolment, 입학을 모색하다)」가 있다.

ASSESSMENT

교육평가. 교육평가 방법(methods of assessment)으로는 숙제(assignments), 시험(formal exams)결과를 가지고 숫자로 된 점수(numerical grade)나 글자로 된 점수(letter grades)로 나타낸다. 글자 점수는 통과(pass) 또는 낙제(fail)의 2분법으로 간단하게 나타내는 것, 점수를 기준으로 최우수(high distinction), 우수(distinction), 우(credit), 통과(pass), 낙제(fail) 또는 H(honor), S$^+$(satisfactory plus), S(satisfactory), LP(low pass), F(fail) 등 세 가지로 나눈 것 등이 있다.

영미대학의 평가는 대개 시험점수 외에도 논문점수, 출석(class attendance), 세미나 참석(seminar participation)과 토론에의 기여(contribution to discussion) 등을 고려하여 최종성적을 내는 것이 보통이다. 영어의 시험점수(test score)는 100점 또는 700점 만점에 몇 점이라는 식으로 나타낸다.

BOARDING SCHOOL

원래 영국의 상류층 자녀들이 다니는 일류 고등학교는 「public boarding

school」이라고 해서 학생들이 기숙사에서 생활하면서 공부했다. 영국에서 「public school」은 사립이다. 이 전통에 따라 영미지역의 사립 일류 중·고등학교는 기숙사 시설을 갖고 있다. 이것이 「boarding school」제도이다. 대학은 우리나라나 외국 역시 기숙사가 드물다. 미국에서 방과 음식을 제공하는 하숙제도를 「room and board」라고 부른다. 요즘 어학학교들은 그보다 민박(homestay)이란 말을 더 즐겨 쓴다. 거처란 뜻으로는 「accomomdation」이란 말이 넓게 쓰인다.

CALENDAR

각 대학은 학교와 교과과정을 종합적으로 안내한 책자를 매년 발간하는데, 이것을 「university calendar」「bulletin(주로 미국)」「handbook」 등으로 부른다.

CHAIR

「the Chair」라고 앞에 관사를 붙이고 대문자로 쓰는 것이 원칙이다. 「자리」란 뜻에서 시작된 말로 영국, 호주, 뉴질랜드 대학의 경우에는 앞서 말한 것처럼 「professor」라고 불리우는 영구직 교수 자리를 말한다. 이 나라 대학의 「professor」는 미국의 그것과 다르며, 대개 한 과에 두 명이 넘지 않는 고위직이다. 보직을 갖는 것은 아니지만 해당 학과에서 큰 영향력을 발휘한다.

어떤 「Chair」 자리는 대학이 외부기관의 기금을 기탁받아 만든다. 기금은 분야와 목적을 미리 지정하지만, 교수의 임명은 학교가 담당한다. 미국에서 「Chair」는 대개 그런 의미이다. 또 어떤 경우는 특정 석학을 위해 만들어지기도 하는데, 이 때 해당교수가 은퇴하면 그 자리는 없어진다(예 : The Sanskrit Chair, 산스크리트 강좌 교수 자리).

CHANCELLOR

미국의 대학총장은 「president」이며 영국, 호주, 캐나다의 대학총장은 「chancellor」이다. 그러나 「chancellor」는 명예직으로서 졸업식 등 예식이나 참석하는 정도이고, 실제 최고 행정책임자 노릇을 하는 총장은 「vice-chancellor」이다. 행정은 학장선에서 대부분 처리하게 되는데 「dean」이라고 부른다. 나라별로 학교에 따라서는 「principal」「rector」 등도 쓰인다.

COLLEGE

영미지역에서는 단과대학의 뜻으로만 쓰이지 않는다. 전문학교, 고등학교 (Eaton College, Newington College), 학회(a college of physicians), 학원 (Universal English College), 기숙사(Dunmore College) 등에도 넓게 쓰인다.

COURSEWORK, RESEARCH WORK

코스 워크는 대학이 채택한 강의 중심의 교과과정이다. 리서치 워크는 강의 없이 연구결과를 논문으로 제출하는 과정이다. 그렇게 해서 받는 학위를 「research degree」 또는 「research thesis-based degree」라고 한다. 미국과 한국에서 석사, 박사학위 과정은 두 가지를 겸한다(a combination of the two methods).

COURSE CHAIRMAN, CONVENOR

영국, 호주대학에서 하는 강좌는 원래 강의 외에 「tutorial」이라는 정규 보조강의와 비정규적인 외부 초청강사 강의, 과목에 따라서는 실습(practicals, 보통 「pracs」라고 부름)을 포함하고 있다. 강좌 전체를 책임지는 사람을 「course chairman」「convenor」라고 한다.

CREDIT

학점. 학점을 받는 코스는 「credit course」이다.

DEGREES

학위는 정규과정(regular courses, regular program 또는 degree course)을 거쳐 받는다. 대학 정규 학위과정은 대학과정(undergraduate courses), 대학원 학위과정(postgraduate degree courses)이 주로이다. 「undergraduate(postgraduate) training 또는 education」이라고도 한다. 각기 과정을 마치면 학사 (bachelor's degree), 석사(master's degree), 박사(doctoral degree) 학위를 각각 받는다. 박사학위로 일반적인 것은 「PhD(Doctor of Philosophy)」「Ed. D (Doctor of Education)」「Sc. D. (Doctor of Science)」이다.

대학 수준의 고등교육을 「higher education」, 대학 학부학위를 「first degrees」, 대학 이상의 학위를 「higher degrees」 또는 「advanced degrees」라고 한다. 비정규과정(non-degree course)에서 받는 증명서는 대개 「certificate」라고 부른다.

호주, 영국의 대학원 학위과정 중에는 「graduate diploma courses」가 있다. 대졸 자격을 요하지만 (a)과정이 대개 1년 내지 18개월이고, (b)과정이 직업지향적인 것이 특징이다. 이 과정을 마친 후 취직을 주로 하며 박사과정으로는 바로 들어가지 못한다. 예컨대 호주에서 교육학 디플로마(Graduate Diploma in Education, 줄여서 GDipEd)는 일반 대학을 나와 교사가 되고자 하는 사람들이 많이 지원한다.

학사, 석사, 박사학위의 이름도 분야에 따라 여러 가지다. 인문 분야, 사회과학 분야라면 「Bachelor of Arts」「Master of Arts(MA degree)」, 상과이면 「Bachelor of Commerce(BCom)」「Master of Commerce(MCom)」「Master of Business Management(MBA)」, 자연과학 분야라면 「Bachelor of Science(BSc)」「Master of Science(MSc)」, 엔지리어링이라면 「Bachelor of Engineering(BEmg)」「Master of Chemical Engineering(MChemEng)」, 법학과라면 「Bachelor of Law(LLB)」「Master of Law(LLM)」「Doctor of Law(LLD)」이다.

미국과 한국에서 대학은 4년제(four-year program)이다. 호주에서는 의과, 치과, 법과를 제외한 대부분 대학과정은 3년제(three-year program)이다.

호주에서는 박사과정에 들어갈 수 있는 자격을 높은 자격의 「BAHonors(1st class honours)」나 「master's degree」로 제한하고 있다. 한편 「master's course」도 「BAHonors」로 제한하고 있으므로 원래 성적이 좋지 않다면 박사과정을 아예 들어갈 수 없다.

DISCIPLINES

경제학, 정치학, 역사학 등 각 학문 분야를 말함. 학문의 분야를 크게 사회과학(social sciences), 인문학(humanities, humanity studies), 자연과학(natural sciences) 등으로 나눈다면 「political science」「economics」「psychology」「sociology education」 등이 전자에 속한다. 「psychology」「sociology」「education」「communication」 등은 인간의 행태에 대한 연구를 주로 하므로 한데 묶어서 「behavioral sciences」라고 부르기도 한다.

자연과학 분야에는 「chemistry」「biology」「physics」「engineering」「medicine」 등이 있다. 비자연과학 분야에서도 비교적 과학화가 어려운 분야를 인문학이라 부르는 듯하다. 「philosophy」「literature」「theology」「history」「linguistics」「language」「anthropology」「culture studies」 등이 있다.

그러나 이 구분은 사실상 불가능할지 모른다. 실제 사용되는 것을 보면 「the school of humanities and social sciences」로 부르면서 모든 것을 포함시키는 것을 볼 수 있다. 어떤 학교는 인문학 속에 영어, 역사, 커뮤니케이션학, 언어학, 종교학을 포함시키고 「social studies」에 「behavioral sciences」「geography」「political science」「government sociology」를 넣었는데, 역시 임의적인 분류로 보인다.

학문에 studies(연구)를 붙이면 대개 말이 된다. 예컨대 「social science studies」「engineering studies」「legal studies」등이 그것이다. 이 때 연구는 꼭 복수이다. 연구란 한 가지가 아니기 때문이라고 생각된다. 따라서 새로 생기는 이름이 확실하지 않은 과는 대개 「studies」를 붙여 부른 것이 특징이다. 예컨대 여성학(women's studies), 이민자 관련 연구(ethnic studies), 커뮤니케이션학(communication studies), 가정학(home studies), 한국학(Korean studies), 재무관리학(financial studies) 등.

「Interdisciplinary」 또는 「multidisciplinary studies(또는 research, approach)」라고 하면 여러 분야의 지식을 동시에 동원하여 하는 연구나 연구 접근방법이다.

DISTANCE EDUCATION

원격교육이라고 옮겨 말할 수 있을 것이다. 호주, 미국, 캐나다 등 국토가 광활한 나라에서는 오지에 사는 주민들을 위해 현지에서 통신교육으로 학위를 받을 수 있는 기회를 늘리고 있다. 근래 전자통신 기술의 발달로 이것이 더 용이해지고 있다. 「correspondence study 또는 program(통신교육)」이란 말도 비슷한 뜻이다.

FACULTY

대학 학과와 학과의 교수진이라는 두 가지 의미를 갖고 있다. 학과의 경우는 대학(School) 쪽에 가까우므로 한 「Faculty」는 여러 학과(Department)로 되어 있는 것이 보통이다. 예컨대 「the Faculty of Engineering」안에 「the Department of Civil Engineering」「the Department of Mining and Metallurgy」「the Department of Surveying」 등이 있다.

그 외 보통 부르는 예를 들면 「the Faculty of Social Sciences and Humanities」

254

「the Faculty of Business」「the Faculty of Arts」「the School of Journalism」「the School of Humanities」「the School of Education」「the Department of Political Sciences」 등이다.

교수 대 학생 비율(faculty-student ratio), 교수회의(a faculty meeting), 교수(faculty members)일 때는 교수(敎授)란 뜻이다.

GPS

「Great Public Schools」의 약자. 영국에서 「public school」은 사립학교지만 호주에서는 공립학교이다. 사립학교는 「private school」이다. 그러므로 공립, 사립을 「government」와 「non-government schools」이라고 명시하기도 한다. GPS는 영국풍을 따르고 있는 호주의 일부 명문 사립고등학교군을 말한다. 이 학교들은 공부 외에 럭비, 크리켓, 배타기 등 스포츠에도 역점을 두는데, 소속 학교끼리만 교환경기를 벌일 정도로 폐쇄적이다.

Grammar School

영국의 옛날 사립고등학교로 학생들의 대학 진학을 위주로 하고 라틴과 희랍어를 교과과정으로 가르친 데서 나온 말이다. 이 전통에 따라 호주, 뉴질랜드의 명문 사립학교 중에는 「grammar school」이라고 불리는 것이 많다.

HONOURS DEGREE

영국, 호주, 뉴질랜드 대학에서는 미국과 달리 「bachelor honours degree」라는 것이 있다. 성적이 우수한 학생들이 받는 학사 학위. 대개 다음 두 가지 방법으로 받는다. (a)대학 3년 동안 성적이 특출한 학생으로 하여금 1년을 더 하게 하므로써, (b)엔지니어링 등 오너가 있는 4~5년제 과정 중 성적이 특출한 학생에게 수여함.

FULL-TIME, PART-TIME STUDY

영미대학에는 직장을 다니는 학생들을 위해 파트 타임 과정을 두고 있다. 파트 타임은 연한이 긴 것이 특징이고 야간강의를 받을 수 있다. 파트 타임 학생들(part-time students)은 나이가 많은 것이 보통이며, 이들을 「mature students」라 한다.

The IVY LEAGUE

미국 동북부인 뉴잉글랜드 지역에 있는 역사가 오래된 대학군들의 경기연맹.
이들 대학은 예일(Yale), 하버드(Harvard), 프린스턴(Princeton), 컬럼비아
(Columbia), 코넬(Cornell) 등 역사가 긴 이른바 일류대학들이다. 여기에서 미국
의 명문대학과 같은 뜻으로 쓰이게 되었다. 「Ivy」는 담쟁이덩굴이다. 참고로 이
들 대학들의 건물은 담쟁이덩굴로 덮인 고색이 창연한 것이 특징이다.

MAJOR STUDIES, MINOR STUDIES

주전공과 부전공. 부전공은 주전공보다 학점이 적은 것이 보통이다.

MARTICULATION

「admission requirements」와 같은 말이다. 학교 입학에 필요한 자격이다. 대학
입학의 자격요건으로서 고등학교 졸업은 「marticulation」이다. 따라서 자격을 마
치는 과정을 「marticulation course」라고 한다.

MEDIUM OF INSTRUCTION

강의 또는 학술 세미나에 쓰이는 언어란 말이다. 「instruction」은 「education」과
거의 같은 말이다. 예컨대 「English instruction」은 영어교육이다.

OFFSHORE CAMPUSES

대학의 해외분교. 해외분교에 가서 가르치는 것은 offshore teaching이 된다.

OPEN UNIVERSITY

영국에서 시작된 새로운 대학 개념으로, 대학교육은 강의실을 떠날 수 있다는
것을 보여 준다. 그것은 개방교육(open education)의 개념이다. 또 공부에 열
의와 소질이 있는 모든 사람에게 교육기회가 주어져야 한다는 이상을 따른다.
그리하여 학생은 자기가 원하는 시간과 장소에서 과정을 밟을 수 있게 하는 것
이다. 그런 의미에서 개방대학은 원거리 교육(distance education, 통신 및 방
송교육 등)과 대학 적령기를 넘긴 성인을 위한 교육(adult education)과 연관을
갖는다.

PLACE

대학이 학생을 받을 수 있는 자리는 「place(예컨대 university places)」이다. 따라서 「school placement」는 학교 배치, 「class placement」는 학급배치이다. 「class placement test」는 어학학교가 학급배치를 위해 실시하는 실력 테스트.

POLYTECHNIC INSTITUTE

영국의 대학제도는 「university」로 불리는 대학과 일반대학보다 교육의 내용이 기업의 필요에 더 맞추어진 몇 가지 형태의 대학급 학교로 구성되어 있었다. 후자 가운데 중요한 것이 「politechnic」이다. 이 전통을 따라 뉴질랜드에는 폴리테크닉이 그대로, 호주에는 「Institute of technology」가 각 지역에 골고루 있었다. 호주에서는 근래 지역별로 IT가 병합하여 일반대학으로 승격됐다.

POSTDOCTOR

박사과정을 마친 학자, 과학자에게 일정 기간 연구자금을 주어 특정 프로젝트를 가지고 연구하게 하는 제도. 「postdoctoral reseach」 등으로 부른다. 연구자금이 비교적 많은 자연과학 분야에 있다. 박사과정을 마치고도 바로 자리를 얻지 못하거나 더 연구하기를 희망하는 사람들이 선택한다. 보통 「포스트 닥(postdoc)」이라고 약해서 쓴다.

PRINCIPAL, HEADMASTER

초, 중·고등학교 교장.

PROFESSOR EMERTIUS

은퇴하여 교수활동은 하지 않지만 명예직으로 남은 교수

RESEARCH FELLOW

일정 기간 연구자금을 받아 대학에서 연구하는 사람이란 점에서 「postdoctor」와 비슷하다. 다만 리서치 펠로우 제도(research fellowship)는 사계에 알려진 학자를 1~2년 정도 학교로 초빙하여 연구와 강의 등을 통해 학문적으로 기여케 하려는 것이다. 보통 봉급 등은 교수와 같은 대접을 받는데 「senior research fellow」, 그냥 「research fellow」가 있다.

SABBATICAL

교수들에게 한 학기 또는 1년 정도 개인적인 연구나 공부를 위해 주어지는 휴
가. 대개 해외대학에 가서 보내고 오는 것이 통례이다.

SCHOLARSHIP

학문연구, 장학금의 두 가지 의미로 쓰임. 전액장학금은 「full scholarships」,
외부에서 받는 연구비는 「grant」 또는 「research grant」이다.

SUPERVISOR

수퍼바이저(감수자, 감독관) 자리는 학교 말고도 직장에도 있다. 대학원 과정
지도교수라는 의미의 감수자는 「academic supervisor」라고 구체적으로 표현하기
도 한다. 한 학생에 대해 한 명 이상의 지도교수를 두었다면 「group supervisor」
이다. 이들 개개 지도교수는 「co-supervisor」, 두 사람 가운데 주임을 「first
supervisor」, 부주임을 「second supervisor」라고 부를 수 있다.

SYLLABUS

교과과정 내용. 교과서 내용이라고 해도 된다. 비슷한 말로 「course outline」이
있다. 가르칠 내용의 요약이다.

TENURE

대학교수의 종신 재직권.

TERTIARY EDUCATION

초등학교를 「primary school education」, 중·고등학교를 「secondary school
education」, 대학교육을 「tertiary school education」 또는 「tertiary education」이
라고 부른다. 대학교육을 「university education」이라고 할 수 있지만, 대학급 학
교에 여러 형태가 있어 통틀어 이 말을 쓴다면 편리할 것이다.

THESIS

석사, 박사학위 논문. 「master's thesis」 「doctoral thesis」 등으로 쓴다. 미국에
서는 「dissertation」 「doctoral disseration」이라는 말을 더 잘 쓴다.

TUITION, FEE

미국 대학에서 우리말의 등록금에 해당하는 수업료는 「tuition」이고, 그 밖에 학교시설 이용료로써 별도로 받는 소액의 납부금을 「fee」라고 부른다. 그러나 영국, 호주, 뉴질랜드 등에서 이 구별은 명확하지 않다. 등록금을 「fee」라고 부른다. 호주에서 「school fees」는 미국의 「tuition fee」와 같다.

SANDWICH COURSES

정규과정 속에 해당분야 기업에 가서 받는 실습이 들어 있는 코스.

TRADE SCHOOL

「trade」는 무역거래 외에 산업기술, 생산직이란 뜻도 있다. 「trade school」은 직업교육학교(vocational school)다. 「professional schools」도 직업훈련을 한다는 점은 같지만 법(law), 의료(medicine), 치의(dentistry), 간호(nursing), 비즈니스 경영(business management) 등의 분야에 더 잘 쓰인다. 「trade」는 철공, 목공, 벽돌쌓기 등 비교적 짧은 훈련으로 배우는 기술분야를 칭한다.

학과에 응용(applied)란 말을 붙이면 직업지향이란 뜻으로 된다. 예컨대 「applied journalism」이라고 하면 학문으로가 아니라 직업으로서의 언론을 말한다.

SYSTEM

조직, 단체라는 뜻으로 학교체제의 총칭으로도 쓰인다. 예컨대 「one already in the system」이라고 하면 이미 등록된 학생을 말한다. 「The University of California system」하면 캘리포니아 대학 전체를 말한다. 그 중 하나가 한국에 흔히 버클리로 알려진 「University of California at Berkely」이다.

TEST SCORES

시험 점수. TOFEL, GRE(GMAT) 점수 등이 있다.

참고문헌

Ballard, Brigid and John Clanchy (1991), Study Abroad—A Manual for Asian Students, Longgman

Bradley, David and Maya Bradley (1984), Problems of Asian Students in Australia—Language, Culture and Education

Crane, Paul (1967), Korean Patterns, Royal Asiatic Society

Gordon, M. M. (1964), Assimilation in American Life, Oxford University Press

Hall, Edward T. (1959), The Silent Language, Doubleday and Company

Kaplan, R. (1966), Cultural thought patterns in intercultural Education, Language Learning, 16

LaPiere, R. T. (19340 Attitudes vs. actions, Forcial Forces 13

Mead, G. H. (1934) Mind, Self, Society, University of Chicago

Nishi, S. and T. Bruneau (1991), Silence and Silences in Cross-Cultural Perspectives : Japan and the United States, In L. Samovar and R. Porter (eds.), Intercultural Communication, Wadsworth

Noi, Tay Swee and P. J. Smith (1990), Studying and Living in Australia, A Guide For Asian Students, Federation Publications, Singapore

Oberg K. (1960), Culture Shok, Adjustment to New Cultural Environment, Practical Anthropology 7

Park, M. S. (1994), Communication Styles in Two Different Cultures, Korean and American, Seoul : Hanshin Publishing Co.

This book, 'Dr Sam-o Kim's Guide for Korean Overseas Students', written in the Korean language, introduces Korean students to the adjustments they have to make in their attitude towards study in order to complete successfully university courses in an English speaking country.

One chapter discusses what it is really like doing a PhD under the two different systems, namely U.S. and British.

Two of the other chapters included in the book help students prepare for the language and cultural differences, and uncover the 'myth' of the much-publicised racialism they face in the Anglo environment. These too will have a strong impact on the success of students' academic pursuits.

A number of books have been published in Korea, catering to the stream of Korean students who have rushed to obtain an overseas education since the early 1980s. Almost all of them provide guidance on which schools to choose, how to apply for admissions and visas, etc. Few books, however, deal with the qualitative aspect of studying overseas.

A longtime Korean journalist, author Sam-o Kim, has drawn on his personal experiences as an overseas student both in Australia and the U.S. and on extensive contacts with Korean overseas students as well as academics in Australia in writing this book. He obtained a PhD degree in communication studies from macquarie University (Sydney) and a MSc degree in journalism from Columbia University (New York).

The work has been partly supported by grants from the Australia Korea Foundation and IDP Education Australia.

●

저자 약력

●

1935년 일본 도쿄에서 출생
고려대학교 정치학과 졸업(BA 1958),
한국외국어대학교 대학원 영어과 졸업(MA 1966),
컬럼비아대학교(뉴욕) 신문대학원 졸업(MS 1973),
마콰리대학교(시드니) 대학원 졸업(커뮤니케이션, PhD 1985)
〈코리아 타임즈〉〈코리아 헤랄드〉 경제부장, 해외주간부장,
〈Far Eastern Economic Review〉 서울 특파원
〈호주소식〉(시드니) 발행인 겸 편집인
호주 국립한국학연구소 수석 연구원, 멜버른 스윈번대학에서 「한국사회」 강의
재호한인학술협의회 회장
현재 시드니 한호지역문제연구소장

●

김삼오 박사의
알짜배기 유학 가이드

●

지은이 / 김삼오
펴낸이 / 박용정
펴낸곳 / 한국경제신문사
등록 / 제2-315(1967. 5. 15)
제1판 1쇄 인쇄 / 1997년 7월 26일
제1판 1쇄 발행 / 1997년 7월 31일
주소 / 서울특별시 중구 중림동 441
대표전화 / 360-4114
직통 / 313-8293 · 312-0063
FAX / 360-4599

●

✱ 파본이나 잘못된 책은 바꿔 드립니다.
ISBN 89-475-2217-1

●

값 7,000원

20세기를 움직인 思想家들

기 소르망 著
姜偉錫 譯
〈신국판 / 426면 / 8,000원〉

20세기 사상계에 결정적인 영향을 끼친 사람들은 과연 누구인가? 프랑스의 저명한 경제학자이자 사회학자인 기 소르망이 29명의 생존해 있는 현대 최고의 사상가들과 직접 인터뷰를 통해 그들 자신이 선택한 분야에 전생애를 바친 사상과 사색의 놀라운 통찰을 기록·정리한 「살아있는 도서관」.

資本主義 종말과 새 世紀

기 소르망 著
金廷銀 譯
〈양장 / 628면 / 13,000원〉

세계적인 석학인 저자는 자본주의 체제를 위협하는 것은 「도덕적 불만」과 「자본주의에 대한 몰이해」라고 주장하고 러시아·중국·독일·인도 등 20여개국의 자본주의의 현재 모습을 생생히 그리고 있다. 또한 현재의 자본주의의 위기를 극복하기 위한 구체적인 실천방안에 대해서도 통찰하고 있다. 방대한 분량인데도 르포형식이어서 전혀 지루하지 않다.

未來企業

피터 드러커 著
高柄國 譯
〈신국판 / 416면 / 8,000원〉

우리 시대의 가장 뛰어난 사회·경영학자이자 미래학자인 드러커의 「변혁시대 기업생존전략 연구서!」 이 책은 세계경제가 빠르게 바뀌어 감에 따라 기업의 새로운 생존 경영전략 모델, 즉 기업이 살아남기 위한 5가지 변화조건을 예리하게 분석·고찰했다. 특히 사회·경제학 시각에서 세계경제 흐름을 통찰한 力著.

자본주의 이후의 사회

피터 드러커 著
李在奎 譯
〈양장 / 328면 / 7,000원〉

사회주의권의 급격한 몰락 이후 탈냉전 분위기가 고조되고 있는 시점에서 향후 세계 변화가 주요 관심사로 떠오르고 있다. 저자는 이 책에서 향후 세계는 자본주의적 시장구조와 기구는 그대로 존속되겠지만 주권국가의 통제력은 약화되고 전문지식을 갖춘 지식경영자 중심의 글로벌화 사회가 될 것으로 예측하고 있다.

미래의 결단

피터 드러커 著
이 재 규 譯
〈양장 / 408면 / 9,000원〉

현대 경영학의 대부, 피터 드러커는 이 책에서 「스스로를 다시 생각함으로써 회생할 수 있다」고 전제하고 기업의 5가지 치명적 실수, 가족기업을 경영하는 규칙, 대통령을 위한 6가지 규칙, 새로운 국제시장의 개발, 3가지 종류의 팀조직, 오늘날 경영자들이 필요로 하는 정보 등 바람직한 미래를 실현하기 위한 방안을 제시했다. 21세기를 위한 새롭고 시의적절한 경영지침서.

비영리단체의 경영

피터 드러커 著
현 영 하 譯
〈신국판 / 406면 / 8,000원〉

선진국에서는 학교, 자선단체 등 비영리단체의 경영혁신이 선풍을 일으키고 있다. 이 책은 필자가 교수생활을 하면서 비영리단체에서 봉사했던 경험을 바탕으로 조직관리, 예산 등 경영전반에 대한 문제점을 심도있게 분석하고 개선방안을 제시했다. 전문가들과의 대담을 통해 경영의 효율성을 높이기 위한 여러가지 방안이 눈길을 끈다.

트러스트

프랜시스 후쿠야마 著
구 승 회 譯
〈양장 / 500면 / 12,000원〉

한 나라의 경제는 규모만으로는 설명될 수 없고 문화적 요인이 중요하다. 이 문화적 요인이 사회적 자본이며 가장 중요한 덕목이 바로 신뢰다. 저자는 이 책에서 개인주의, 가족주의에 기반을 둔 저신뢰 사회의 특성을 혹독하게 비판하면서 건강한 사회가 되려면 공동체적 연대와 결속의 기술을 터득해야 하며 신뢰는 경제와 사회, 문화를 아우르는 놀라운 가치라고 강조한다.

코피티션

배리 J. 네일버프·아담 M. 브란덴버거 著
김 광 전 譯
〈양장 / 384면 / 9,000원〉

비즈니스 게임은 끊임없이 변하므로 전략도 당연히 변해야 한다. 경쟁(competition)과 협력(cooperation)에 관한 과거의 법칙들을 넘어서서 양자의 장점을 결합한 코피티션 전략은 기존의 비즈니스 게임을 혁신할 혁명적인 신사고다. 저자들은 게임 자체를 변화시켜서 이득을 최대화하는 방법을 보여주는 5가지 요소(전략의 PARTS)의 비즈니스 전략을 체계적으로 제시했다.

지구의 변경지대

로버트 케이플런 著
황 건 譯
〈양장 / 582면 / 12,000원〉

베일에 가려져 있던 서아프리카에서 중동을 거쳐 러시아의 외곽지대인 중앙아시아, 중국, 인도를 거쳐 캄보디아, 태국, 베트남에 이르는 대장정을 끝내고 저자가 내린 결론은 한마디로 암울하다는 것이다. 이 책은 저자가 새로운 분쟁지역으로 떠오르고 있는 지구 곳곳을 다니면서 문제점을 지적하고 혼란에 빠진 이들에게도 따뜻한 시선을 보내자고 제안하고 있다.

회사인간의 흥망

앤소니 샘슨 著
이 재 규 譯
〈양장 / 490면 / 9,800원〉

이 책은 17세기 동인도회사에서 현재의 마이크로소프트사에 이르기까지 기업의 변화과정과 직장인들의 문화변천사를 통해 회사인간이란 무엇인가를 규명했다. 생생한 인물묘사와 인터뷰, 사례를 곁들이면서 전혀 도전받을 일이 없을 듯이 보였던「기업관료들」이 어떻게 레이더스, 모험기업가, 일본의 경쟁자들, 컴퓨터, 여자 회사인간들에 의해 차례차례 공격당했는가를 밝히고 있다.

금융시장 예측

김 성 우 著
〈양장 / 452면 / 12,000원〉

적자생존의 법칙이 예외없이 적용되는 주식, 금리, 상품 등의 현물시장은 물론 선물 및 옵션 등의 파생상품시장에서도 생존할 수 있는 방법을 다양하게 제시하고 있다. 20여년간 외환시장 등 다양한 시장에서 딜러, 투자가, 분석가로 활동하며 풍부한 현장경험을 가지고 있는 저자가 시장상황에 따른 기술적 지표의 요령과 심리적 동요의 극복방안을 현장 사례 중심으로 상세히 설명하고 있다.

21세기 중국

박 정 동 編著
〈양장 / 362면 / 9,000원〉

지금까지 사회주의를 고수하면서 경제개혁과 개방을 주도해온 덩샤오핑이 사망함에 따라 곳곳에서 그 기반이 흔들리는 조짐이 나타나고 있다. 그의 체제를 이어받은 장쩌민 체제는 안정과 성장을 지속시켜 나갈 수 있을까. 과연 중국은 어떻게 변할 것인가. 아시아의 안정과 발전을 저해하는 군사대국으로 비화할 가능성이 큰 중국의 현재와 미래를 철저히 진단한 중국탐구서.

팝 인터내셔널리즘

폴 크루그먼 著
김 광 전 譯
〈신국판 / 276면 / 7,000원〉

산업위축과 실업증가, 실질소득 향상의 둔화를 비롯해 소득격차의 확대, 산업시설의 유출 등 선진 경제가 지닌 문제점을 상세히 분석하고 그 원인이 개발도상국과의 교역에 있는 것이 아니라 선진국의 산업구조 변화와 기술발전에 있다고 밝히고 있다. 레스터 서로에 필적하는 20세기 최고의 40대 경제학자인 저자가 지적하는 개도국 성장 비결은 우리에게 시사하는 바가 크다.

2020년

해미시 맥레이 著
金 光 田 譯
〈양장 / 408면 / 9,000원〉

다양한 인종만큼이나 상이한 정치·경제체제와 독특한 문화양식을 지니고 있는 세계 각국은 저마다의 주무기를 앞세워 미래를 설계하고 있다. 경제평론가인 저자는 앞으로 국가경쟁력을 결정짓는 요인은 기술이 아니라 문화라고 강조한다. 현재 세계 각국이 처해 있는 상황을 바탕으로 치밀하게 전망한 2020년경의 세계 각국의 모습에서 우리의 진로는 어떻게 모색해야 할 것인가?

제 4 물결

허먼 메이너드 2세
수전 E. 머턴스 共著
韓 榮 煥 譯
〈양장·4×6판 / 240면 / 5,000원〉

21세기의 범세계적 기업을 위한 낙관적 비전을 제시하고 있는 이 책은 한마디로 앨빈 토플러의 《제3물결》을 넘어 장기적 미래의 비전에 집중하고 있다. 지금 우리가 공업화를 상징하는「제2물결」에서 탈공업화적인「제3물결」로 전이하고 있지만, 머지 않은 곳에서 새로운 차원의「제4물결」이 밀려오고 있다고 진단하고 있다.

株式市場 흐름 읽는 법

浦上邦雄 著
朴承源 譯
〈신국판 / 200면 / 4,000원〉

언뜻 보기에 무질서하고 예측이 불가능해 보이는 주식시장도 장기적으로 보면 특정한 네 개의 국면을 반복하고 있다는 것을 알 수 있다. 이 책은 이 네 개의 국면이 어떤 요인에 의해 순환되고 각각의 국면에서 어떤 종목이 활약하는가를 숙지할 수 있는 안목을 제시해주고 주식투자시 리스크를 피하는 방법에 대해서도 설명하고 있다.

장사꾼으로 거듭나는 사무라이 혼

金亨澈 著
〈신국판 / 372면 / 7,000원〉

일본의 자민당 정권이 붕괴된 이후 연립정권이 난립하고 고베 대지진, 증권스캔들, 옴 진리교 사건 등이 일어난 격동기에 필자가 주일특파원으로 취재하며 느낌을 쓴 현장 르포다. 기자의 눈을 통해「기모노 속에 감춰진 진짜 일본」을 만난다.

유머人生 1~5

韓國經濟新聞社 出版部 編
〈4×6판 / 244면 / 4,500원〉

많은 독자들이 1980년 12월부터 본지에 연재되고 있는「海外유머」를 책으로 출판했으면 어떨지, 그런 계획은 없는지 물어왔다. 이 책은 독자들의 그러한 성원에 보답하자는 취지로 출판되었으며 우스갯소리 가운데서 인생의 묘미도 느끼고 영어공부도 할 수 있게끔 어려운 단어나 語句에는 주석을 달아 독자들의 이해를 돕고자 노력했다.

물류! 지금은 물류시대

한 상 원 著
〈신국판 / 256면 / 6,000원〉

생산과 판매로 이윤을 얻는 시대는 이미 지났다. 21세기는 물류로 승부하는 시대다. 제3의 이익원, 기업이윤의 숨은 보고라고 일컬어지는 물류의 영역은 인간생활의 전부라고 해도 과언이 아니다. 수송, 포장, 하역, 보관, 폐기물 처리, 정보통신은 물론, 기업이면 기업, 가정이면 가정 어디에나 필요한 것이 물류다. 잘 모르던 물류, 이 책 한권으로 쉽게 만날 수 있다.

보험이 뭐길래

송 재 조 著
〈양장 / 4×6판 / 218면 / 6,000원〉

보험은 정말 어렵다. 수입보험료 기준으로 세계 6위라는 외형적 성장에도 불구하고 그 기능과 필요성은 제대로 알려지지 않고 있다. 국민소득 1만달러 시대, 이제 보험은 생활필수품이다. 보험없이는 개인의 사회생활은 물론 기업이나 국가경영도 순조로울 수 없는 시대가 된 것이다. 전문기자 송재조의 보험이야기는 보험종사자는 물론, 현대인이라면 필수적으로 읽어야 할 책이다.

사장님, 원가를 아십니까

鄭明煥 著
〈신국판 / 220면 / 5,000원〉

원가의 개념을 정확히 이해하지 못하고 경영한 결과 장부상으로는 흑자임에도 결손이 나는 등 어려움을 겪는 경우가 흔히 있다. 이 책은 경영자는 물론 회계와 기획담당자를 포함한 기업 관계자들에게 원가의식과 관리회계의 개념을 심어준다는 취지에서 원가에 관련된 제반사항을 소설식으로 알기쉽게 다룬 力著.

프로 영업인이 되는 길

시라이 기요시 著
朱明甲 譯
〈신국판 / 240면 / 5,000원〉

번번히 뛰어난 실적으로 동료들의 부러움을 사는 사람이 있다. 이런 사람은 흡사 영업의 귀재, 타고난 영업인처럼 보인다. 그러나 잘 나가는 영업사원과 그렇지 못한 영업사원의 차이는 반드시 있게 마련. 이 책은 결코 평탄하지만은 않은 영업의 세계에 입문하거나 프로로 거듭나기를 바라는 영업사원들이 갖춰야 할 지식에서부터 각양각색의 고객을 다루는 방법까지 100가지 성공비결을 공개하고 있다.

성공적인 점포경영 33選(97년판)

류 광 선 著
〈신국판 / 368면 / 8,000원〉

5,000만원 정도의 소자본으로, 심지어 무자본으로도 사업을 시작할 수 있는 아이디어를 담았다. 저자가 현장을 발로 뛰면서 바로 개업하기에 유망한 33개 업종을 선별, 입지선정부터 개업절차·경영 비법까지 최신 노하우를 총집결시켰다. 경영지침이나 사업의 성패진단법은 물론 직접 점포를 운영하는 사람들의 현장 목소리를 담아 차별화를 꾀했다.

마케팅 박사의 마케팅 여행

채 수 명 著
〈신국판 / 356면 / 7,500원〉

오랫동안 학계와 산업현장에서 활발한 경영 컨설팅 활동을 해온 저자가 마케팅에 관한 혁신적 이론과 사례 그리고 실천방안을 체계적으로 정리했다. 또 최첨단 기술혁신을 바탕으로 한 실용적이고 감성적인 제품 디자인, 과학적 경영과 선진 마케팅기법을 응축시킨 차별화 전략과 문화지향적 마케팅 기법 38가지를 소개해 초일류기업이 되기 위한 원대한 비전을 제시했다.

부동산 경매를 잡아라

전 철 著

〈신국판 / 248면 / 6,500원〉

법원경매든 성업공사 공매든 경매는 이제 누구나 쉽게 배우고 참여할 수 있게 되었다. 경매물건에 대한 마음가짐을 얼마나 유연하고 객관적인 자세로 평가할 수 있으냐가 성공의 지름길이다. 이 책은 부동산 경매에 대한 전반적인 원리를 누구나 알기쉽게 배울 수 있도록 설명했다. 특히 실전사례중심으로 실패없는 부동산 경매 방법을 체계적으로 정리한 실전 가이드다.

임대주택을 잡아라

최 문 섭 著

〈신국판 / 230면 / 6,500원〉

최근 다양한 부동산개발 유형이 쏟아져 나오고 있지만 자신이 소유하고 있는 땅에 가장 어울리면서 수익을 많이 올릴 수 있는 방법을 찾는 것은 쉬운 일이 아니다. 이 책은 자신이 소유하고 있는 땅의 위치, 교통 여건, 주변 생활환경 등을 따져 본 후 높은 수익을 올리고 미래 발전 가능성이 있는 최적방안을 여러 사례별로 제시, 임대주택으로 투자에 성공하는 방법을 담고 있다.

中國을 넘어야 한국이 산다

崔 弼 圭 著

〈신국판 / 260면 / 5,000원〉

최근들어 한국 기업의 중국 진출이 러시를 이루고 있으나 중국의 문화와 관습을 정확하게 이해하지 못한데서 많은 어려움에 부딪치고 있다. 이런 시점에서 쓰여진 이 책은 중국인들의 상술을 예리하게 파헤치고 있으며 한국 기업이 중국 현지에서 맞닥뜨리는 여러 사안들에 관해 심도 있게 분석하고 대안을 제시하고 있다.

중소기업인

이 치 구 著

〈양장 / 284면 / 7,000원〉

중소기업은 국가경제의 초석이라 할 수 있다. 이 책은 온갖 난관을 극복하면서 기업을 성공적으로 경영해온 중소기업 경영자 40명의 기업운영 성공사례를 소개하고 있다. 중소기업 전문기자인 저자는 이 책을 통해 우리 중소기업 경영자들의 불굴의 의지와 기업성공 노하우를 제공함으로써 경영일선에 있거나 창업하려고 하는 이들에게 지침서로 읽히길 원한다고 적고 있다.

일본 쪼개보기

황 인 영 著

〈신국판 / 336면 / 7,500원〉

일본이 거론하고 있는 독도문제나 잇따른 우익 망언에 대해 논리적이고 설득력 있게 대응해야 한다. 이 책은 일본의 본질을 이해하기 위해 한일관계의 역사적 배경을 추적하면서 그들의 독특한 문화와 사고방식, 행동양식을 105가지의 짧은 얘기로 분석하고 있다. 저자는 이 책에서 역사적으로 형성된 일본 특유의 무사도 정신과 장인정신, 직업 세습풍토의 배경과 그 실체를 벗기고 있다.

돈 굴러들어오는 장사성공의 비결

가라쓰 하지메 著

양 병 준 外 譯

〈신국판 / 288면 / 7,000원〉

이 책은 소매점에서 개인 손님을 응대하는 요령에서부터 각 기업체의 세일즈맨들이 회사를 상대로 할 때의 영업요령에 이르기까지 장사성공의 비결을 소개한 실용서다. 저자는 이 책을 통해 불황 속에서도 살아 남는 법, 팔리는 물건 만들기, 장사거리 및 판로찾기와 더불어 앞으로 일본이 맞이하게 될 국제화, 고령화, 환경문제에 대처하는 자세 등을 제시하고 있다.

사장님을 위한 5분 경제

손 정 식 著

〈신국판 / 388면 / 8,500원〉

경영일선에 있는 경영자가 매일매일 직면하는 경제·경영현상에 대해 기본적인 원리를 설명한 이 책은 경제현상을 올바로 이해하여 기업경영의 이론적 토대를 튼튼히 하는데 보탬이 되는 경제상식들만 모았다. 가격관리와 비용관리에서부터 기업전략, 경쟁과 윤리, 기업과 금융, 국제무역과 국제금융에 이르기까지 꼭 알고 있어야 할 경제원리들을 강의하듯 풀어서 설명했다.

대기업을 이기는 벤처비즈니스

마키노 노보루·강동우 著

유 세 준 譯

〈신국판 / 212면 / 5,500원〉

첨단 기술력과 재빠른 정보수집력을 갖춘 모험심 강한 중소기업이 대기업보다 훨씬 더 유연하게 시장상황에 대처하고 있으며 성공해 가고 있다. 마이크로소프트, 인텔 등이 그 예다. 이 책은 재편되고 있는 경제구조 속에서 앞서 나가고 있는 일본 벤처기업들의 사례와 실리콘밸리의 성공전략을 살펴보고 틈새시장을 공략하는 요령과 아이디어, 국제적 제휴전략 등을 다루고 있다.

NBA 신화

필 잭슨·휴 델리헌티 著
박 병 우 譯
〈신국판 / 270면 / 7,000원〉

시카고 불스 감독이 쓴 이 책에는 농구 역사상 가장 창조적인 선수로 인정받고 있는 마이클 조던이나 스코티 피펜, 토니 쿠코치 그리고 다른 선수들 얘기로 가득 차 있으며 그들이 깨끗한 마음으로 경기할 수 있도록 어떻게 지휘했는지 그 비결을 밝히고 있다. 농구를 사랑하는 사람이라면 꼭 읽어야 할 책이며 젊은이라면 반드시 귀기울여야 할 홍미로운 인간정신의 잠재력이 가득 담겨 있다.

시간이동

스테판 레트샤픈 著
형 선 호 譯
〈신국판 / 380면 / 9,000원〉

사람들에게 있어서 시간은 객관적인 것이 아니라 주관적인 것이다. 이 책에서 저자는 시간에 대한 사고방식을 바꿈으로써 자신의 인생에 대한 통제를 되찾을 수 있다고 강조한다. 그 과정을 통해 우리는 인생을 최대한 즐길 수 있으며 많은 시간을 우리 자신과 가족과 함께 더 한층 고양된 삶의 의미를 느낄 수 있다. 이 책은 명상서로서 자신의 삶을 컨트롤하는 방법을 제시한다.

사이버스페이스 전쟁

마크 슬로카 著
김 일 환 譯
〈양장 / 230면 / 7,000원〉

컴퓨터를 켜기만 하면 다른 세계가 열린다. 정보의 바다, 전기적인 신호로 이루어진 모니터 속의 세상, 바로 이 가상의 세계로 인간의 생활이 점점 더 옮겨가고 있다. 이 책의 저자는 직접 인터넷에 들어가 네티즌을 만나고 컴퓨터 잡지의 편집자들과의 토론을 통해 디지털혁명 뒤, 정보고속도로의 끝에 어떤 세상이 펼쳐질지 날카롭게 조망하고 있다.

안자(상·중·하)

미야기타니 마사미쓰 著
신봉승·김하중 譯
〈양장 / 4×6판 / 384면 내외 / 각권 6,500원〉

열국의 제후들이 대륙의 패권을 놓고 싸우는 춘추 시대를 배경으로 격동의 역사를 헤쳐나가는 명재상 안자의 일대기를 그리고 있다. 난세 속에서도 안자는 충(忠)과 의(義)를 지키며 정도(正道)만을 걷는다. 국가 경영의 참다운 모습, 인간관계의 원형을 보여주는 그의 독특한 철학을 통해 당시의 시대정신과 사회상을 조명한다.

大商(상·하)

정 종 명 장편소설
〈신국판 / 상권 348면, 하권 336면 / 각권 6,000원〉

간신 유자광에게 핍박받고 공신 박원종의 비호를 받으면서 혁신정치의 풍운아 조광조에게 도전했던 조선 제일의 巨商 서용근의 일대기를 그리고 있다. 천부적인 장사꾼 기질과 처세술로 조선의 상권을 한손에 거머쥐고 정치권과도 밀착, 정권을 좌지우지했던 서용근의 파란만장한 생애가 홍미진진하게 펼쳐진다. 가공인물 서용근이 보여주는 일련의 정치행각이 특히 홍미롭다.

창궁의 묘성(上·中·下)

아사다 지로 장편소설
이 주 영 譯
〈신국판 / 380면 내외 / 각권 6,500원〉

하늘보다 더 깊고 푸른 창궁(蒼穹), 그 한가운데 빛나는 숙명의 별 묘성(昴星)에 소망을 얹고 그 운명을 개척하는 청조말 풍운의 인물들의 권력과 야망을 그린 대하장편소설. 묘성을 수호성으로 태어난 가난한 말똥주이 소년 춘아는 천하의 보배를 손에 넣는다는 점쟁이의 거짓예언을 믿고 스스로 환관이 되어 천하의 여걸 서태후 자희의 측근이 되어 권력의 정점에 오른다.

인터넷 너쯤이야

김 장 호 著
〈국배판 변형 / 388면 / 15,000원(CD-ROM, 별책부록 포함)〉

인터넷에 접속하는 방법을 쉽고 간결하게 정리한 이 책은 어렵게 접속하고도 그 방대한 정보 때문에 엄두를 내지 못하고 제대로 사용하지 못하는 초보자들을 위해 쓰여졌다. 접속 후 하루에 한가지씩 1주일만에 접속에서부터 정보사냥, 인터넷으로 국제전화 거는 법, 자료 가져오는 법, 인터넷 채팅으로 이상형 만나는 법 등 인터넷을 배우는 방법을 소개했다.

PC통신과 인터넷에서 정보검색·정보관리

김 성 수 著
〈4×6배판 / 392면 / 12,000원(CD-ROM 포함)〉

그동안 안내서만 범람하던 컴퓨터 통신 출판시장에 PC통신과 인터넷에서 정확하고 빠르게 정보를 찾고 관리하는 방법을 자세히 소개하고 있다. 이 책은 이론적인 지식보다는 활용하는 방법을 중심으로 실생활에서 제대로 사용하는 요령을 다루고 있다. 부록 CD-ROM에는 마이크로소프트 인터넷 익스플로러 등 PC통신과 인터넷에서 정보를 찾기 위한 도구들이 실려 있다.